高速公路桥梁工程建设与设计

李文超　温志剑　赵晓龙　著

吉林科学技术出版社

图书在版编目（CIP）数据

高速公路桥梁工程建设与设计 / 李文超，温志剑，赵晓龙著. -- 长春 : 吉林科学技术出版社，2023.5

ISBN 978-7-5744-0432-8

Ⅰ. ①高… Ⅱ. ①李… ②温… ③赵… Ⅲ. ①高速公路－公路桥－桥梁施工－研究－中国 Ⅳ. ①U448.14

中国国家版本馆 CIP 数据核字(2023)第 105727 号

高速公路桥梁工程建设与设计

著　　李文超　温志剑　赵晓龙
出 版 人　宛　霞
责任编辑　乌　兰
封面设计　南昌德昭文化传媒有限公司
制　　版　南昌德昭文化传媒有限公司
幅面尺寸　185mm×260mm
开　　本　16
字　　数　327 千字
印　　张　15.25
印　　数　1-1500 册
版　　次　2023 年 5 月第 1 版
印　　次　2024 年 1 月第 1 次印刷

出　　版　吉林科学技术出版社
发　　行　吉林科学技术出版社
地　　址　长春市南关区福祉大路 5788 号出版大厦 A 座
邮　　编　130118
发行部电话/传真　0431—81629529　81629530　81629531
81629532　81629533　81629534
储运部电话　0431-86059116
编辑部电话　0431-81629510
印　　刷　廊坊市印艺阁数字科技有限公司

书　　号　ISBN 978-7-5744-0432-8
定　　价　90.00 元

《高速公路桥梁工程建设与设计》编审会

李文超　温志剑　赵晓龙

刘晓东　葛树平　毕世林

李　鹏　田昌胜

前言 PREFACE

近几年，我国高速公路蓬勃发展，现在高速公路建设已成为拉动内需，促进国民经济快速发展的重要因素之一，受到各级的高度重视。高速公路的不断延伸，也为道路运输的迅速发展创造了有利条件。最近十年车辆更新换代步伐加快，高档客车和大吨位货车日益增多，运输效率、服务水平和道路运输在国民经济中的地位空前提高，这是十分可喜的。公路是国民经济发展的重要基础设施，高速公路的建设是社会经济发展的必然产物。高速公路的建设情况反映着一个国家和地区的交通发达程度，乃至经济发展的整体水平。近年,我国交通事业不断加快发展。但是在高速发展的背景下还是存在一些问题。

高速公路桥梁工程包括桥梁主体工程和桥位总体中附属的工程设施。附属的工程设施很多，如为了保持桥位处河道稳定的护岸、导流堤等调治水流的构造物，桥下导航标志和桥面照明设备等。

本书从高速公路概述介绍入手，针对桥涵工程建设施工、隧道工程建设施工、高速公路建设灾害预警进行了分析研究；另外对高速公路平面、纵断面及横断面设计、高速公路路基设计、高速公路路面设计做了一定的介绍；还对桥涵工程设计、隧道工程设计、高速公路改扩建工程交通组织设计做了研究。本书重视知识结构的系统性和先进性；结构严谨，条理清晰，层次分明，重点突出，通俗易懂，具有较强的科学性、系统性和指导性。本书可以作为从事高速公路桥梁工程等专业的技术人员的参考，也可以作为高等学校公路工程等相关专业的教学参考用书。

在本书写作的过程中，参考了许多参考资料以及其他学者的相关研究成果，在此表示由衷的感谢。鉴于时间较为仓促，水平有限，书中难免出现一些谬误之处，因此恳请广大读者、专家学者能够予以谅解并及时进行指正，以便后续对本书做进一步的修改与完善。

目录 CONTENTS

第一章　高速公路概述

第一节　高速公路的效益

我国20世纪建成的收费公路，尤其是高速公路良好的投资收益，使社会形成了“收费公路收费标准过高、收费期限过长”的普遍看法，社会各界“降低收费标准、缩短收费期限、减轻用户负担”的要求非常强烈。要正确认识并积极化解高速公路项目筹融资领域出现的困难，促进高速公路建设事业的健康稳定发展，我们需要对高速公路项目投资效益的变化趋势进行客观分析。

一、早期高速公路项目的投资效益

早期的各个高速公路项目，其具体情况相互之间可能会有一定的差异，但总体都具有“流量大、造价低、投资效益好”的共同特点。

（一）高速公路特点

1. 交通流量基数大，增长迅速

地处经济最发达的区域，交通流量基数大，增长迅速。

①项目通车后第一年的初始流量较大，初始流量通常会达到设计饱和流量的50%～70%；

②流量增速较快，所在区域发达的经济使项目流量保持着较快的自然增长；

③由于区域内当时还没有高等级公路，这些项目还吸引了较大的诱增流量，自然流量和诱增流量的组合使项目在通车后头几年的流量增长通常高达年均20%以上，较高

的初始流量和较快的流量增长使这些项目通常在通车后 2 ~ 3 年即达到流量饱和。

2. 建设成本较低

早期的高速公路项目一般都建在地势较平坦的平原地带，大型结构物较少，施工难度较低，加上早期征地拆迁费用较少，项目的建设成本较低。

早期的高速公路，由于流量大、造价低，因而投资回报相当可观。以一条造价为 3100 万元 / 公里的高速公路为例进行定量分析，假定“其初始流量为设计饱和流量的 60%，通车后前三年流量年均递增 20%，从第四年开始流量增至项目设计饱和流量的 120% 后就不再增长，收费标准为 0.40 元 / 公里。小车，车辆每次出入高速公路另收 5 元 / 小车的通行次费，在假定的总投资中，65% 为银行贷款，35% 为资本金，所得税为 33%，折现率按目前项目的长期贷款年利率 6.12% 确定，运营成本及营业税参照行业标准等”（以上假定和早期相当数量高速公路项目的实际建设运营情况很接近），经过计算，这样一条经营性的高速公路还清贷款仅需 5 年左右的时间，收回投资仅需 7 年左右的时间，而收费期最长有可能达到 30 年。

因此，高速公路投资者的收益非常好。早期的各个高速公路项目，其具体情况相互之间可能会有一定的差异，但总体都具有“流量大、造价低、投资效益好”的共同特点。

（二）影响投资效益的主要因素

从 21 世纪开始，我国的高速公路建设进入了一个加速发展的时期，随着投资力度不断加大，建设步伐逐渐加快，越来越多的高速公路陆续投入运营，高速公路在总体上更好地满足社会经济发展需要的同时，其投资效益开始出现下降的趋势，尤其是后续建成的高速公路项目，受诸多因素的影响，投资效益下降的趋势更为突出。

1. 影响因素

①通行能力增长速度远大于交通流量增长速度。

②从“瓶颈”状态逐步转变为“超前”状态。

高速公路网从“瓶颈”状态逐步转变为“超前”状态，在更好地满足社会需要的同时，高速公路项目的流量，尤其是后续建成项目的流量相对早期建成的高速公路则呈现明显下降的趋势。

2. 区域重心正在迅速变化

高速公路建设的区域重心正在迅速变化，由经济发达地区向次发达地区及不发达地区转移。受区域经济发展水平的影响，在经济较不发达区域所建项目的交通流量呈逐级下降的趋势，高速公路建设从省内经济发达地区向经济相对不发达地区推进，项目交通流量逐级下降的过程。

3. 成本逐年提高

高速公路项目的建设成本逐年提高，单位造价比前期高速公路提高了 1 ~ 2 倍。

4. 成本增高的因素

近年高速公路的建设成本受诸多因素的影响而大幅度上升：

①征地拆迁成本大幅度增加。与21世纪前的情况相比，近年各地的征地拆迁费用均出现较大幅度的上升，上升幅度高达100% ~ 300%，且其上升趋势今后还将会延续。

②原材料价格大幅上涨。自21世纪以来，高速公路建设中的主要原材料，如钢材、水泥、沥青、石料等均出现了30% ~ 50%的上涨，直接推动了建设成本的大幅度上升。

③工程建设难度加大。随着高速公路建设逐步向丘陵、山区推进，隧道、桥梁明显增多，施工难度不断加大，工程造价也随之上升。受上述各个因素的综合影响，高速公路的单位造价在逐年提高。

5. 收费政策中的不利因素逐步增多

收费期缩短、收费标准降低且难再提高、免费通行车辆数量上升。

6. 近年在收费政策中出现的不利因素

①最长收费期由原来的30年缩短至25年；

②收费标准降低，主要是大型载重货车的收费标准下降了15% ~ 20%；

③提高收费标准的难度明显增加。

早几年，高速公路的收费标准可根据连续几年通货膨胀的情况进行相应的上调，但按目前的形势，即使出现连续几年通货膨胀的情况，也很难将高速公路的收费标准进行相应的上调（除非出现大幅度的通货膨胀）。显然，收费政策中逐步增多的不利因素均直接使高速公路项目的投资效益出现不同程度的下降。

二、高速公路项目投资效益的变化趋势分析

和早期相同高速公路项目相比，其他条件不变，仅流量降低50%，投资效益将出现超过50%的下降；仅造价上升1倍，投资效益下降约50%，上升2倍，项目很可能亏损；仅收费期限变短，直接缩短项目盈利期，并有可能造成项目亏损；仅大型载重货车收费标准下降15% ~ 20%，项目收费额下降约10%。若各因素综合影响项目，资本金将无法全部收回，项目严重亏损。

由于近年受“路网逐步过渡到适度超前状态、建设重点逐步进入相对不发达区域、建设成本大幅上升，收费政策中的不利因素逐步增多”等多方面的影响，高速公路项目的投资效益呈明显下降的趋势，为了更直观清晰地把握投资效益下降趋势的变化程度，我们还需要针对主要的影响因素进行相应的定量分析。

（一）流量下降对投资效益的影响

以浙江省为例，一个较完善的高速公路网络将基本形成，高速公路网届时将处于适度超前的状况，“瓶颈”状态下的大流量、高增长将不易再现，加之新建成的高速公路

又多地处经济相对不发达的地区，故其初始流量较早期的高速公路将出现大幅度的下降，可能只有设计饱和流量的 20% ~ 30%，通常还不到早期高速公路初始流量的一半，而且这时因周边已有较完善的高速公路网络，也不再有早期高速公路非常明显的诱增效应，通车后运营期流量的增长速度也将有较大幅度的降低。

（二）造价上升对投资效益的影响

和早期的高速公路项目相比，若“初始流量、流量增速、收费标准、税收、运营养护等各条件均不变”，仅仅将其“造价增加一倍，即将造价增至 6200 万元 / 公里”，经过计算，该项目的贷款偿还约需 9 年时间，收回投资约需 15 年，相对于早期相同项目（其他条件完全相同，仅造价低 50%），其投资效益下降了约 50%。如果还是这一项目，其他条件保持不变，仅造价增加 2 倍（通常为双向六车道的项目）达到 9300 万元 / 公里，经过计算，该项目的贷款偿还约需 13 年，回收投资约需 27 年，相对于今后经营性收费公路最长 25 年的收费期限，该项目将会亏损。这也意味着高速公路即使拥有很大的初始流量、较快的流量增速，但当造价过高后，如超过 9000 万元 / 公里，在现有收费标准和收费期限的情况下，项目将很可能处于亏损状态。

（三）收费政策中的不利因素对投资效益的影响

近年来在收费政策中出现的诸多不利因素均对投资效益产生了一定程度的影响，如最长收费期由原来的 30 年缩短至 25 年后，就会使原需要十几年或近 20 年能收回投资的项目盈利期大幅度缩短，甚至会使原需 25 年多才能收回投资的项目由盈利变成亏损。而大型载重货车收费标准 15% ~ 20% 幅度的下降及免费通行车辆的上升等因素，则使相应的高速公路项目在流量不变的情况下收费收入下降了大约 10%，使项目的贷款偿还期、投资回收期等均相应延长了 1 ~ 2 年，其对高速公路投资效益的影响也不容小觑。

（四）各因素对投资效益的综合影响

以上分析了流量、成本、收费政策等各因素单独对高速公路投资效益所产生的影响，但在实际工作中，上述各因素并非单一孤立地，而是同时综合地影响高速公路。因此，要全面真实地了解目前新建高速公路投资效益的变化趋势，必须对上述各因素的综合影响进行分析。和早期高速公路项目相比，假如新建高速公路：

①初始流量调整为早期高速公路的一半（即设计饱和流量的 30%），通车后前 5 年流量年均递增 10%，5 年后流量年均递增 7% 直至饱和流量的 120%；

②造价增加一倍，即增至 6200 万元 / 公里；

③大型载重货车收费标准 15% ~ 20% 幅度的下降，免费通行车辆的上升等（假定使收费收入相应下降了 10%）；

④其他如税收、运营养护等条件保持不变，则经过计算，该项目的贷款偿还约需 19

年时间，至 25 年的收费期结束时，还有约 50% 的资本金无法收回，项目呈现较严重的亏损。

同样是这一项目，如果造价增至早期高速公路的 3 倍，即造价为 9300 万元每千米，而其他情况和上述综合分析时一致，经过计算，至 25 年收费期结束时，该项目的贷款还无法完全偿还，投入的资本金将全部亏损。

综合以上各项分析，可以看出，由于受“建设超前、流量下降、造价上升、收费期限缩短”等多重因素的影响，高速公路的投资效益正呈大幅下降的趋势。高速公路正逐步由早期的具有良好投资回报的经营性项目转变为今后的仅能勉强收回投资而无合理回报的准经营性项目，甚至成为无法收回投资的半公益性项目。高速公路项目投资效益的这一变化趋势已明显增加了近期在建高速公路项目建设资金筹措的难度，加大了招商引资的困难，也开始影响到国有交通资产的保值增值，需要引起我们足够的重视，并需要政府有关部门在今后的政策制定及建设资金的筹措上予以必要的支持，以确保我国交通建设事业的健康发展。

第二节 高速公路的技术标准

所谓公路的设计标准，就是在公路设计时为使各断面组成的线形要素之间保持相互均衡而制定的技术标准。不同的道路等级具有不同的技术标准，等级越高技术标准越高，而高速公路为最高。对于一个设计路段，设计标准应尽量保持一致。

一、高速公路的技术标准分析

（一）设计车辆

1. 原因：设计道路最基本的目的就是使车辆能在其上行驶，所以，设计车辆是高速公路设计的重要依据之一。

2. 定义：是设计所采用的代表性车型。

3. 如果实际车辆尺寸与设计车辆不一致时，则以规定的设计车辆外廓尺寸、重量、转动特性等特征作为道路设计依据。我国的汽车种类很多，随着改革开放和汽车市场的日益国际化，汽车品种会不断增加和变化，设计车型应能代表这些汽车中的大部分。为了更好地做到这一点，设计车型实际上并不一定是某一种具体牌号的汽车，其外形尺寸往往是虚构的，但能代表某一类的汽车。

4. 作用：主要用于制定公路设计各项控制指标，其外形尺寸直接影响公路的平面设计，如曲线半径、车道宽度、弯道加宽、视距及净空高度等。设计车辆的动力性能则与纵断面的最大纵坡、坡长有关。

5.几种设计车型：在设计时，必须考虑远景汽车交通的情况及有关指标的变化。目前，我国高速公路在设计时主要按小汽车和中型载重汽车考虑。小汽车主要从视距要求考虑，而中型载重汽车主要从外形尺寸和动力性能考虑，考虑到集装箱运输的发展，半挂车也应作为主要设计车型。

（二）设计车速

汽车在道路上以一定车速行驶，除了车辆本身要有良好的性能外，还要求道路提供相应的技术保证。例如，行车部分的宽度、道路的平面线型、纵坡是否平缓，道路的几何形状乃至路面质量等均与行驶速度有关，即设计车速是确定公路线形几何设计的基本要素之一。行驶速度不同，对道路的要求亦不相同，因此道路设计前所确定的计算行车速度是道路设计的一项重要依据。

1. 设计车速的定义

设计车速（又称计算行车速度）是公路设计最基本的设计依据。设计所采用的车速，称为计算行车速度，也称设计车速，它是在气候良好、交通量小、路面干净的条件下，中等技术水平的驾驶员在道路受限制部分能够保持安全、舒适行驶的最大速度。

2. 设计车速的确定

计算行车速度值会影响道路的规模，并影响道路建设投资。

（1）设计车速的确定考虑了汽车行驶的实际需要和经济性，是汽车行驶要求与经济性平衡的结果。

（2）汽车的行驶要求表现为汽车的最高时速，即汽车的机械性能所能达到的最高速度。不同车辆的最高时速是不同的。公路的设计车速不可能也没有必要达到这一速度，但应尽量满足汽车机械性能的发挥。

（3）汽车行驶的经济性要求表现为汽车的经济时速，即汽车的机械损耗和燃油消耗为最小的车速，汽车越接近经济时速运营费用越低。但通常经济时速较低，从时间效益考虑，通常驾驶员不会追求以经济时速行驶。因此，设计车速应该是最高时速与经济时速之间的一个速度。

3. 设计车速的取值

设计车速（计算行车速度）的取值要根据道路类别、级别、地形特征等具体情况抉择，并在道路设计规范或技术标准一类文件中有所规定。远离城市的公路设计车速相对较高，而市郊公路的设计车速则相对较低；公路等级高，则多考虑行车要求，公路等级低，则多考虑经济性；平原区公路工程实施较容易，设计车速定得较高，山岭区地形起伏，工程实施困难，设计车速定得较低。

（三）高速公路设计车速

根据高速公路的运营要求与交通需求的变化和上述确定设计车速的原则，我国《公路工程技术标准》（JTG B01-2014）（以下简称《标准》）规定：

1. 高速公路一般选用 120km/h 的计算行车速度，当受条件限制时，可选用 100km/h 或 80km/h 的计算行车速度，对个别特殊困难路段，允许采用 60km/h 的计算行车速度，但应经过技术经济论证。与以前的技术标准不同，现行技术标准中高速公路的设计车速不再与地形直接相关，设计人员可根据交通量、交通组成和性质，结合地区、地形特点，考虑技术和经济条件，选定合理的计算行车速度。

2. 对于高速公路，设计车速应以小客车为主考虑。虽然目前我国高速公路上行驶的车辆种类仍较多，大货车也有相当比例，但车辆性能正在不断地改善，实际运行车速呈增大趋势，以小客车作为确定高速公路设计车速的标准是合适的。

3. 对同一条高速公路，如果途经的地区地形有较大差异，设计车速可根据实际情况分段确定。但是，为了保证行车的连续性，应注意以下几点：

①分段之间的设计速度差小般按 20km/h，为一级，并应设置相应的限速标志；

②不同设计车速分段不宜过短，通常高速公路分段长度不宜小于 20km；

③需要改变计算行车速度时，应设置过渡段，过渡段长度可根据具体地形条件结合各方面的使用效果，灵活确定；

④计算行车速度变更点的位置，应选择在驾驶人员能够明显判断路况发生变化而需要改变行车速度的地点，如村镇、车站、交叉口或地形明显变化等处，并应设置相应的标志。高速公路一般选用 120km/h 的计算行车速度，当受条件限制时，可选用 100km/h 或 80km/h 的计算行车速度。对个别特殊困难路段，允许采用 60km/h 的计算行车速度，但应经过技术经济论证。

二、交通量的设定

（一）概念

交通量是指在单位时间内通过道路某一地点或某一断面的车辆数量或行人数量。前者称车流量，后者称人流量。

（二）交通量的作用及影响因素

1. 是道路规划、设计和交通规划、交通管理的依据。

2. 交通量的大小与经济发展速度、文化生活水平、气候、物产等多方面因素有关，并且随时间的不同而变化。

3. 进行道路设计时，常用的交通量如下：

①平均交通量。交通量不是一个静止的量，它是随时间变化的，在表达方式上通常

取某一时段内的平均值作为该时段的代表交通量。例如，年平均日交通量就是将一年内的交通量总数除以当年的总天数所得出的平均值。常用的平均日交通量还有月平均日交通量、周平均日交通量以及任意期间（依特定分析目的而定）的平均日交通量等。

②高峰小时交通量：一天中各小时的交通量不均衡，一般上下午各有一个高峰，交通量呈现高峰的那一个小时称为高峰小时。所以，一定时间内（通常指一日或上午）交通量出现的最大小时交通量称为高峰小时交通量（指一天内的交通高峰期间连续 1h 的最大小时交通量）。

③第 30 位小时交通量：将一年当中 8760 个小时的小时交通量，按大小次序排列，从大到小排列序号为第 30 位的那个小时的交通量，称为第 30 位小时交通量。将一年中 8760 小时交通量依大小次序排列，然后计算出每一个小时交通量与年平均日交通量之比值，称为小时交通量系数，以此为纵坐标，以排列次序为横坐标，可以绘制出一年中小时交通量曲线图。

（三）设计交通量

作为道路规划和设计依据的交通量，称为设计交通量。进行道路规划和设计，必须考虑交通量随时间变化出现高峰的特点。若以平均日交通量或平均时交通量作为设计依据，必将在很大一部分时间内不能满足实际交通量的通行要求而发生交通拥挤阻塞；若按年最大的小时交通量作为设计依据，又嫌偏大而浪费。美国和日本的研究认为，取一年的第 30 位最大小时交通量作为设计小时交通量，即将一年中测得的 8760 小时交通量按大小顺序排列，取序号为第 30 位的小时交通量作为设计交通量。

三、道路路段通行能力

（一）通行能力

1. 基本概念

通常定义为在一定的道路、交通状态和环境下，单位时间内（良好的天气情况下），一条车行道或道路的某一断面上能够通过的最大车辆或行人数量，亦称道路容量、交通容量或简称容量。一般以辆 / 小时、人 / 小时表示，亦有用辆 / 昼夜或辆 / 秒表示的。车辆多指小汽车，当有其他车辆混入时，均采用等效通行能力的当量小客车单位。

2. 注意事项

在我国公路方面采用当量解放牌汽车为单位，城市采用当量小汽车为单位。注意以下几点：

（1）特定的道路和交通条件下；

（2）车辆数（车辆中有混合交通时，则采用当量交通量）；

（3）与交通量的关系：

①区别：道路通行能力与交通量概念不同，交通量指某时段内实际通过的车辆数。道路通行能力是一定条件下通过车辆的极限值，不同的道路条件和交通条件下，有不同的通行能力。

②二者联系：一般情况下，交通量均小于道路的通行能力。

（4）在小得多的情况下，驾驶员可以自由行驶，可以变更车速、转移车道，还可以超车。

（5）交通量等于或接近于道路通行能力时，车辆行驶的自由度就明显降低，一般只能以同一速度列队循序行进。

（6）当交通量稍微超过通行能力时，车辆就会出现拥挤甚至堵塞。所以，道路通行能力是一定条件下通过车辆的极限值，不同的道路条件和交通条件下，有不同的通行能力。

（7）通常在交通拥挤经常受阻的路段上，应力求改善道路或交通条件，以期提高通行能力。

3. 影响因素

影响道路通行能力的主要因素有道路状况、车辆性能、交通条件、交通管理、环境、驾驶员技术和气候等。此外，还有些影响因素至今尚未能做出定量的分析，因此，目前国内外不少专家学者都致力于确定和提高通行能力的研究。

（二）机动车通行能力的类别

基本通行能力是指道路与交通处于理想情况下，每一条车道（或每一条道路）在单位时间内能够通过的最大交通量。作为理想的道路条件，主要是车道宽度应不小于3.65m，路旁的侧向余宽不小于1.75m，纵坡平缓并有开阔的视野、良好的平面线形和路面状况。

作为交通的理想条件，主要是车辆组成为单一的标准型汽车，在一条车道上以相同的速度，连续不断地行驶，各车辆之间保持与车速相适应的最小车头间隔，且无任何方向的干扰。

第三节　高速公路的设计要点

近年来，我国公路交通建设事业突飞猛进。自中国开始建设高速公路以来，就向世界前列高速发展。

一、高速公路的路面设计要点

（一）沥青路面设计概要

沥青路面由于其良好的行驶性能，已经成为各种高等级公路和主干道路的首选结构形式，沥青路面占 80% ~ 90%。

1. 主要形式

由于我国气候和自然环境十分复杂，加上近年来超载运输现象十分严重，建成通车的高等级公路上出现了较大面积的路面早期损坏，其主要形式包括：

（1）半刚性基层沥青路面出现反射裂缝；

（2）沥青面层水稳定性损坏（松散、坑槽等）；

（3）以及高温稳定性病害（车辙）。

路面的早期损坏不仅造成了巨大的经济损失，而且影响到交通行业的社会形象和可持续发展。

2. 设计方法

世界各国的沥青路面设计方法，可分为经验法和力学经验法两大类。

（1）力学分析

我国现行的《公路沥青路面设计规范》采用弹性层状体系作为力学分析基础理论，以双圆垂直均布荷载作用下的路面整体沉降（弯沉）和结构层的层底拉应力作为设计指标，以疲劳效应为基础，处理轴载标准化转换与轴载多次重复作用效应。

（2）路面工程

路面工程应根据使用要求及气候、水文、土质等自然条件，密切结合本地区实践经验，在满足交通量和使用要求的前提下，遵循因地制宜、合理选材、方便施工、利于养护、节约投资的原则，对可选方案经过全面的技术经济比较，确定最佳设计方案。设计中通过对不同基层材料组成设计试验，确定最佳设计配合比，以减轻路面的早期反射裂缝、唧浆等破坏，延长路面的使用寿命。

（3）路面面层应注意事项

沥青路面面层应注意高（低）温下的稳定性、耐久性、抗滑能力和抗渗能力，设计中通过面层结构材料的合理选材、骨料的合理级配等措施。

（4）合理、慎重地使用 SMA

合理、慎重地使用 SMA、改性沥青等新材料、新技术，改善路面整体使用性能。然而，对于现有的国内外沥青路面设计规范主要是以经济为主，并没有考虑到道路的重载、超载以及交通量的迅速发展。因此，随着经济的快速发展，设计一条既能符合交通需求，也能满足经济效益的高速公路是道路发展的当务之急。

（二）选线设计要点

公路路线设计及选择时，应尽可能地利用荒坡、荒地、滩涂等荒芜土地，而少占耕地、少拆迁。一般来说，会根据沿线具体情况，来选择选线的侧重点。

1. 山区公路

对山区的公路来说，一般主要考虑了地质灾害的可治性以及发生后的处理费用等，而忽略了保护耕地资源，增加了工程中的耕地占用量。

2. 山区耕地

同时，山区耕地形状一般极不规则，如果修筑公路，会使其变得更加支离破碎。因此，在路线选择时，要充分顺应地形、地貌，确保山体平衡体系不被破坏，避免大挖大填，加强桥梁隧道的设计，使路线与周围环境融为一体。

3. 平原地区

相对山区来说，平原地区的地质条件要好得多。然而平原地区有大量的耕地、房屋，一旦修筑公路，就会占用大量的耕地，甚至造成拆迁。所以设计路线时应特别注意对土地尤其是耕地资源的影响。

4. 少占耕地，少拆迁

在路线的控制节点确定之后，应综合考虑各种因素，尽可能少占用耕地，少拆迁。可将避开高产良田作为设计线路的重要因素，尽量选择荒地或低产田通过，节约耕地良田，以保护环境。

（三）面层组合设计

国外的耐久性路面（也称作长寿命路面）追求的寿命是50年，即50年不进行结构性维修。

长寿命沥青路面结构主要有如下特点：

1. 100mm ～ 150mm 区域

轮载下100mm ~ 150mm区域是高受力区域，也是各种损坏（主要是轮辙）的发生区域；

2. 40mm ～ 75mm 区域

面层40mm ~ 75mm高质量沥青混凝土为车辆提供良好的行驶界面，应具有足够的表面构造深度，抗车辙、水稳定性好；

3. 100mm ～ 175mm 区域

中间层100mm ~ 175mm高模量抗车辙沥青混凝土起到连接和扩散荷载的作用，应具有高模量、抗车辙特性。

二、高速公路路线设计的概述

（一）传统的路线设计概念

1. 公路平面线形设计

就是如何正确地运用平面技术标准，定出公路的平面几何尺寸：公路纵面线形设计。

2. 合理采用纵坡技术标准，定出纵面的几何尺寸

这两个方面的技术标准运用好了，几何尺寸定出来了，就算路线设计好了。

3. 汽车保有量快速攀升

伴随着公路交通行业以及汽车行业的迅猛发展，现今的汽车保有量正处于一个快速攀升的阶段，导致公路的实际交通量不断增加，使得越发频繁地出现了各类交通事故。

4. 工程学以及设计学的涉及

由此可见，合理的公路线路设计就不能够仅仅停留在几何的角度，其还涉及了工程学以及设计学等领域。可见，所进行高速公路路线设计应该在充分符合汽车行驶所需的力学条件的基础下力求满足驾驶员的生理条件。

5. 针对地形地物进行设计

应该针对地形地物等情况来进行设计，使得设计更能够兼顾到各种因素的影响，比如保护环境以及实现合理有效的经济运营等多方面因素。因此，高速公路的线路设计工作是非常重要的。

6. 线路的设计至关重要

对公路进行设计，对其线路的设计是非常重要的一关。就拿高速路为例，只要路线建筑好了，就会影响到本地路段的社会与经济效益，说明高速公路线路的设

计是影响到所涉地区经济和民生的大事。公路路线设计的从业人员在进行路线设计时，应该考虑到所涉当地的实际情况，比如是否影响当地生态环境等因素。所以在进行公路建设的时候，设计正确的路线是非常重要的。

（二）影响高速公路线路设计的相关因素

对高速公路进行设计时，其设计方案的确定是受很多方面的影响的。总的来说，受到地质的影响、生态环境的影响、地形以及工程的造价等因素的影响，公路路线的一些施工方案在进行设计时都是必须要进行考虑及考量的。这就要求根据实际的情况及影响程度进行具体分析，设计出合理经济的公路路线。

1. 地质因素影响

在对高速路进行建设时会碰到很多地质方面的问题，其中就包括软土与软弱土等土

质、滑坡、坍塌与泥石流等情况。对于这些问题来说，对公路安全的危害非常大，对其后期养护和运行的影响也非常大，地质的因素对整个方案都是起决定性作用的。不好的地质在影响整个路段分布的同时，纵面地形的分布也影响了整体的方案。所以，在建设高速路时地质的勘测是必不可少的，也反映了高速公路路线设计的重要性。

2. 地形因素影响

这些年来，中国的高速公路建设非常快，很多的路段都是铺设在山区之中。这些地方的地形特别复杂，地的表面陡且不平，建设的任务十分艰巨。假如要降低工程的难度与投资就必须将路段适应其山区的地形。例如一些路面就需要沿着河流进行铺设，一些路线就必须从山区穿过。总的来说，其地形复杂多样，不管是哪种地形，最开始就必须合理地利用，一些地形很复杂，但是只要合理地利用，最终的效果就会很好。因此，挑选适当的地形对高速公路的设计人员来说是非常重要的。

3. 设计环境保护因素的影响

以往的工程建设的理念把太多的精力都放在了功能与经济方面，环境方面并没有太多的考虑，高速公路的工程实施对于生态的破坏是非常严重的，造成了很多负面的影响。大面积地使用林地与耕地，很多的庄稼都损失了，还对绿化造成一定程度的破坏，影响了自然的生态平衡，对高速路进行设计的时候，大多数都是选择直接穿过某些特殊的环境区。

例如，湿地以及保护区，并且就算是没有办法避开的话，都没有使用相应的方法对其进行保护，这样对于整个自然状态的影响就非常明显了。在选择高速路工程实施方案的时候，并不会进行文物的勘察，更别说公路沿路的古物了，碰到这些情况时并没有相应的解决措施，说明了正确的公路路线的设计对环境和文物保护的重要性。

三、设计中需要注意的相关问题

（一）平、纵、横同步的精细设计

公路是三维的带状构造物，平、纵、横的设计信息集中在一起才能反映真实的设计情况。公路地形在很小的范围内也可能产生很大的变化，路线平、纵面稍微移动就能产生截然不同的结果，这就要求路线设计应该平、纵、横步精细设计，以互相检验设计的合理性，这在局部路线优化时尤为重要。

1. 应采用曲线形设计法

在当前高速公路的建设中多采用曲线设计法。所谓曲线形设计方法，即根据线形布设的技术标准要求、平纵线形组合的均衡要求、地形地物及自然环境的约束要求，采用曲线单元并选用合理的线形参数来布设路线。

2. 曲线形设计方法的作用

采用曲线形设计方法进行路线设计，既能使道路线形美观，也可以使道路本身和沿线景观相协调，更重要的是曲线形道路相比直线道路更容易让驾驶员在开车时注意力集中，从而减少交通事故。当然，直线设计法也并不是要完全杜绝，只是在设计过程中要注意一些问题。

3. 灵活运用线形指标

线性指标的选用不仅关系到公路使用的安全性和舒适性，还影响到工程的造价和区域的自然环境。在路线设计技术指标的运用上，应结合地形、地物、地质、水文、气象等自然条件，特别是要注重总体设计。要注意保证前后路线线形的均衡性和连续性。因此，设计人员必须加强对标准规范的理解，做到灵活运用技术指标。

（二）加强环境保护

对高速路段进行设计时应该选择那种对环境的负面影响最小的设计方案。

1. 考虑因素

公路路线设计必须结合实际施工地点的环境因素，实施时要考虑到文物、水利、保护区与湿地等众多的因素，力求在公路建设时生态与经济共同进步与发展。

2. 注意事项

公路路线设计的相关注意事项，在高速公路交通建设中非常重要，其不仅可以减少建筑中遇到的困难以及降低成本，还可以推动高速公路的建筑品质变得更可靠，促进人们出行环境的优化。

在进行高速公路建设时，线路的设计工作对整个公路工程的影响是非常巨大的。近年来，随着国内经济的飞速前进，国内公路的建筑及公路线路设计水准有了很大的进步，同时人们对高速公路方面的要求也越来越高。在高速公路的路线设计中，其设计对全部工程项目的品质、成本及执行来讲，都起着重要的作用。因此制定良好的高速公路设计方案可以减少建筑中遇到的困难以及降低成本，还可以推动高速公路的建筑品质变得更可靠，促进人们出行环境的优化。所以制定最佳的高速公路设计方案可以达到多赢的局面，并且推动人和人以及人与自然的相处，达到社会的和谐。

第二章　桥涵工程建设施工

第一节　基础施工

桥梁基础有桩基础、明挖扩大基础两种，以桩基础为主，部分地质条件、地形条件适宜墩台采用了明挖基础。桩基础采用钻孔灌注桩，分陆地桩基础施工和深水桩基础施工。在岩溶地区，根据不同的地质情况选用明挖基础和桩基础。

一、施工准备

①施工前，首先要进行施工图纸审核，确保桥位、标高设计合理，尺寸无误。

②加强便道维修与养护，确保便道畅通。

③现场合理规划泥浆池、沉渣池，要满足施工需要和环保要求。

④控制桩复测，完成各桩位的定位测量放样。

⑤平整场地，满足钻机就位和施工操作的需求。

二、钻孔桩施工

（一）钻孔桩基施工

1. 场地平整及桩位放样

场地平整：在桩基施工前，对施工现场进行场地平整。场地平整采用推土机进行，保证施工机械的平稳放置及施工现场的文明与安全。

桩位放样：为保证桩基位置的准确性，施工前要进行精确放线。采用全站仪直接测设控制桩位，在测量的精确桩位处设置保护桩。

2. 护筒埋设及钻机就位

护筒采用5 mm钢板制成，护筒高3 m，直径比桩径大20 ~ 30 cm，护筒埋深2.0 m，顶部高出地面1.0 m；护筒中心与桩位中心偏差不大于5 cm，护筒埋设好后，钻机就位、稳固、平衡。

护筒埋设在旱地时，采用反铲挖坑埋设，护筒就位后，外侧用黏土回填夯实。护筒与工作平台固定，避免塌孔时护筒沉落或偏斜。

水上护筒安装埋设：在水上平台上，用钻机吊装护筒就位，在护筒顶部支垫方木，用反铲轻压使护筒至淤泥底部，调整护筒位置，使其满足规范要求。再用钻机吊锤将护筒打入基础，埋设深度至淤泥下1 ~ 2 m，测量并调整护筒位置，直至满足要求。

钻机采用反循环钻机造孔，泥浆护壁，泥浆液面高度不低于旱地或水面1.5 ~ 2.0 m，随时检查浆液比重是否符合设计或技术规范的规定。

3. 泥浆制备

泥浆制备采用泥浆搅拌机搅拌，泥浆选择塑性指数大于25、粒径小于0.005 mm的黏粒且含量大于50%的黏土制浆，泥浆比重控制在1.1 ~ 1.25。

4. 钻进与清孔

根据现场地质情况，钻孔采用冲击钻机成孔，选派有经验的工程技术人员和管理人员负责钻孔施工。根据不同的地质情况，以合适的钻进速度钻进，钻孔过程中，做好钻孔记录，并对各地层与设计资料进行对比。若发现地质情况与设计不符时，及时通知建设方、监理工程师并提出相应措施，经建设方、监理工程师批准后加以处理。

钻孔达到设计深度后，进行孔内的泥浆稀释，利用泥浆泵通过吸浆管持续吸渣5 ~ 15 min左右，并用测深锤测沉淀层厚度，直到符合规范要求。

5. 钢筋笼制作和安装

按照设计图纸及施工规范要求进行钢筋笼的制作。主筋连接采用机械连接套筒，每间隔3 m在钢筋笼四周对称焊接钢筋耳朵，保证钢筋笼有足够的保护层，并在笼顶对称焊接四根钢筋，以备固定钢筋笼。钢筋笼制作完成后，应检查各部尺寸，检查合格后方可使用。

清孔后及时吊放钢筋笼，钢筋笼各段之间的连接采用机械连接套筒，钢筋笼每8 m一段，用汽车吊垂直吊入孔内。

6. 混凝土施工

采用导管法浇筑混凝土，对孔的中心位置、孔径、倾斜度、孔深进行检验，清孔、安装钢筋笼后，灌注水下混凝土。

混凝土浇筑前，提前搭设混凝土溜槽，安放储料斗、混凝土导管，导管用MOO mm的钢管制成，各导管之间内螺丝连接，每节导管长2.5 m，同时放置隔水栓。

首批浇筑量要经过严格计算。即导管底部一次埋深 2 m 以上，浇筑混凝土连续进行。混凝土采用集中拌制、罐车运输、罐车直接卸入料斗。

在浇筑过程中要随时测量孔内混凝土面的高度，使导管在混凝土内的埋深在 2 ~ 4 m 之间，最大埋深高度不得超过 6 m。浇筑完毕后，在混凝土初凝前，拔掉孔口护筒，钻机移位至下一桩位。

7. 桩头处理，钻孔检测

待混凝土达到规定强度后，截掉和清除桩顶的不良部分混凝土，直至露出新鲜混凝土，桩头混凝土采用风镐凿除至设计高程。混凝土灌注桩的质量检查采用钻孔取芯法检测成桩质量。

（二）钻孔过程中常见问题的预防及处理

1. 塌孔

（1）塌孔的表征

塌孔的表征是孔内水位突然下降，孔口冒细密的水泡，出渣量显著增加而不见进尺，钻机负荷显著增加等。原因如下：

①泥浆比重不够或泥浆其他性能不符合要求，使孔壁未形成坚实护壁泥皮，孔壁渗漏。

②孔内水头高度不足，支护孔壁压力不够。

③在松软砂层中进尺太快。

④提住钻头钻进时，旋转速度过快，空转时间太长。

⑤清孔后泥浆比重、黏度等指标降低，反循环清孔，泥浆吸出后未及时补浆。

⑥起落钻头时碰撞孔壁。

（2）预防及处理原则

①保证钻孔时泥浆质量的各项指标满足规范要求。

②保证钻孔时有足够的水头差，不同土层选用不同的转速和进尺。

③起落钻头时对准钻孔中心插入。

④回填砂和黏土的混合物到坍孔处以上 1 ~ 2 m，静置一定时间后重钻。

2. 钻孔偏斜和缩孔

（1）偏斜缩孔原因

①钻孔中遇较大的孤石或探头石，扩孔较大处钻头摆动偏向一方。

②在有倾斜度的软硬地层交界处，岩石倾斜处钻进或者粒径大小悬殊的砂卵石中钻进，钻杆受力不均。

③钻杆刚度不够，钻杆弯曲接头不正，钻机底座未安置水平或产生不均匀沉陷。

④在软地层中钻进过快，水头压力差小。

⑤全压钻进。

（2）预防和处理

①安装钻机时使底座水平，起重滑轮、钻头中心和孔位中心三者在一条直线上，并经常检查校正。

②倾斜的软硬地层钻进时，采取减压钻进。

③钻杆、接头逐个检查，及时调整。遇有斜孔、偏孔时，用检孔器检查探明孔偏斜和缩孔的位置情况，在偏孔、缩孔处上下反复扫孔。偏孔、缩孔严重时回填砂黏土重钻。

④全过程采用减压钻进方式。

3. 掉钻

（1）主要原因

钻进时强提强扭、钻杆接头不良或疲劳破坏易使钻头掉入孔中，另外由于操作不当，也易使铁件等杂物掉入孔内。

（2）预防和处理

①小铁件可用电磁铁打捞。钻头的打捞应视具体情况而定，主要有采用打捞叉、打捞钩、打捞活套、偏钩和钻锥平钩等器具。

②在钻孔过程中除以上几种主要事故外，还需注意防止糊钻、扩孔、偏孔、卡钻、钻杆折断、钻孔漏浆等。

（三）水下混凝土灌注事故的预防及处理

1. 导管进水

（1）主要原因

首批混凝土储量不足，或导管底口距孔底间距过大，混凝土下落后不能埋住导管底口以致泥水从底口进入。

（2）处理方法

将导管提出，将散落在孔底的混凝土拌合物用空气吸泥机清除，重新灌注。

2. 卡管

（1）主要原因

①初灌时隔水栓卡管，或由于混凝土本身的原因如坍落度过小、流动性差、粗骨料过大、拌合物不均匀产生离析、导管接缝处漏水、大雨中运输混凝土未加遮盖使混凝土中的水泥浆被冲走，粗骨料集中造成堵塞。

②机械发生故障和其他原因使混凝土在导管内停留时间过长，或灌注时间持续过长，最初灌注的混凝土已经初凝，增大了管内混凝土的下落阻力，混凝土堵在管内。混凝土

灌注导管内外压力差不够。

（2）预防措施

准备备用机械、掺入缓凝剂，做好配合比，改善混凝土的力学性能。

（3）处理办法

拔管、吸渣、重灌。

3. 坍孔

发生坍孔后，应查明原因采取相应措施。如保持或加大水头，排除振动源等防止继续坍孔，然后用吸泥机吸出孔中泥土，如不继续坍孔可恢复正常灌注，如坍孔不停止、坍孔部位较深，宜将导管拔除。保存孔位回填黏土，研究处理措施。

三、挖孔桩施工

对于无地下水或者少量地下水，且土层或者风化岩层较密实，则采用人工挖孔桩，桩径 1.8 m、1.6 m、1.5 m、1.2 m 分别为 8、42、40 和 32 根。挖孔桩施工时，根据地质和水文地质情况，制订可行的孔壁支护方案，主要采用混凝土护壁。人工挖孔桩施工工艺如下：

（一）施工准备

平整场地，清除坡面危石浮土。坡面有裂缝或者坍塌迹象时应先加设必要的防护设施，铲除松软的土层并夯实。施测墩台的十字线，定出准确的桩孔位置；设置护桩并经常检查校核；孔口四周挖排水沟，做好排水系统；及时排除地表水、搭好孔口的防雨棚；安装提升设备；布置好出渣道路；合理堆放材料和施工机具，使其不增加孔壁压力、不影响施工。

井口四周用护壁围圈予以围护，第一节护壁高出地面 20 ~ 30 cm，防治土、石、杂物滚入孔内伤人。若井口地层有较大的渗水量时，采用井点降水法降低地下水位。

（二）挖掘顺序

对于单排桩，采用跳孔开挖。对于有四根桩基的群桩，采用对角开挖。

桥梁的桩基承台。采用先挖桩孔，后挖承台座基坑的方式。这样施工有利于排除地表水且施工作业场地宽敞，立架、支撑、提升、灌注等操作都比较方便。

（三）挖孔桩施工工艺流程

1. 桩孔的出渣，采用电动卷扬机扒杆，以减轻工人的劳动强度，提高文明施工程度。

2. 在挖孔过程中，须经常检查桩孔的尺寸和平面位置；群桩误差不超过 100 mm，排架桩误差不超过 50mm。直桩的倾斜度不超过 1%，斜桩的倾斜度不超过 ±2.5%；孔径和孔深必须符合设计要求。

3. 挖孔时如果有渗水，则应及时进行孔壁支护，防止水在孔壁浸泡流淌造成塌孔。渗水采用井点降水或者集水泵排。

4. 桩孔挖掘和支撑孔壁两道工序必须连续作业，不宜中途停顿，以防塌孔。

5. 挖孔如遇到涌水较大的潜水层承压水时，可采用水泥砂浆压灌卵石环圈，或者集水泵排的方法进行排水。

6. 孔壁支护采用外齿式混凝土护壁。每挖掘 1.2 ~ 1.5 m 深时，即立模浇筑混凝土护壁，护壁的厚度一般为 10 ~ 15 cm，强度等级一般为 C15。有时为了赶工期，需加速混凝土的凝结，可掺入速凝剂。若土层比较松软或者需多次进行放炮开挖，可在护壁内设置 88 的钢筋。护壁的模板采用钢模板或者木模板。

7. 挖孔达到设计孔深后，应进行孔底处理。孔底必须做到平整，无松渣、污泥及沉淀等软层。嵌入岩层厚度应符合设计要求。

8. 在开挖过程中应经常检查了解地质情况，如与设计资料不符，应提前与设计代表联系，提出设计变更。

（四）孔内爆破施工

为了确保施工安全，提高生产效率，孔内爆破施工应注意以下事项：

1. 导火线起爆采用电雷管起爆，以确保施工安全。如采用导火线起爆，要有工人迅速离孔的设备；导火线应作燃烧速度试验，据以决定导火线所需长度。

2. 必须打眼放炮，严禁裸药爆破。对于软石炮眼深度不得超过 0.8 m，对于硬岩石炮眼深度不得超过 0.5m。炮眼的数目、位置和斜插方向，应按岩层断面方向来定，中间一组集中掏心，四周斜插挖边。

3. 严格控制用药量，以松动为主。一般中间炮眼装硝铵炸药 1/2 节，边眼装 1/3 ~ 1/4 节。

4. 有水眼孔要用防水炸药，尽量避免瞎炮。如有瞎炮应按安全规程处理。

5. 炮眼附近的支撑应加固或设防护措施，以免支撑炸坏引起塌孔。

6. 孔内放炮后应迅速排烟。采用高压风管或者电动鼓风机向孔内吹风进行排烟。

当孔深大于 12 m 时，每次放炮完后立即测定孔内的毒气浓度；无仪表测定时，可将敏感性强的小动物先吊入孔底考验，经数分钟的观察，如其活动正常，人员方可下孔施工。

7. 一个孔内进行爆破作业，其他孔内的施工人员必须到地面安全的地方躲避。

（五）挖掘的安全技术措施

挖孔时应注意施工安全。挖孔工人必须配备安全帽、安全带、安全绳，必要时应搭设掩体。取出土渣的吊桶、吊钩、钢丝绳、卷扬机等机具，必须经常检查。井口周围须用木料、型钢或者混凝土制成的框架或围圈予以围护，井口周围应高出地面 20 ~ 30 cm，以防土、石、杂物滚入孔内伤人。为了防止井口坍塌，须在孔口用混凝土护壁，高约 2.0m。挖孔时应经常检查孔内的二氧化碳含量，如超过 0.3%，或孔深超过 10 m 时，应机械通风。挖孔工作暂停时，孔口必须罩盖。井孔应安设牢固可靠的安全梯，以便于施工人员上下。

（六）钢筋骨架的制作与安装

挖孔灌注桩的钢筋骨架在孔外预扎后吊入孔内，也可以在孔内绑扎。为使钢筋骨架正确牢固定位，应在钢筋笼主筋上设钢筋“耳环”或挂混凝土垫块。有关钢筋笼的制作要求，详见钻孔灌注桩部分。

（七）灌注混凝土

1. 从孔底及附近孔壁渗入的地下水的上升速度较小（参考值小于 6 mm/min）时，可采用在空气中灌注混凝土桩的方法。其技术要求除符合《公路桥涵施工技术规范》有关规定外，还应注意以下事项：

（1）混凝土坍落度。当孔内无钢筋骨架时，宜小于 6.5 cm；当孔内设置钢筋骨架时，宜为 7 cm ~ 9 cm。如用导管灌注混凝土，可在导管中自由坠落，导管应对准中心。开始灌注时，孔底积水深不宜超过 5 cm，灌注的速度应尽可能加快，使混凝土对孔壁的压力尽快大于渗水压力，以防水渗入孔内。

（2）桩顶或承台、连系梁底部 2 m 以下灌注的混凝土，可依靠自由坠落捣实，不必再用人工捣实；在此线以上灌注的混凝土应以振捣器捣实。

（3）孔内的混凝土应尽可能一次连续浇筑完毕。若施工接缝不可避免时，应按照施工规范关于施工缝的处理规定处理，并一律设置上下层的锚固钢筋。锚固钢筋的截面积应根据施工缝的位置确定，无资料时可按桩截面积的 1% 配筋。施工接缝若设有钢筋骨架，则骨架钢筋截面积可在 1% 配筋面积内扣除；若骨架钢筋总面积超过桩截面的 1%，则可不设锚固钢筋。

（4）混凝土灌注至桩顶以后，应立即将表面已离析的混合物和水泥浮浆等清除干净。

2. 当孔底渗入的地下水上升速度较大时（参考值大于 6 mm/min），应视为有水桩，按前述钻孔灌注桩用导管法在水中灌注混凝土。灌注混凝土之前，孔内的水位至少应与孔外稳定水位同样高度；若孔壁土质易坍塌，应使孔内水位高于地下水位 1 ~ 1.5m。

3. 空气中灌注的桩如为摩擦桩，且土质较好，短期内无支护不致引起孔壁坍塌时，可在灌注过程中逐步由下至上拆除支护。

需在水中灌注摩擦桩时，应先向孔中灌水，至少与地下水位相平。随着灌注的混凝土的升高，孔内水位上升时，逐层拆除支护，利用水头维护孔壁。在水中灌注的柱桩，应尽可能不拆除孔壁支护。

4. 在空气中灌注混凝土柱桩，且地质条件许可拆除支护，而且是钢护筒或钢筋混凝土护筒需要拆除时，则在灌注混凝土和逐步拆除护筒过程中，始终维持混凝土顶面比护筒底端最小高出1.5 ~ 2.0m，以免拔护筒时，护筒底脚土粒掉入混凝土桩内，及孔外地下水从护筒底下间隙中渗入孔内。

四、扩大基础施工

基坑开挖的坡度视地质情况决定，土质基坑采用1 : 0.5 ~ 1 : 1，入岩部分垂直开挖。机械开挖至距基底20 cm左右时，改由人工开挖清底，必要时采用松动爆破，爆破时严格控制装药量。基坑清理完毕，请监理工程师检验基底，核定地质和承载力是否与设计相符，合格后进行基础第一层浇筑。遇有地下水采用汇水井法排水，排出的水要防止回流回渗。基坑顶部有动荷载时基坑顶部留不小于2 m的护道。

（一）钢筋要求

钢筋施工时所用钢筋必须符合以下要求：

1. 钢筋应具有出厂合格证。

2. 钢筋表面洁净，使用前将表面油腻、漆皮、鳞锈等清除干净。

3. 钢筋平直，无局部弯折。采用冷拉方法调直钢筋时，I级钢筋的冷拉率不宜大于2%。

4. 钢筋的弯制和末端符合设计及规范要求。

5. 各种钢筋下料尺寸符合设计及规范要求。

混凝土采用溜槽入模分层连续灌注，插入式振动棒振捣，振捣时观察到混凝土不再下沉、表面泛浆、不再出现气泡、表面有光泽时即可缓慢抽出振捣器。扩大基础第一层混凝土施工不立模板，满灌混凝土施工。第一层混凝土浇筑完毕后，预埋好连接钢筋。待最后一层混凝土浇筑完毕后及时洒水养生，拆模后用塑料薄膜覆盖养护。

（二）水中基础的施工

水中基础的施工采用钢板桩围堰。水中基础施工采用钢板桩围堰形成基坑，再进行基础施工。即先在岸上或平台上拼装围囹（按钢管桩的平面尺寸拼装），运至墩位定位后，把围囹固定在钢管桩上，然后在围囹四周的导框内插打钢板桩。安装堰内支撑，抽干水后人工开挖基坑，凿除桩头，绑扎钢筋，浇筑基础混凝土。

插打钢板桩的次序，从上一角开始，至下游合龙。这样不仅可以使围堰内避免淤积泥沙，而且还可以利用一部分水流冲走一部分泥沙，以减少开挖工作量，更重要的是保证围堰施工的安全。

钢板桩围堰在合龙处往往形成上窄下宽的状态，这就使得最后一组板桩很难插下。常用的纠正方法是将邻近一段钢板桩墙的上端向外推开，以使上下宽度接近。必要时，可根据实际宽度量测尺寸制作一块上窄下宽的异形钢板桩。合龙时，先将异形钢板桩插下，再插下最后一块标准钢板桩。

从围堰内排水时，如果发现锁口漏水，可在围堰外抛投煤灰拌铝沫，效果显著。钢板桩系多次重复使用设备，墩身筑出水面后即可拔出钢板桩，拆除围堰。

水中基础还可以采用吊箱围堰施工。

（三）吊箱围堰施工

1. 钢吊箱加工及拼装

钢吊箱底板和侧板在工厂分块加工，加工完试拼装检验合格后，分块装船运至拼装现场。在工作平台上，采用全站仪测出桥墩的纵横中心轴线，并测出桩顶的中心线及标高。钢吊箱加工完并检验合格后，分批分块运到桥墩安装位置，将护筒割至安装要求标高。

在护筒上焊接钢牛腿设置临时施工平台，在临时施工平台上拼装钢吊箱底板，采用倒链找平底板后，安装吊箱侧板，侧板连接部位粘贴橡胶止水板。

安装悬吊系统，提起吊箱，割除护筒上牛腿，将吊箱沉至设计标高后，安装内侧支撑。

2. 吊箱定位与堵漏

吊箱下沉前，对墩位处河床标高进行测量，吊箱沉至设计高程后，复核其平面位置。如不满足要求，将螺旋千斤顶安放在四个角的护筒与吊箱侧板之间调整吊箱位置，待其满足要求后，在四个角的护筒与吊箱侧板之间用型钢焊接定位。潜水员水下封堵护筒与底板之间缝隙。

3. 灌注封底混凝土

采用泵送多点灌注封底混凝土，为提高混凝土流动性和延长混凝土的初凝时间，混凝土中掺缓凝减水剂和粉煤灰。

4. 吊箱抽水

封底混凝土达到设计强度后，吊箱抽水。在承台设计标高以下护筒上重新焊接拉压杆，完成受力转换。拆除拉压杆，割除钢护筒，凿除桩头，将封底混凝土表面找平。

5. 基础混凝土施工

完成上述工作以后，即可绑扎基础钢筋和浇筑混凝土。

第二节　承台施工

一、施工工艺流程

承台施工程序：基坑开挖→凿除桩头→打混凝土垫层→绑扎钢筋→支立模板→浇筑混凝土→养生→基坑回填。

二、施工准备

（1）承台施工前进行钻孔桩位置、标高等的复测，由监理工程师签认后，方可进行承台的施工。

（2）复核基坑中心线、方向、高程，按地质水文资料结合现场情况，决定开挖坡度和支挡方案。基坑底面尺寸为长 a+200，宽 b+200（a 为承台长，b 为承台宽），开挖坡度建议采用 1∶1，则地面开挖尺寸为（a+200）+1×h，宽为（b+200）+1 × h（h 为承台埋深），如承台埋深较大，可根据实际情况提高坡度，并制订支挡措施，做好地面防排水工作。

（3）备齐所需机具、材料，安排施工人员，确定各班组任务。

三、基坑开挖

（一）用反铲挖掘机开挖，人工配合，并加强坑内的排水

根据施工前拟定的坡度采用反铲挖掘机开挖，挖掘时注意抽水和不要碰到支挡结构，挖至距承台底设计标高约 30 cm 厚的最后一层土时，采用人工挖除修整，以保证土结构不受破坏。如施工时发现基坑在地下水面以下时，可用木板桩支撑，边开挖，边设撑。对需要设挡板支撑的基坑，根据施工现场条件，在基坑四周每 30 cm 打一根木桩（或钢管），在木桩（钢管）后设 2 ~ 4 mm 厚的木板（或钢板），防止边坡坍塌。

（二）基坑排水

一般采用集水井排水。在基坑内承台范围外低处挖汇水井，并在周围挖边沟，使其低于基坑底面 30 ~ 40 cm。汇水井井壁要加以支护，井底铺一层碎石。抽水时需有专人负责汇水井的清理工作。

（三）凿桩头

确定承台底标高。按设计图纸，将桩顶混凝土凿至顶面高出承台底设计标高的 10

cm 处，将主筋调直，按设计要求绑成喇叭口，并向外设置直钩。凿桩头完成后，即进行桩基检测。合格后方可进行下道工序施工，若不合格，应立即处理。

（四）基底处理及测量定位

夯入 10 cm 厚的碎石层，层面略低于承台底设计标高。如遇砂土层等地质不良情况，按设计要求的厚度铺设石渣或干拌 C10 混凝土。位于河床下部的水中承台，其基底处理按设计要求抛填片石、夯填碎石等处理。处理完毕后，马上组织测量人员对基坑进行抄平，放出承台底面 4 个边角点及承台长、宽中心线，及其交点（中心点）的位置，用仪器检查各点位置是否正确，然后用钢尺复测，确认无误后，挂线连出承台边缘位置。

四、绑扎钢筋、立模板

（一）绑扎钢筋

钢筋在钢筋棚加工，严格按照施工规范、图纸现场绑扎，严禁漏绑。特别注意预埋钢筋的位置及加固，防止浇筑混凝土时跑位。底部设置的钢筋网，在越过桩顶处不得截断。在钢筋与模板之间设置混凝土垫块，垫块与钢筋扎紧，并相互错开，并根据图纸绑扎预埋墩柱钢筋。

（二）立模板

采用钢模板，钢模板使用前要除锈、刷油，检查模板有否变形。为加快模板组装速度，用吊车吊装模板，人工配合立模，让模板内侧靠紧连接边角点的白线，外侧用 Φ48 钢管加固。模板安装好后为防止浇筑混凝土时跑模和模板倾斜，在模板外打两排斜撑加固。

五、混凝土浇筑

混凝土采用自拌混凝土，混凝土罐车运输混凝土，用混凝土泵车和混凝土输送泵灌混凝土。为确保施工质量，采用斜向水平推进法施工。混凝土自由下落高度不得超过 2 m，保持水平分层，且分层厚度不超过 30 cm。采用插入式振捣棒振捣，应插入下层混凝土 8 cm 左右，插入间隔小于其 1.5 倍作用半径，不得漏捣和重捣。每一层应边振动边逐渐提高振动棒，应避免碰撞模板。浇筑过程中，设专人负责检查支架、模板、钢筋和墩柱预埋钢筋的稳定情况，发现问题，立即处理。浇至设计标高后，振捣时观察混凝土不再下沉，表面泛浆，水平有光泽即可缓慢抽出振捣棒，防止混凝土内产生空洞。

六、拆模养生

混凝土浇筑完成后，对承台顶面进行修整。抹平定浆后，再一次收浆压光（墩柱处应拉毛），表面用草袋覆盖，洒水养生，养护时间不少于7 d。当混凝土达到一定强度后拆模，并回填压实。

第三节　桥工程施工

一、桥梁柱、系梁、盖梁工程

桥梁下部结构由立柱、盖梁组成。

（一）墩柱

1. 模板选择

采用专门加工的定型组合圆柱型钢模板，选择专业厂家制作加工模板。钢模板按照2 m一节组装，一次浇筑高度按照6 m考虑。

2. 施工准备

立柱施工前，要规划好各种机具设备及材料的场地，做到既方便施工，又不影响安全。清扫基础，对立柱测量放样，并复核成果，测量误差控制在规范允许范围内。

3. 钢筋制作与安装

在现场按图纸的规格、尺寸分段加工钢筋。加工时，主筋的接头数量及焊接质量要按规范作业。制作完成后，吊装就位，注意防止骨架变形。安装完毕后要固定其位置，便于装模板。

4. 模板安装及拆除

将模板拼装并与支架螺栓连接成整体，再将各面模板及桁式支撑吊装就位，用螺栓连接成一整体模板。模板拼装时，在接缝处粘贴海绵胶条，以防浇筑混凝土时漏浆。

模板安装好后，要检查轴线偏位、标高、尺寸、竖直度以及稳定性是否符合《公路桥涵施工技术规范》要求，并填写检查记录，申请监理工程师检验，取得同意后进行下一道工序施工。

5. 混凝土浇筑

混凝土用水泥、砂、石及外加剂等材料必须符合图纸及规范要求，混凝土采用拌和站集中拌和，混凝土罐车运输，汽车吊吊混凝土罐入仓，连续浇筑。因故间断时，时间不得超过60 min。浇筑速度要适宜，每次堆料厚度不超过25 cm，并用插入式振捣器振捣密实。振捣时要注意加强立柱周边表面振捣消除水泡。对分层浇筑的立柱要对下一层混凝土表面凿毛，清除浮渣并用水冲洗干净。

混凝土施工后要留人整修周边，抹平压实立柱顶面混凝土。收浆后要覆盖，并洒水养护，对脱模后立柱周围用高压水枪洒水养护。立柱成型后要测量轴线、标高、竖直度，并申请监理工程师检查，无误后方可进行下道工序施工。

（二）盖梁

在混凝土立柱上采用钢结构抱箍固定支架支承，用两根 50# 槽钢放在抱箍上作为模板支承，上铺 12 cm×10 cm 方木横梁，横梁间距 30 ~ 50 cm，50# 槽钢与抱箍间用 50 t 千斤顶调节间距，在 12 cm × 10 cm 方木横梁上直接安装底模板。两侧模板借助于横梁、上拉杆和三角撑共同组成的方框架来固定。所有框架桦眼及角撑均预先制好，使模板能够迅速准确地定位。模板定位校正用细钢丝绳作风绳校正。

混凝土由混凝土罐车从拌和站运至墩位处，汽车吊吊混凝土罐入模，分层灌注、振捣密实，按设计及规范要求的时间进行拆模，正常洒水养护不少于 14 d。

二、桥梁上部工程施工

桥梁上部结构由 T 型梁、空心板梁、护栏、桥面铺装等组成。

（一）T型梁（空心板）预制

梁体预制施工方法

1. 梁体预制施工顺序：放样→安装底模、一边侧模安装→底板、侧板钢筋安装→预应力管道布设→另一侧模安装端头封模→安装锚垫板→浇筑混凝土→养生。

2. 梁体底模安装：底座设置成混凝土条形基础，钢板底模，底模与侧模以对拉筋采用帮包底的加固形式连接。

3. 侧模安装：侧模采用工厂订制钢模，侧模安装可先安装固定一边，侧模安装应牢固、顺直，侧模之间接缝应平顺、紧密。侧模与底模之间填塞橡胶止水条，贴靠紧密。

4. 钢筋绑扎焊接：钢筋严格按施工规范制作，各部尺寸满足设计要求，与管道相碰局部钢筋可作挪动。当桥梁上部梁体为连续刚构 T 梁时应注意预埋梁底钢板，并加以固定，确保位置准确。

5. 管道布设：管道布设须严格按设计提供的坐标布设，管道接头应连接紧密，不得漏浆；管道每 50 cm 用定位筋与梁体钢筋焊接固定。同时应注意梁面负弯矩管道预埋和预留孔口、外管口，孔口应加以临时封锚，以防堵塞管口和孔口。

6. 锚垫板安装：锚垫板应与端模固定牢固，锚垫板与管道出口保证垂直。

7. 混凝土浇筑：混凝土浇筑形式采用设置于场内的拌和站生产混凝土，用小型机动车运输，吊车起吊倒料浇筑方式。混凝土浇筑采用梯形连续推进。振捣由附着在侧模上的附着式振捣器配合插入式振捣器振捣。混凝土要求搅拌均匀，和易性良好。

8. 养生：采用湿润法养生。

9. 预应力张拉，压浆

按设计要求T梁(空心板)预制强度达到100%后，方可进行张拉、压浆，施工顺序为：清管道→穿束→张拉→锚固→压浆→封锚。

（1）清管道：穿束前用高压水枪清洗管道，确保管道畅通。

（2）穿束：选用钢绞线，按设计要求进行下料，下料机具采用切割机。穿束时束头用胶布紧箍，人工推进。

（3）张拉：穿束后安装锚具及千斤顶，采用千斤顶及其配套的张拉设备和锚具。张拉设备应经过计量部门校正、标定，各束张拉顺序依设计编号进行，张拉采用两头对称同时进行。以应力应变双控并以应力为主，延伸值控制在6%误差范围内。张拉程序：低松弛预应力筋 0 →初应力→ σ_{con}（持荷 2 min 锚固）。

（4）孔道压浆：将水泥拌制均匀，水灰比控制在 0.4 ~ 0.45，用压浆机从梁体一端向另一端连续进行，直至出浆嘴流出的水泥浆与原浆相同为止，并迅速将进浆口和排气孔全部堵紧。

（二）桥梁安装

采用架桥机安装，具体安装方法如下：

1. 架桥机拼装

架桥机采用定点厂家生产成套架桥设备，运至现场拼装。拼装好后，对架桥机械性能进行试运转，认真检查架桥机、钢丝绳、卷扬机、轨道、平车、电源等是否存在隐患，并即时予以更换或加强。

2. 运输轨道铺设

轨道枕木布设两轨水平，支垫紧密。轨与轨接头平顺。

3. T 梁出坑、运输

T梁由跨墩龙门架出坑，安放在运输轨道平车上，安放时用木支撑或法兰螺丝紧紧对称地固定在平车架上，由运输平车运输至架桥机下方起吊位置。运输过程中，随时观察支撑是否松动，轨道是否变形。

4. T 梁安装

T梁安装顺序为，先安装左半幅左边梁及相邻一根中梁或右半幅右边梁及相邻一根中梁，然后按顺序逐根安装其余中梁与左半幅右边梁或右半幅左边梁。左半幅左边梁与右半幅右边梁安装由架桥机起吊前移，直接就位落梁安装。T梁安装在墩顶先设临时支座，待T梁连续构造施工完成后，再转换为永久支座。

5. 一孔安装完毕后，接长运输轨道，架桥机轨道

架桥机前移就位，再按以上方法继续逐孔安装。架桥机前移时，保证各部位之间连

接牢固，结构稳定。

6. T 梁翼板接缝现浇

翼板湿接缝，采用吊模固定现浇施工方法。施工时严格按设计要求与施工技术规范执行，做到各部尺寸、位置准确，接缝平顺流畅，表面平整。

（三）墩顶连续现浇段施工

当桥梁上部为连续 T 梁，在安装完成 2 孔时，按设计要求，施工墩顶连续构造。首先采用高强螺栓在 T 梁两端横隔板进行连接，并用配套螺栓锁紧。将梁体端部、横隔板侧面拉毛并清洗干净，连接梁端伸出钢筋及横隔板钢筋，布置墩顶部位的负弯矩区预应力钢束。安装墩顶现浇连续段模板，安放永久支座，并布置连续段钢筋及桥面板钢筋，然后逐孔浇筑现浇桥面混凝土，混凝土浇筑完毕后，进行养生，穿预应力钢束。与相邻跨连续的预制 T 梁端部，必须将浮浆、油污清洗干净并凿毛，以保证新老混凝土接合牢固。待一联 T 梁端接头混凝土强度达到设计强度的 90% 后，即可张拉负弯矩预应力钢束。钢绞线单根张拉施工方法类同 T 梁预制。

（四）连系梁体系转换步骤

当连系梁体连接段混凝土浇筑及负弯矩预应力钢束张拉封锚完成后，即可进行连系梁体系转换施工。具体施工工艺方法如下：

1. 安放永久支座和临时支座：安放永久支座，而不设临时支座。

2. 梁体架设：梁体置于临时支座上呈简支状态，及时进行梁片间横向连接。

3. 中横梁混凝土及桥面板下横梁混凝土现浇：接头连续处预留钢筋，绑扎横梁钢筋，设置接头波纹管并穿束，浇筑混凝土。

4. 负弯矩区板束张拉：钢束张拉时，自每联两端向中间进行，从外侧向内侧进行。钢束张拉先张拉短钢束，然后张拉长钢束，每束钢束对称单根张拉，钢束采用伸长值与张拉应力双控的超张拉工艺。钢束张拉完成后，进行锚固及孔道压注水泥浆。

5. 浇筑桥面湿接缝混凝土，解除临时支座：湿接缝混凝土先浇筑跨中部分 0.6 L 段范围内的混凝土，后浇筑剩余部分湿接缝混凝土。最后解除临时支座，完成体系转换。

三、桥面系工程施工

（一）防撞护栏施工

防撞栏杆采用分段安装，分段浇筑方法。用光面胶合板做面模，每段护栏混凝土一次成型。弯道处用 50 cm 一节的模板，内贴宝丽板，可以确保弯道的线形和混凝土的外观质量。护栏钢管基座预埋件的标高和位置都要严格控制。

具体施工方法：

1. 放样：根据设计要求测设防撞栏杆轴线，并弹出两边线。

2. 钢筋安装：严格按设计要求与施工规范执行。

3. 模板安装：模板采用定型钢模板，模板安装严格控制轴线、标高、尺寸，模板接缝紧密，接头平顺。拉条对拉牢固。

4. 混凝土浇筑：混凝土采用洋铲喂料，插入式振捣器振捣。

（二）桥面铺装施工

由于预应力施工等原因，对桥面标高进行认真的测量核实桥面铺装与T梁之间新旧混凝土之间的结合质量，所有的结合面必须按有关要求认真凿毛，并清洗干净。

桥面分左右幅，左右各分3条板块浇筑铺装层混凝土，每次在伸缩缝位置断开。尽量用干硬性混凝土，把钢纤维按比重加入强制式搅拌机均匀搅拌。具体施工方法如下：

（1）施工准备：清除梁体顶面杂物，凿除局部松散浮渣，用高压清水清洗面层尘埃，保证面板粗糙，确保桥面铺装层与T梁或空心板梁表面紧密结合。

（2）施工放样：按照桥面铺装层设计高程，在栏杆边缘每间距1 m，分别布设混凝土小支墩。小支墩标高严格按相应点位置桥面铺装层顶面标高控制，小支墩标高经过多次测设，找平调整，确保精度，目的把平整度控制在3 mm误差以内，作为桥面铺装施工的质量控制。同时在单幅桥两边线处每隔4 m设置一个小支墩控制点，作为人工抹光找平时的水准控制点，保证桥面横坡准确度。

（3）钢筋制作与安装：钢筋制作、安装严格按设计要求与施工规范进行，钢筋网位置准确，网格尺寸标准，负弯矩筋布设准确，钢筋底面加垫混凝土小垫块，保证钢筋有足够的保护层。

（4）架设摊铺架：根据铺装层顶面高程与摊铺架实际高度，在已设置好的小支墩上铺设槽钢作为摊铺架行走轨道。槽钢应有足够的刚度，保证摊铺架行走时不变形，槽钢铺设经标高测定无误后，应加以临时固定。摊铺架安装时，摊铺架滚轮下缘应略高于铺装层顶面，高出多少应根据现场实验确定的混凝土松铺厚度控制。

（5）模板安装：为了保证桥面的宽度与深度，铺装层边缘线应线形平顺、圆滑及铺装层的密实度，模板采用胶合板，顶面高程严格与混凝土铺装层顶面高程相同。每一段落之间的施工缝同样采用角钢作模板，确保施工缝笔直，角钢安装牢固，角钢顶面高程按该处桥面设计横坡严格控制。

（6）混凝土配合比设计：在混凝土施工前，先按照设计文件要求的标号做混凝土配合比设计，配合比交由有资质的试验室承担。

（7）混凝土搅拌、运输、浇筑：浇筑混凝土由大型拌和站集中拌和，混凝土输送车运输，混凝土输送泵泵送浇筑。

（8）混凝土摊铺：混凝土采用单幅全桥宽同时展开逐段推进摊铺方式。摊铺时，先用人工初步摊平，再用粗刮架全幅宽粗刮，然后人工推动混凝土摊铺架前后慢速行走摊铺。摊铺架反复行进中，人工即时跟进局部找平，摊平后，采用滚筒调平架调平，并用3 m铝合金钢长尺进行纵、横向平整度再次找平。摊铺前应注意各种预埋件是否安装齐全，混凝土摊铺应严格按经验确定的混凝土松铺厚度摊铺，保证混凝土振捣密实后桥面铺装层各点高程满足设计要求与施工精度要求。

（9）混凝土振捣：混凝土振捣采用插入式与平板式振捣器，混凝土振捣横桥向逐行慢速推进振捣，前后行之间应有足够的叠合宽度，振捣应保证密实，以表面不出面气泡，平坦为准。同时振捣时应随时注意侧模板稳固情况，保证面板边线美观。

（10）修整：混凝土振捣后，及时采用真空吸水机吸取表面自由水，真空吸水的时间严格按试验确定。吸水后，推动抹光架，作业人员在抹光架上，采用抹光机提浆及粗平，然后再用镘刀和6 m铝合金钢长尺对纵、横向平整度、坡度反复检测表面进行抹镘、精平，直到平整度符合要求为止。修整是桥面系施工的关键，施工人员必须根据工作量，配足配齐，施作人员应保证具有足够丰富的经验。抹镘精平工作必须确保混凝土初凝前完成。

（11）纹理制作：为保证桥面有一定的粗糙度以抗滑作用，在混凝土仍具有塑性时进行纹理制作，采用压纹工具在横坡方进行纹理制作，槽口宽度、深度相一致，并根据设计抗滑要求进行。纹理制作均不得扰动混凝土。施作人员不得直接踩在刚铺好的混凝土面上，应跟随抹光机架作业。

（12）养生：纹理制作后以手指按压混凝土无痕迹时即覆盖麻袋布，并均匀浇水，充分保持湿润，并连续洒水养护7 d以上。混凝土浇筑好后要派专人看守，严防人践踏。

（13）防雨准备：桥面铺装是连续施工作业的，在施工过程中不可避免会突遇下雨。因此，施工前应准备好足够长塑料篷布遮雨棚，以防刚铺好的桥面混凝土被淋雨破坏。

（三）伸缩缝装置安装

安装伸缩装置时，其缝宽值均应根据该季节的气温通过计算决定。伸缩缝施工要精工细作：一是要与预埋钢筋焊接牢固，补浇混凝土处要把原混凝土凿毛，用水清洗干净；二是标高要与两头桥面铺装高差不大于2 mm，以免跳车。具体施工方法：

1. 清理预留槽，将杂物清理干净，预留槽的尺寸稍大于伸缩装置的总宽度和总高。

2. 安装时将伸缩装置设置在预留槽内，使伸缩装置的中心线与桥中心线一致，顶面与桥面标高相同，同时注意其纵横坡度与桥面坡度一致。

3. 伸缩装置就位后检查其尺寸是否符合安装温度要求，否则必须用千斤顶和夹具进行调整，直至符合设计要求，调整好后立即固定夹具。

4. 调整好尺寸后，将伸缩装置一侧的锚固筋与预留槽内的预埋钢筋焊接，保证伸缩装置定位。

5. 设置梁端模板及伸缩装置模板，模板按伸缩装置外形尺寸和预留槽的缺口制作，并安装严密，以防止砂浆流入支承箱，同时防止混凝土落入钢梁之间的空隙中。

6. 浇筑混凝土的高度与支承箱齐平，混凝土强度不低于该处结构混凝土的强度，并进行振捣，防止周边空洞产生。

（四）桥头搭板施工

桥台搭板一般在主体结构完成后安排进行施工，搭板采用现浇的方法进行。在测量组进行放样后，在原地进行钢筋的加工与安装。完成后，安装模板，模板采用建筑用钢模板，确保模板支撑牢固。混凝土浇筑时主要注意混凝土的振捣。振捣采用插入式振捣棒和平板式振捣棒交互进行，确保混凝土密实。在混凝土浇筑完毕后还要用压纹机进行压纹。

第四节 涵洞工程施工

一、钢筋混凝土框架涵

钢筋混凝土框架涵，施工主要方法为：基坑开挖采用人工配合机械施工，墙身采用 C20 混凝土现场浇筑，模板采用组合钢模，混凝土由拌和站拌和，专用运输车运输。浇筑时采用插入式机械振捣，保证混凝土质量。

（一）施工准备

基坑开挖前需进行遮阳准备、排水准备。为防止基坑开挖后受日光的暴晒，须准备充足遮阳棚将基坑盖好，边施工边封闭。排水根据现场情况疏通出入口做排水沟或挡水堰将水沿原沟排走，基坑内排水可通过在基坑四边挖集水沟用水泵将水抽出。施工便道、施工场地布置好并做好充分的施工准备后，才能进行基坑开挖，以及基底的处理工作。

（二）基坑处理

1. CFG 桩施工

涵洞基地处理方式一般与路基处理相同，如采用 CFG 桩地基加固时，CFG 桩施工与路基 CFG 桩同步进行。施工要点如下：

①技术人员测放好基坑开挖线后进行，按照施工设计图布孔，桩身直径 0.5 m，钻至硬层后对照基底设计标高，除桩头超封 30 ~ 50 cm 后，预留足够空钻长度，施工时严格按照 CFG 桩的施工工艺进行。

② CFG 桩施工完 7 d 后，进行基坑开挖、破除桩头、铺设基础垫层等工作，桩头按照设计标高破除后，施工 CFG 桩扩大桩头，桩头上部为 1 m 的圆形截面，高 0.6 m，下部与桩身混凝土连接，整个桩头为倒锥形结构。

③ CFG 桩扩大桩头施工完成，待桩头混凝土强度达到设计强度后，即可回填 60 cm

碎石垫层，回填宽度为涵身底板尺寸两边各加宽 0.5 ~ 1 m，褥垫层回填时采用压路机或小型夯实机械夯实，每层夯实并经检测合格后即可进行下道工序的施工作业。铺设褥垫层填料，为避免碾压时对褥垫层中的土工格栅造成破坏，施工时应增设中粗砂保护层，即褥垫层的组成自上而下为 25 cm 碎石垫层、5 cm 中粗砂、5 cm 土工格栅、25 cm 中粗砂碎石垫层。

④基坑开挖利用人工配合挖掘机进行，挖至距设计换填层底标高 20 ~ 30 cm 后人工清理，采用垂直开挖，避免超挖。每边按涵身底部尺寸加宽 50 cm 作为施工空间。开挖时，开挖弃土及时用自卸车运走，严禁在基坑周围存放，更不允许将弃土堆在周围草皮及农田内。同时，现场施工负责人应严格规范施工区域，严禁挖掘机和施工车辆进入施工区以外区域，以免破坏农田及庄稼。

⑤基地褥垫层施工后即可进行涵身进出口 2 m×1 m、C20 混凝土扩大基础的浇筑作业，浇筑前立好模板，经检查合格后即可进行混凝土的浇筑工作。

2. 测量放线

基坑开挖完成后，按要求利用全站仪进行测量放线。测放出涵身纵横十字线，以便控制涵身基础垫层的铺设范围，同时放好控制桩和护桩，以方便控制基础模板的位置。

3. 垫层的设置

出入口基础垫层设置可在人工将标高清到设计标高后，采用小型夯实机械先对基坑底进行夯实，后再分层夯填砂夹碎石垫层，分层厚度 10 ~ 15 cm，夯至设计标高后整平垫层表面，在报检合格后，即可立模进行出入口基础混凝土的浇筑工作。

涵身垫层采用 C20 混凝土进行铺设，垫层厚度 10 cm，在基底褥垫层施工至设计标高后，整平褥垫层顶面，按测放出的涵身十字线立好模板，进行涵身垫层的浇筑施工。

（三）涵节施工

在涵节基础混凝土及垫层混凝土养护强度不小于 2.5 MPa 时，再进行测量放线，测放出涵洞纵向中心线、涵身中心里程桩及横向中心线，按照设计尺寸挂好涵身纵向中心线、墙身内外侧钢筋绑扎线，即可依据配套钢筋设计图进行涵身底板钢筋帮扎作业，每 m 涵身配置 8 排钢筋，每排间距 12.5 cm，且同一截面上的接头不能超过 50%（两钢筋接头相距在 30 cm 以内或两焊接接头在 50 cm 以内，或两绑扎接头的中距在绑扎长度以内，均视为同一截面，并不得少于 50 cm），且“同一截面”内同一根钢筋上的接头不超过 1 个。

涵身底板钢筋绑扎完毕后，经现场技术人员、质检、监理检查合格后，就可进行模板拼装，模板宜采用组合钢模板，采用 5 cm 的砂浆保护层垫块控制混凝土的结构尺寸，以保证涵节形状尺寸、大面、端面平直。模板拼装好后经检查合格，方可进行混凝土的浇筑施工。涵身混凝土的浇筑分两阶段施工：先浇筑涵身底板（浇筑至涵身下倒角顶面处），待底板混凝土强度达到设计强度的 50% 后，再施工边墙及顶板。

混凝土浇筑时采用集中拌和，混凝土运输车运送至施工现场。浇筑时控制好混凝土的坍落度，混凝土坍落度严格控制在标准坍落度的 ±15 mm 范围内，混凝土的倾落高度不能超过 2 m，且不能将混凝土粘到还没有浇筑的模板板面上，避免造成板面上前期混凝土的凝结，影响混凝土结构物的外观质量。振捣采用插入式振动器，严格控制振捣时间，一般振捣时间不得小于 20 ~ 30 s，以保证混凝土的密实度。

在浇筑混凝土初凝后，将倒角处混凝土表面凿毛。夏季浇筑混凝土施工，要做好混凝土的养护工作，不能因混凝土内部早期水化热过高，造成混凝土表面开裂，影响混凝土工程的外观质量，洒水次数以混凝土面保持湿润为宜。

涵身施工时，先绑扎涵节两侧墙身钢筋，再进行涵节内膜和墙身内外模的拼装作业，内外侧模板均用钢管支架进行加固，在顶板处设置可调丝扛油托，以便调整顶板模板的高度及平整度。待墙身和顶板模板按设计及规范要求拼装加固好后，经检查无误，就可进行涵身顶板的绑扎工作。绑扎时按要求调整好各排钢筋的间距，且在钢筋与模板间垫好垫块，以防露筋。

在涵身混凝土浇筑作业中，对作业人员做到明确分工，使之各负其责，以保证混凝土浇筑施工能够顺利进行，确保工程施工质量创优。

（四）附属工程施工

翼墙、帽石采用现浇混凝土施工方法。技术人员测量放样立模控制边线，严格按线立模。模板采用组合钢模和木模配合使用，外露部分用钢模，要求搭配合理，拉杆及支撑紧固，面板顺直，接缝严密，下口加设海绵条，外侧用黏土或砂浆包严以防漏浆。混凝土由中心拌和站拌制，罐车运至工地，插入式振动棒振捣密实。严格控制入模温度和施工配合比，使翼墙内实外美。翼墙沉降缝及防水层施工与涵节处相同。

附属工程包括涵洞出入口铺砌、泄床、锥坡、边坡防护及垂群。涵洞出入口铺砌与路基排水沟、改沟应顺接通畅，排水有出路，做到涵洞内不积水。铺砌均采用 M10 号水泥砂浆浆砌片石，下设厚 10 cm 碎石垫层。

（五）沉降缝及防水层施工

涵身沉降缝嵌塞 2 cm 厚的石棉水泥板留作防水之用，施工期间，用电焊将石棉水泥板与涵身钢筋骨架定好位置当作模板使用。沉降缝外侧涂刷聚氨酯防水涂料并粘贴防水卷材，且相邻涵节不均匀沉降差小于 5 mm。沉降缝内侧待涵洞施工完成后，再嵌入硫化型橡胶止水条。出入口翼墙与涵身间沉降缝内塞 M20 水泥砂浆 15 cm，中间如有空隙可填塞聚丙烯纤维网混凝土。

沉降缝防水层施工完后，经检查合格，即可进行涵洞两侧回填施工，以保证涵洞稳定性。在涵洞两侧大于两倍涵洞净宽范围内，涵背回填两侧同时进行。每层厚度不超过 30 cm，人工用电夯机夯实。

二、盖板涵洞工程

（一）施工安排

钢筋混凝土盖板涵洞结构，多数涵洞位于填方地段。为了尽快实现路基大面积填筑，必须优先施工涵洞工程。施工初期，先打通至涵洞的施工便道。根据涵洞的分布位置及工程量，组织涵洞施工队。

（二）盖板涵工程施工方法

1. 施工工序

施工放样→基础开挖、夯实基础→地基承载力试验→基础、铺底混凝土、台身片石混凝土→现浇盖板混凝土→帽石混凝土浇筑→板缝处理→砌筑进出水口→台背回填。

2. 施工工序说明

①施工放样：涵洞测量放样时，注意核对涵洞纵横轴线的地形剖面图是否与设计图相符，涵洞长度、涵底标高的正确性。对斜交涵洞、曲线上的陡坡涵洞，应考虑交角加宽、超高和纵坡对涵洞具体位置、尺寸的影响。遇到与设计图纸不符的，应及时与监理工程师沟通，适当调整位置。施工过程中，应经常检查涵洞结构浇砌和安装部分的位置和标高，并作测量记录。

②基坑开挖：采取人工配合反铲开挖基坑，若施工机械无法进入到涵洞施工现场时，采用人工开挖。基坑大小应满足基础施工的要求，有渗水土质的基坑坑底开挖，根据基坑排水需要及设计所需基坑大小而定。基坑壁坡度，按地质条件、基坑深度和现场的具体情况确定。

③基坑验收：基坑开挖并处理完毕，由施工质检人员自检并报请总承包部、监理工程师检验，确认合格后填写地基检验表。未经验收，不得进行下一道工序施工。

④基础、铺底：盖板涵基础、铺底采用 C25 钢筋混凝土，涵洞地基承载力要符合设计要求。不能满足要求时，按照监理工程师指示进行处理，基础按图纸要求设置沉降缝，采用泡沫板，沉降缝处两端面竖直、平整，上下不得交错，不得接触，在沉降缝处加铺抗拉强度较高的卷材（如油毡），加铺层数及宽度按图纸所示或监理工程师指示进行。

⑤台身：台身采用 C20 片石混凝土，台身设置沉降缝与基础一致。基础经验收合格后，方可进行台身片石混凝土施工。墙身模板采用组合钢模板立模，混凝土采用强制搅拌机拌和、人力推送或混凝土运输车运送混凝土，插入式振捣器捣固。

⑥台身及台帽混凝土施工完成后，采用 850 架子管搭设脚手架，架设现浇钢筋混凝土盖板模板，再安装盖板钢筋，验收合格后，浇筑盖板混凝土，浇筑方法与台身相同。

⑦涵洞进出口施工：浆砌用片石采用石方开挖段的合格石料；砂浆采用 200 L 砂浆搅拌机拌制，手推车运输。石料在砌筑前浇水充分湿润，表面如有泥土、水锈清洗干净。

涵洞进出口建筑与路基的坡面协调一致。出水口的沟床整理顺直，形成顺畅的水流通道。进出口砌体分层砌筑，砌筑时必须按要求错缝，平顺有致，砂浆饱满，外表平整。砌筑工作中断后恢复砌筑时，已砌筑的砌层表面加以清扫和湿润。外露浆砌片石部分采用 M7.5 砂浆勾缝，缝采用凹缝，勾缝应嵌入砌缝内不小于 10 mm。

⑧台背回填：当涵洞砌筑及盖板安装完成后，且混凝土强度达到设计标号的70%时，才能进行台背回填。回填时涵洞两侧对称同时填筑，按要求水平分层填筑压实，每层松铺厚度不超过 15 cm，压实度按照规范的要求执行。填料采用透水性良好的砂砾土或砂质土壤，不得采用含草、腐殖物的土。边角部位压路机无法压实的部位，采用小型压实机械进行压实，强度达到规范要求。

第三章　隧道工程建设施工

第一节　施工准备

一、一般规定

1.隧道施工前应熟悉设计文件，领会设计意图，做好现场调查和图纸核对工作。现场调查及图纸核对工作主要有：

（1）隧道施工对地表和地下既有结构物的影响。

（2）施工场地布置与洞口相邻工程、弃渣利用、农田水利、征地等的关系。

（3）建筑物、道路工程、水利工程和电信、电力线路等设施的拆迁情况和数量。

（4）施工中和运营后对自然环境、生活环境的影响及需要采取的保护措施。

（5）施工前应全面熟悉设计文件，并做好图纸审核工作。

（6）在施工调查和设计文件核对完成后，应将结果及存在的问题，以书面形式呈送建设项目合同规定的相关建设管理单位。

2.隧道施工前应加强地质勘探工作，重视跟踪地质调查与超前地质预报。

3.应根据工程规模、技术标准等相关规范进行施工场地规划、驻地建设、拌和站和工地试验室建设，并通过相关单位组织的专项验收。

4.隧道开工前，应完成洞口前可能干扰洞身施工的相关工程。

5.隧道施工过程中，应完整收集原始数据、资料、做好施工记录，编写隧道技术总结。

（二）技术准备

1. 施工测量工作准备

（1）施工前应根据施工图纸和有关勘测资料，对交付使用的隧道轴线桩、平面控制三角网基点桩以及高程控制的水准基桩等进行详细的测量检查和核对，不得有误，并将测量成果报送监理单位。

（2）在放线中除公里桩、平曲线基本桩外，应设置必要加密桩；在工程实施中隧道中桩最大间距直线上不得大于20 m，曲线上不得大于5 m，并明确标出用地界桩、路面和排水沟中心桩、辅助基准点以及其他为控制正确放线的水平和垂直标桩。

（3）隧道进出口联测已完成，且贯通误差符合规范要求；测放出进洞控制桩，并保护良好；边、仰坡开挖边线，明暗洞交界里程等测量放样已按规范完成。

2. 施工方案准备

（1）根据总体施工组织设计结合本项目的具体情况、工期要求、施工队伍、机械设备、施工中的现场监控量测等因素，正确选定施工方案，制订施工顺序，编制实施性施工组织设计。编制的施工组织设计，应包括施工方法、工区划分、场地布置、进度计划、工程数量、人员配备、主要材料、机械设备、电力和运输以及安全、质量、环保、技术等主要措施内容。

（2）实施性施工组织设计应报监理工程师及相关部门，按照程序批准后实施。在实施过程中应根据客观条件、生产资源配置变化情况及时调整施工组织设计，并呈送监理工程师批准，实行动态管理。

（3）对于长大隧道、地质复杂的隧道，如不良地质隧道、高瓦斯隧道、水底（海底）隧道等，承包人应当编制专项施工方案并组织专家论证、审查，附安全验算结果。施工方技术负责人、监理工程师审查同意签字后实施，由专职安全生产管理人员进行现场监督。

（三）施工人员、材料和设备

1. 施工人员

（1）应对进场劳务分包队伍及其从业人员信息进行登记。

（2）应根据工程规模、工期和技术难度配备相应的管理、技术、测量、试验、环保、专职质量检查和安全管理人员。

（3）隧道施工的钻爆、运输、支护、模筑衬砌等作业均宜安排专业化队伍进行施工，施工前应根据施工进度计划、施工技术水平等制订详细的劳动力计划，及时组织上场，以满足施工需要。

（4）应加强现场施工人员（包括劳务人员）教育培训和考核工作。应当对管理人员和作业人员进行每年不少于两次、不低于40学时的安全生产教育培训，其教育培训

情况记入个人工作档案。新进人员和作业人员进入新的施工现场或者转入新的岗位前，承包人应当对其进行安全生产培训考核。未经安全生产教育培训考核或者培训考核不合格的人员，不得上岗作业。

（5）承包人应当向作业人员提供必需的安全防护用具（如安全帽、安全带、口罩、耳塞等）和安全防护服装。

2. 材料采备

（1）隧道施工前应做好水泥、砂石料、钢筋（材）、外加剂、防水材料、透水管等各项材料的招标订购工作，并根据施工进度计划，制订材料供应计划；特别是做好隧道前期施工支护所需材料的采备工作。

（2）采购应严格按材料招投标程序进行，选择供应能力强、质量合格、价格优惠的供应厂家。

（3）进场前应严格进行检查验收和取样送检，试验合格经监理工程师认可后方可进料；杜绝不合格材料进入现场。

3. 机械设备准备

（1）隧道洞身开挖前，二次衬砌模板台车必须进场。

（2）隧道前期上场的机械设备主要有以下几种：

①土石方施工设备：包括挖掘机、推土机、压路机和自卸汽车等。

②隧道开挖及出渣运输设备：凿岩机、台车（架）、装载机、大吨位自卸汽车等。

③隧道支护设备：湿喷机、管棚钻机、注浆机等。

④混凝土施工设备：混凝土搅拌机、配料机、混凝土运输车、混凝土输送泵、振捣设备、衬砌台车（模板、拱架）等。

⑤钢筋结构加工设备：钢筋调直机、切断机、弯曲机、电焊机等。

⑥风、水、电供应设备：空压机、风机、水泵、变压器、发电机等。

⑦相应阶段配备的检测仪器和设备。

（3）机械设备按照性能优良、配套合理、工效高的原则配备，满足污染小、能耗低、效率高的要求，并根据施工进度计划安排，分阶段、分期组织上场，以满足施工需要。

（四）施工供风、供水、供电

1. 施工供风

（1）风机应在洞口旁边选址修建，应有防水、降温、保温和防雷击等设施 .

（2）压风站的供风能力须满足隧道正常施工需要，供风管路的布置应尽量避免压力损失，保证工作面使用风压不小于 0.5 MPa。

（3）高压风管长度大于 1 000 m 时，应在管路最低处设置油水分离器，定时放出管道中的积油和水。

2. 施工供水

（1）在实施和维修工程期间，应按国家规定的施工和生活饮用水的有关标准，确保施工和生活用水设施的安装、保养及供水满足施工及生活需要。

（2）寻找水源，按施工需要的供水压力，合理选址修建高位水池，安装上、下水管路。

（3）对于修建高位水池困难的隧道，宜采用变频高压供水装置满足施工需要。

（4）供水管道前端至开挖面一般不超过 20 m。

3. 施工临时供电

（1）对于短隧道应采用高压至洞口，低压进洞；长隧道及特长隧道应考虑高、中压进洞，以满足施工需要。

（2）隧道施工供电应采用三相五线供电系统；动力设备应采用三相 400/380 V；照明电压一般作业地段不宜大于 36 V，成洞段和不作业地段可采用 220 V，手提作业灯为 12 ~ 24 V；选用的导线截面应使低压线路末端电压降不大于 10%；36 V 线不得大于 5%；高压分线部位应设明显危险警告标志；所有配电箱和开关应全部进行责任人和用途标识。

（3）洞外变电站应设置防雷击和防风装置，且宜设在靠近负荷集中地点和设在电源来线一侧。当变电站电源线需跨越施工地区时，其最低点距人行道和运输线路的最小高度应满足：电压 35 kV 时 7.5 m，电压 6 ~ 10 kV 时 6.5 m，电压 400 V 时 6 m. 变压器容量应按电气设备总用量确定。

洞内变电站应设置在干燥的紧急停车带或不使用的横通道内，变压器与周围及上下洞壁的最小距离，不得小于 300 mm，同时应按规定设置灯光、轮廓标等安全防护设施。洞内高压变电站之间的距离宜为 1 000 m，由变电站分别向相反两方向供电，每一方供电距离宜采用 500 m。洞内高压变电站应采用井下高压配电装置或相同电压等级的油开关柜，不应使用跌落式熔断器，应有防尘措施。

（4）成洞地段固定的电线路，应采用绝缘良好的胶皮线架设；施工地段的临时电线路应采用橡套电缆；瓦斯地段的输电线必须使用密封电缆，不得使用皮线；涌水隧道的电动排水设备应采用双回路输电并有可靠的切换装置；动力干线上每一分支线，必须装设开关及保险装置；严禁在动力线路上加挂照明设施。

（5）照明和动力线路安装在同一侧时，必须分层架设。电线悬挂高度应满足 V 以下电线离地面距离不应小于 2 m，400 V 时应大于 2.5 m，6 ~ 10 kV 时不应小于 3.5 m。供电线路架设一般要求高压在上、低压在下，干线在上、支线在下，动力线在上、照明线在下。

（五）弃渣场、自办料场、危险品库

1. 弃渣场

（1）隧道弃渣必须运至确定的弃渣场弃置，不得随意乱弃。

（2）隧道施工前应详细调查，和业主及当地政府配合，选择出渣运输方便、距离短的场所作为弃渣场，场地容量应可容纳隧道弃渣量。

（3）弃渣场选址应不得占用其他工程场地和影响附近各种设施的安全；不得影响附近的农田水利设施，不占或少占农田；不得堵塞河道、河谷，防止抬高水位和恶化水流条件；不得挤压桥梁墩台及其他建筑物。

（4）弃渣场应按设计要求进行防护，当设计要求不能满足实际需要或设计无具体要求时，应对弃渣场的防护进行设计并报监理工程师批复，以确保边坡的稳定，防止水土流失、泥石流、滑坡等危害。

2. 自办料场

（1）当隧道弃渣强度等指标符合规范要求、可作为结构用材料时，现场应建碎石场以充分利用隧道弃渣，加工碎石设备应采用带除尘装置的反击破碎石机并有配套的联合振动筛分设备。

（2）碎石场应专门配备锤式碎石机生产喷射混凝土骨料。日产量在 100 m3 以上的碎石场宜配置自动或半自动水冲洗设备，以提高碎石质量。

3. 危险品库

（1）火工品库房的建设及管理应符合以下要求

①建立健全火工用品管理制度，严格控制火工用品采购、储存、领取、使用和退库的各个环节的管理和操作，做到全程监控，全程把关。施工单位要定期对炸药库管理有关台账进行认真检查和清对，监理工程师要加强监督检查。

②双洞中隧道及长隧道、特长隧道宜设置专用火工品库房，其他短隧道可结合其他隧道及路基、桥涵施工集中设置。

③应根据施工进度计划安排及月循环进尺核定火工品库库容量。

（2）其他危险品，如氧气、乙炔、油料及剧毒、放射性物品等应单独建库存储，库房建设及管理应符合相关标准建设。

第二节 洞口、明洞及洞身开挖

一、洞口及明洞工程

（一）一般规定

1. 洞口工程施工应符合下列要求：

（1）施工宜避开雨季及严寒季节。

（2）隧道与相邻路基断面的宽度和高程差应在路基范围内调整。

（3）紧邻洞口的桥、涵、路基挡护等工程的施工，应结合隧道施工场地布置，及早完成。

（4）洞口施工应减少仰坡开挖高度，保护生态环境，减少植被破坏。

（5）洞口工程施工应采取微震动控制爆破，邻近建筑物时，应对建筑物下沉、倾斜、裂缝以及振动等情况做必要的监测。

（6）洞口临近交通道路的施工，应采取确保道路通行安全的防护和加固措施，并应对道路沉降、边坡稳定等进行监测。

2. 施工便道的引入和施工场地的平整应尽量减少对原地貌的破坏和对洞口岩体稳定的影响。

3. 洞外排水应符合下列要求：

（1）洞外施工期间排水应结合永久排水系统、辅助坑道设置统筹考虑，并以较短途径引排到自然沟谷中。

（2）洞外排水系统应避开不良、不稳定地质体，当无法避开时，应先采取处理措施，消除隐患。

（3）洞外排水系统应避免对相邻工程及其基础产生冲击、冲刷、侵蚀及浸泡等不利影响；当难以避免时，相邻工程应采取措施。

（4）洞外排水沟渠的排水坡度按照设计排水沟渠的坡度施工，应避免流速过大导致沟渠毁损，或流水过小导致渠道淤积的现象，其采用的建筑材料应具有防冲刷的能力，必要时设置消能设施。

（二）边、仰坡开挖及防护

边仰坡开挖前应完成截排水工程，洞顶地表水的处理应符合下列要求：

①边、仰坡截、排水沟应与洞外路基排水系统良好连接；纵坡较陡时，沟身应采取设缓坡段和基座等稳定措施，沟口应采取设防冲刷措施。

②对不利于施工及运营安全的地表径流、坑洞、漏斗、陷穴、裂缝等，应采取封闭、

引排、截流等工程措施。洞口自然冲沟、水渠横跨隧道洞口时，应设渡槽排水。

边坡、仰坡以上可能滑塌的表土、危石应全部清除，不留后患。

洞口边仰坡工程应自上而下逐级开挖支护，及时完成洞口边仰坡加固、防护及防排水工程。

（三）明洞工程

1.明洞位于陡峭山坡或破碎、松软地层时，宜先施作明洞衬砌轮廓外的整幅或半幅套（护）拱，必要时还应在外侧施作挡墙，然后在套拱护顶下暗挖明洞土石方，并及时支护边墙，成形后按暗挖隧道施作明洞衬砌。

2.明洞宜及早施作，明洞仰拱应安排在明洞拱墙衬砌施工前浇筑。隧道采用爆破开挖时，宜在洞身掘进适当距离后施作明洞；非爆破开挖时，宜先施作明洞，然后开挖隧道。

3.明洞基础应设置在稳固的地基上，两侧墙体地基松软或软硬不均时，应采取措施处理，防止地基不均匀沉降。

4.明洞衬砌结构施工应符合下列要求：

（1）明洞衬砌不得侵入设计轮廓线，浇筑混凝土前应复测中线、高程和模板的外轮廓尺寸。

（2）明洞混凝土的浇筑应设堵头板、外模和支架。

（3）需要及时回填的明洞，内模板支架应在回填至拱脚位置且混凝土强度达到设计强度的 70% 后方可拆除。

5.明洞防排水施工应符合下列要求：

（1）明洞外模拆除后应及时施作防水层及排水盲管，并与隧水层和排水盲管顺接，排水管应排水通畅。

（2）明洞防排水施工应和隧道的排水侧沟、中心水沟的出水口及洞顶的截、排水设施统筹安排。

（3）明洞外侧的排水盲管设置完成后方可填土施工，确保出水口通畅。

6.明洞回填施工应符合下列要求：

（1）明洞回填应在明洞外防水层施做完成后，且混凝土强度达到设计强度后进行。

（2）明洞回填应加强对防水层及排水系统保护，不得损坏防排水系统。

（3）侧墙回填应对称进行，石质地层中岩壁与墙背空隙较小时用与墙身同标号的混凝土回填；空隙较大时用片石混凝土回填密实。回填至与拱顶齐平后，再分层满铺填筑至设计高度。

（4）应用小型机械分层进行拱顶回填，分层厚度不大于 0.3 m，两侧回填土面的高差不得大于 0.5m。夯填超过拱顶 1.0 m 以上后方可采用大型机械回填。

（5）表土层需作隔水层时，隔水层应与边、仰坡搭接平顺防止地表水下渗。

（四）洞口段施工

1. 隧道洞口段应根据地质条件、对地面建筑物的影响以及保障施工安全等因素选择施工方法，不宜采用全断面法开挖，采用台阶法时，严禁长台阶施工。

2. 洞口段施工，应符合下列要求：

（1）进洞前应按设计施作超前支护。

（2）洞口段应加强初期支护，及时形成封闭结构，衬砌应尽早施作。

（3）洞口段的监控量测应适当增加量测频率。

3. 隧道洞口段处于偏压时，开挖前应按设计要求先完成洞门结构及回填施工。

4. 洞口段位于浅埋、地表坡度较平缓时，可采用地表锚杆。地表锚杆施工应符合下列要求：

（1）施工前应清除植被，夯平表土，清除危石。

（2）锚杆应按设计要求布置孔位，垂直向下施钻。

（3）成孔后应及时灌浆，灌浆管插入孔底。

（4）锚杆安装前应除锈矫直，锚杆插入深度应符合设计要求。

5. 地面预注浆、长管棚（10 ~ 45 m）等适用于洞口浅埋段、偏压段的围岩加固，施工工艺流程及要求见本技术指南相关章节内容。

（五）洞门工程

隧道洞门应及早完成，施工应符合下列要求：

1. 隧道洞门的截、排水设施应与洞门工程同步施工，当洞门顶部水沟置于填土上时，填土应夯填密实，必要时应铺砌。

2. 隧道洞门端墙和翼墙、挡护墙的反滤层、泄水孔、变形缝设置应符合设计要求，泄水孔排水应通畅。

3. 隧道洞门拱墙应与洞内相邻的拱墙衬砌同时施工，连成整体。

4. 施工放样位置应准确、墙面应平顺，浇筑混凝土时应杜绝漏浆、跑模。

5. 基底不得有虚渣、杂物、积水、软层，基底承载力应符合设计要求，超挖部分应采用同级混凝土与基础同步浇筑。

6. 模板及支（拱）架应根据洞门结构形式、荷载大小、地基土类别、施工设备、施工工艺等条件设计。斜切式洞门内外模板和堵头板应专门设计和制作，配套使用。

7. 隧道洞门采用端墙式时，浇筑与回填应两侧对称进行，不得对衬砌产生偏压。斜切式洞门混凝土达到设计强度后，及时回填边、仰坡超挖部分，恢复自然地形坡面。

二、洞身开挖

（一）一般规定

1. 洞身开挖应根据隧道长度、断面大小、结构形式、工期要求、机械设备、地质条件等，选择适宜的开挖方案（包括开挖顺序、爆破、进尺深度、施工照明、通风、排水、支护、出渣等）。为了最大限度地利用围岩自承能力，必须采用有利于减少超挖、减少围岩扰动的开挖方法进行洞身开挖。

2. 开挖前，技术负责人对现场管理人员及作业工人进行全面的技术交底，开挖时应严格按照审核批准的专项方案组织施工。

3. 开挖作业应遵守下列规定：

（1）开挖断面尺寸应符合设计要求。

（2）合理确定开挖步骤和循环进尺，保持各开挖工序相互衔接，均衡施工。

（3）爆破后，应及时对开挖面和未衬砌地段进行检查，对可能出现的险情，应采取措施及时处理。

（4）开挖作业不得危及初期支护、衬砌和设备的安全，并应保护好测量用的测点。

（5）开挖后，应做好地质构造的核对和素描，地质变化处和重要地段应有照片记载，做好监控量测工作。

（6）开挖爆破作业应在上一循环喷射混凝土终凝后，并不少于 4 h 时进行。

4. 爆破应采用光面爆破技术，必要时采用预裂爆破技术，施工中应提高钻眼效率和爆破效果，降低工料消耗。

5. 开挖爆破应选用适当的炸药品种和型号，在漏水和涌水地段应采用非电导爆管起爆。

6. 爆破作业及火药物品的管理，必须遵守现行的国家标准《爆破安全规程》的有关规定。对有瓦斯溢出的隧道，应根据实际地质情况、瓦斯溢出程度和设备条件，制订相应的施工方案。

7. 隧道双向开挖接近贯通时，两端施工应加强联系，统一指挥，并采取浅眼低药量，控制爆破。当两开挖面间距剩下 15 ~ 30 m 时，应改为单向开挖，并落实贯通面的安全措施，直到贯通为止。

8. 双洞开挖时，应根据两洞的轴线间距、洞口里程距离、地质条件及其他自然条件，选择适宜的开挖方法，确定好两洞开挖的时间差，并采取措施防止后行洞开挖对先行洞周壁产生的不良影响。

（二）开挖方案选择

1. 开挖方案

开挖方案应具有较大适应性，且必须与支护、衬砌施工相协调。如需变换开挖方法时应有过渡措施。

2. 全断面开挖

①适用于Ⅰ~Ⅲ级围岩和较好的Ⅳ级围岩的双车道隧道和Ⅰ~Ⅲ级围岩的三车道隧道。

②施工顺序说明：全断面开挖－初期支护－全断面二次衬砌。

③施工要点：循环进尺宜控制在3～4 m。采用大型机械配套作业；超前开挖导洞时，应控制好开挖距离。

3. 台阶法开挖

①适用于Ⅲ～Ⅳ级围岩和较好的Ⅴ级围岩双车道隧道和Ⅳ级围岩三车道隧道。

②施工顺序说明：上台阶开挖－上台阶初期支护－下台阶开挖－下台阶初期支护－全断面二次衬砌。

③施工要点

台阶不宜多分层，上下台阶之间的距离尽可能满足机具正常作业，并减少翻渣工作量；当顶部围岩破碎，需支护紧跟时，可适当延长台阶长度。

施工亦应先护后挖，宜采用超前锚杆或超前小钢管辅助施工措施。开挖应尽量采用微震光面爆破技术。

初期支护应紧跟开挖面；上台阶施工时，钢架底脚宜设锁脚锚杆和纵向槽钢托梁以利下台阶开挖安全。下台阶在上台阶喷射混凝土强度达到设计强度的70%后开挖。

隧道两侧的沟槽及铺底部分应和下台阶一次开挖成型。

台阶分界线不得超过起拱线，上台阶长度不应大于30 m，下台阶马口落底长度不大于2棉钢拱架的长度，应一次落底，并尽快封闭成环。

4. 预留核心土开挖

（1）适用于Ⅴ级围岩双车道隧道以及Ⅳ级围岩三车道隧道。

（2）施工顺序说明：上弧形导坑开挖－拱部初期支护－预留核心土开挖－下台阶中部开挖一下台阶侧壁部开挖f仰拱超前支护f全断面二次衬砌。

（3）施工要点

①环形开挖留核心土法，将开挖断面分为上、中、下及底部四个部分逐级掘进施工，核心土面积应不小于整个断面面积的50%。上部宜超前中部3～5 m，中部超前下部3～5 m，下部超前底部10 m左右。为方便机械作业，上部开挖高度控制在4.5 m左右，中部台阶高度也控制在4.5 m左右，下部台阶控制在3.5 m左右。

②核心土与下台阶开挖应在上台阶支护完成后、喷射混凝土强度达到设计强度的70%后进行。为防止上台阶初期支护下沉、变形，其底部宜加设槽钢托梁，托梁与钢架连为一体，钢架底部应按设计要求设置锁脚锚杆，并与纵向槽钢焊接，锚杆布设俯角宜为45°。

③每一台阶开挖完成后，及时喷射混凝土对围岩进行封闭，设立型钢钢架及锁脚锚

杆，分层复喷混凝土到设计厚度，必要时各台阶设临时仰拱加强支护，完成一个开挖循环。

④对土质的隧道应以核心土为基础设立临时钢架竖撑以支撑拱顶和拱腰，核心土应根据围岩量测结果适当滞后开挖。

5. 中隔壁法（CD 法）

（1）CD 法是在软弱围岩大跨度隧道中，先分部开挖隧道的一侧，并施作中隔壁，然后再分部开挖另一侧的施工方法。

（2）施工顺序说明：

先行导坑上部开挖→先行导坑上部初期支护→先行导坑中部开挖→先行导坑中部初期支护→先行导坑下部开挖→先行导坑下部初期支护→后行导坑上部开挖→后行导坑上部初期支护→后行导坑中部开挖→后行导坑中部初期支护→后行导坑下部开挖→仰拱超前浇筑→全断面二次衬砌。

（3）施工要点

①上部导坑的开挖循环进尺控制为每榀钢架间距（0.5 ~ 1.0 m），下部导坑的开挖进尺可依据地质情况适当加大。

②中隔壁法或交叉中隔壁法施工时，初期支护完成后方可进行下一分部开挖，地质较差时，每个台阶底部均应按设计要求设临时钢架或临时仰拱；各部开挖时，周边轮廓应尽量圆顺；应在先开挖侧喷射混凝土强度达到设计要求后再进行另一侧开挖；左右两侧导坑开挖工作面的纵向间距不宜小于 15 m；当开挖形成全断面时，应及时完成全断面初期支护闭合。

③导坑开挖孔径及台阶高度可根据施工机具、人员等安排进行适当调整。应配备适合导坑开挖的小型机械设备，提高导坑开挖效率。

④中隔壁的拆除应滞后于仰拱，并应于围岩变形稳定后才能进行，一次拆除长度应根据量测数据慎重确定，拆除后应立即施作二次衬砌。

6. 交叉中隔壁法（CRD 法）

（1）CRD 法是在软弱围岩大跨度隧道中，先分部开挖隧道一侧，施作中隔壁和横隔板，再分部开挖隧道另一侧并完成横隔板施工的施工方法。

（2）施工顺序说明：

左侧上部开挖→左侧上部初期支护→左侧中部开挖→左侧中部初期支护→右侧上部开挖→右侧上部初期支护→右侧中部开挖→右侧中部初期支护→左侧下部开挖→左侧下部初期支护→右侧下部开挖→右侧下部初期支护→仰拱超前浇筑→全断面二次衬砌。

（3）施工要点

①为确保施工安全，上部导坑开挖循环进尺控制为每榀钢架间距 0.5 ~ 0.8 m，下部开挖可依据地质情况适当加大，仰拱一次开挖长度依据监控量测结果、地质情况综合确定。

②应在先开挖侧喷射混凝土强度达到设计要求后再进行另一侧开挖。

③左右两侧导坑开挖工作面的纵向间距不宜小于 15m。中间支护系统的拆除时间应考虑其对后续工序的影响，当围岩变形达到设计允许的范围之内，方可拆除。中隔壁混凝土拆除时，要防止对初期支护系统形成大的振动和扰动，并根据二次衬砌段的长度逐段拆除。

（三）钻爆与出渣

1. 机械设备选型配套

（1）机械设备应本着“性能先进、配套合理、着重工效”的原则，按大断面（长）隧道机械化施工技术要求选型配套。

一般隧道大断面开挖可采用多层钻孔平台配 12 ~ 18 台风动凿岩机钻孔；对于长大隧道宜采用性能先进的液压钻孔台车进行施工，宜配备专用炮泥机加工炮泥，保证装药堵塞质量。

（2）出渣运输设备的选型配套应保证机械设备充分发挥其功能，并应使出渣能力、运输能力与开挖能力相适应，应使装运能力大于最大的开挖能力。

长隧道无轨运输出渣，宜配备大功率、大容量、性能先进的装运机械设备，加快施工进度。

（3）装渣应选用在隧道断面内能发挥高效率的机具，装渣能力应与运输车辆的容积相适应。运输方式根据隧道长度、机具设备和施工条件，选用有轨或无轨的运输方式。在施工过程中承包人必须严格执行批准的运输方案，切忌二次倒运。

2. 施工要点

（1）测量放样布眼

钻眼前应定出开挖断面中线、水平线，用红油漆准确绘出开挖断面轮廓线，并标出炮眼位置（误差不超过 50 mm），经检查符合设计要求后方可钻眼。

当开挖面凸凹较大时，应按实际情况调整炮眼深度，并相应调整装药量，除掏槽眼外的所有炮眼眼底宜在同一垂直面上。

（2）钻眼

按照不同孔位定点定位。钻工应熟悉炮眼布置图，能熟练的操作凿岩机械，特别是钻周边眼，一定要由有较丰富经验的老钻工钻，有专人指挥，确保周边眼有准确的外插角，使两茬炮交界处台阶不大于 15cm。同时，根据眼口位置岩石的凹凸程度调整炮眼深度，保证炮眼底在同一平面上。施工质检员和监理工程师应加强对炮眼角度、深度、密度和垂直度的检验，尤其要加强对边墙周边眼钻孔质量的控制。炮眼精度应严格控制在《公路隧道施工技术规范》（JTG/T 3660—2020）（以下简称《规范》）规定之内。

（3）装药前，用高压风将炮眼内泥浆、存水及石粉吹洗干净。

装药需分片分组，按炮眼设计图确定的装药量自上而下进行，雷管要“对号入座”，要定人、定位、定段别，不得乱装药。已装药的炮眼应及时堵塞密封，周边眼的堵塞长度不宜小于 200 mm。严格控制周边眼的装药量，应使药量沿炮眼全长合理布置，宜采用小直径药卷和低爆速炸药。

（4）联结起爆网路施工应按《爆破安全规程》（GB 6722—2014）的有关规定执行。

（5）非点炮人员撤至安全地点后才能引爆。爆破后必须经过通风排烟，且其相距时间不得少于15 min且洞内空气质量符合相关规定,并经过以下各项检查和妥善处理后，其他工作人员才准进入工作面。

一是检查有无瞎炮及可疑现象；二是检查有无残余炸药或雷管；三是检查顶板、两帮有无松动石块；四是检查支护有无损坏与变形。

爆破后必须立即进行安全检查，如有瞎炮，必须由原爆破人员按《爆破安全规程》的有关规定进行处理，确认无误后才能出渣。

第三节　初期支护、辅助工程措施及辅助坑道

一、初期支护

（一）一般规定

（1）初期支护应配合开挖作业及时进行，并确保围岩稳定，确保施工安全。

（2）当掌子面自稳能力差时，应采取增加辅助工程措施或改变开挖方法等措施。

（3）软弱围岩地段施工必须坚持“先排水、短开挖、弱爆破、强支护、早衬砌、勤量测”的施工原则，初期支护紧跟掌子面。Ⅳ ~ Ⅵ级围岩初期支护必须保证尽早封闭成环。

（4）隧道支护宜根据现场监控量测结果，分析施工中的各种信息，及时调整支护措施和支护参数。

（5）施工中应做好地质描述、超前地质预报，根据围岩条件的变化，因地制宜，提前采取相应措施，做到安全可靠、经济合理。

（6）在浅埋、偏压、自稳性差的地段以及大面积淋水或涌水地段施工时，应采用稳定地层和处理涌水的辅助工程措施。

（7）辅助工程措施施工应符合下列规定：

①应做好相应的工序设计。

②准备所需的材料及机具，制订有关的安全施工措施。

③施工中应注意观察地形和降水、地质条件和地下水的变化以及量测数据的突变等情况，预防突发事故的发生。

④做好详细的施工记录。

（8）隧道施工作业人员应配备必须的安全防护用具（如安全帽、安全带、口罩、橡胶绝缘手套、绝缘防滑鞋等）和安全防护服装。作业人员的皮肤应避免与速凝剂、树脂胶泥等化学制剂直接接触；严禁树脂接触明火；作业区粉尘浓度必须符合相关规定及规范的要求。

（二）喷射混凝土

1. 一般要求

（1）喷射混凝土不宜采用干喷工艺，应采用湿喷工艺进行施工，鼓励采用混凝土喷射机组进行喷射混凝土施工，液体速凝剂应采用环保无碱速凝剂。

（2）喷射混凝土配合比应通过试验确定并满足设计强度和喷射工艺的要求。

（3）隧道开挖后应及时初喷，软岩地段初期支护应紧跟掌子面。

2. 施工要点

（1）喷射混凝土作业前应做好下列准备工作：

①岩面有渗水出露时，应先引排处理。当局部出水量较大时，可采用埋管、凿槽、树枝状排水盲沟等措施，将水引导疏出后再喷射混凝土。混凝土中可根据试验结果增添外加剂以确保喷射混凝土质量。

②应埋设标志或利用锚杆外露长度以控制喷射混凝土的厚度，以确保最小厚度满足设计要求。

③检查材料、机具、劳力的准备情况，检查风、水、电等管线路，并试运转，作业面具有良好的通风和照明条件。

喷射设备应能连续均匀混料并喷射。混料设备应严格密封，以防外来物质侵入。在混合料中添加钢纤维时，宜采用钢纤维播料机。

（2）混凝土原材料

水泥：宜选用硅酸盐水泥或普通硅酸盐水泥。特殊情况下可采用特种水泥，采用特种水泥时应进行现场试验，指标应满足设计要求。

粗集料：应采用连续级配、坚硬耐久的碎石，最大粒径不应大于 13.2 mm，其压碎值应≤ 16%，针片状颗粒含量≤ 25%，含泥量≤ 2.0%。

细集料：要求采用连续级配、坚硬耐久、颗粒洁净、粒径小于 4.75 mm 的河砂或机制砂，细度模数宜大于 2.5，其含泥量≤ 5.0%。

外加剂：应对混凝土的强度及围岩的黏结力基本无影响，对混凝土和钢材无腐蚀作用，易于保存，不污染环境，对人体无害。外加剂使用前必须进行相应性能试验。凡喷射混凝土拟用于堵塞漏水灌浆，或要求支撑加固尽快达到强度值，可掺加早强剂于混合料中。为使喷射混凝土在喷射后达到速凝，可掺加速凝剂于混合料中。

速凝剂：应根据水泥品种、水灰比等，根据不同掺量的混凝土试验选择掺量，使用前应做好速凝效果试验，要求初凝不应大于 5 min，终凝不应大于 10min。应采用液体

速凝剂，严禁采用粉体速凝剂。

水：应采用清洁的饮用水，pH 值不小于 4.5 硫酸盐含量不超过 1% 的清水（按重量计）。在喷射混凝土的用水中，含有的有机物和无机物应以不损害混凝土的质量为准。

外掺料：外掺料剂量应通过试验确定，加外掺料后的喷射混凝土性能必须满足设计要求。

（3）喷射作业

①隧道开挖后应立即对岩面喷射混凝土，以防岩体发生松弛。

②喷射作业应分段、分片依次进行，喷射顺序自下而上进行。

③喷射混凝土作业需紧跟开挖面时，下次爆破距喷射混凝土作业完成时间的间隔不小于 4 h。

④喷射混凝土混合料应随拌随喷，回弹物不得重新用作喷射混凝土材料。

⑤一次喷射厚度应根据设计厚度和喷射部位确定，初喷厚度不小于 40 ~ 60 mm。复喷一次喷射厚度拱顶不得大于 100 mm、边墙不得大于 150 mm。首层喷混凝土时，要着重填平补齐，将小的凹坑喷圆顺。

⑥喷射作业应以适当厚度分层进行，后一层喷射应在前一层混凝土终凝后进行。若终凝后间隔 1 h 以上且初喷表面已蒙上粉尘时，受喷面应用高压风水清洗干净。

⑦喷射混凝土作业时喷嘴应垂直岩面；喷嘴距岩面距离以 0.6 ~ 1.2 m 为宜，喷射料束与受喷面垂线成 5° ~ 15° 夹角时最佳；喷射时，应使喷射料束螺旋形运动；喷射机工作压力应控制在 0.1 ~ 0.15MPa。

⑧钢架与壁面之间的间隙应用混凝土充填密实；喷射混凝土应由两侧拱脚向上对称喷射，并将钢架覆盖、保证将其背面喷射填满，黏结良好。拱脚基础喷射混凝土要密实，严禁悬空。

⑨喷混凝土终凝 2 h 后，应喷水养护，养护时间不少于 7 d；隧道内环境温度低于 5℃时，不得喷水养护。

⑩冬季施工时，喷射混凝土作业区的温度不应低于 5℃，混合料进入喷射机的温度不应低于 5℃，在结冰的岩面上不得进行喷射混凝土作业。混凝土强度未达到 6 MPa 前不得受冻。

（三）锚杆

1. 一般要求

锚杆类型、规格、技术性能应满足设计要求。

（1）为保证拱部锚杆的施作质量，要求对特殊锚杆采用专门锚杆机进行施作，锚杆机性能必须适合硬岩条件下的钻孔要求，一般锚杆可采用一般气腿式凿岩机钻孔。

（2）锚杆施作位置用红漆进行标识。

（3）隧道现场监理人应准备锚杆验收专用记录本。对每次锚杆的检查验收，应详细注明锚杆施作的里程桩号、围岩等级、锚杆施作情况、设计数量、实做数量等。每期锚杆计量必须附隧道现场监理人签认的锚杆验收记录复印件。

（4）垫板、螺母应在砂浆初凝后安装，垫板应与喷射混凝土紧密接触。Ⅳ、Ⅴ级围岩系统锚杆的垫板可在复喷完成后安装，以便于锚杆质量检测。

（5）全长黏结式锚杆安设后不得敲击，其端部 3 d 内不得悬挂重物。

2. 施工要点

（1）钻孔深度不应小于锚杆杆体有效长度，但深度超长值不应大于 100mm。

（2）钻孔宜保持直线，系统锚杆钻孔方向宜与开挖面垂直，当岩层层面或主要结构面明显时，应尽可能与其成较大交角；局部锚杆应尽可能与岩层层面或主要结构面成大角度相交。

（3）空位允许偏差为 ±15 mm，钻孔数量符合设计规定。

（4）锚杆材料应满足设计及规范要求。

（5）安装垫板时，应确保垫板与锚杆轴线垂直，确保垫板与喷射混凝土层紧密接触。当锚杆孔的轴线与孔口面不垂直时，可采用两种方法进行调整：一是在螺帽下安装楔形垫块；二是在垫板后用砂浆或混凝土找平。锚杆砂浆凝固前不得加力。

（6）普通水泥砂浆锚杆

①普通水泥砂浆锚杆与中空注浆锚杆施工顺序不同，施工顺序为成孔后先注浆再安装锚杆。

②普通水泥砂浆锚杆宜选用螺纹钢筋作锚杆。

③砂浆配合比应符合设计要求，设计无要求时为，水泥：砂：水宜为1!（1 ~ 1.5）：（0.45 ~ 0.5），砂的粒径不宜大于 3 mm。

④砂浆应随拌随用，一次拌和的砂浆应在初凝前用完，已初凝的砂浆不得使用。

⑤采用单管注浆工艺，灌浆管应插至距孔底 50 ~ 100 mm 处，开始注浆后反复将注浆管向孔底送，使砂浆将孔内多余的水挤压出孔外，之后随水泥砂浆的注入缓慢匀速拔出。灌浆压力不宜大于 0.4MPa。

⑥注浆开始或中途暂停超过 30 min 时，应用水润滑灌浆罐及其管路。

⑦砂浆灌注后应及时插入锚杆杆体，锚杆杆体插到设计深度时，孔口应有砂浆流出，若孔口无砂浆流出，则应将杆体拔出重新灌浆。全长黏结锚杆应灌浆饱满。

（7）中空注浆锚杆

①对中空锚杆的注浆，监理必须要有旁站记录。

②中空注浆锚杆施工时应保持中空通畅，并留有专门排气孔。螺母应在砂浆初凝后拧紧，并使垫板与喷射混凝土面紧密接触。

③中空注浆锚杆应有锚头、垫板、螺母、止浆塞等配件。

④注浆过程中，注浆压力应保持在 0.3MPa 左右，待排气口出浆后，方可停止灌浆。

（8）水泥砂浆药包锚杆

①应对药包做泡水检验，药包包装纸应采用易碎纸。

②药包不应有受潮结块现象，药包宜在清水中浸泡，随用随泡。

③药包应用专用工具推入钻孔内，防止中途破裂。

④锚杆宜采用手送插入并转动锚杆，也可锤击安装，但不得损伤锚头螺纹。

⑤锚杆插到设计深度时，孔口应有砂浆流出，无流出时应补灌砂浆。

⑥砂浆的初凝不得小于 3 min，终凝不得大于 30 min。

⑦应使垫块与喷射混凝土面紧密接触。

二、辅助工程措施

（一）一般规定

1. 在浅埋、严重偏压、自稳性差的地段以及大面积淋水或涌水地段施工时，应按设计采用超前锚杆支护、超前小导管注浆支护、超前管棚支护、超前预注浆等稳定措施和处理涌水的辅助措施。

2. 辅助措施施工符合下列规定：

（1）应做好相应的工序设计。

（2）必须坚持“先支护（强支护）、后开挖（短进尺、弱爆破）、快封闭、勤量测”的施工原则。

（3）应准备所有的材料机具，制订有关的安全施工措施。

（4）施工中应注意观察地形和降水、地质条件和地下水的变化以及量测数据的突变等情况，预防突发事故的发生。

（5）做好详细的施工记录。

（二）超前锚杆支护施工要点

1. 测量开挖面中线、标高，画出开挖轮廓线，并点出锚杆孔位，孔位允许偏差为 ± 20 mm。

2. 钻孔台车或凿岩机就位，对正孔位钻孔，达到设计要求后，用吹管、掏勺将孔内碎渣和水排出。

3. 超前锚杆安装：注浆或填塞锚固药卷：将早强锚固剂药卷放在水中，泡至软而不散时取出，再人工持炮棍将药卷塞满至孔深 1/3 ~ 1/2 处。注浆施工按照相关规定执行。

安装锚杆：用人工持铁锤将锚杆打入，以锚杆达孔底且孔口有浆液流出为止。

4. 将锚杆的尾部和系统锚杆的环向钢筋或钢架焊连，以增强共同支护作用。

5. 超前锚杆搭接长度应大于 1 m，锚杆插入孔内的长度不得小于设计长度。

6. 超前锚杆宜和钢架支撑配合使用，外插角宜为 5° ~ 20° 。锚杆长度宜为 3 ~ 5 m，并应大于循环进尺的2倍。锚杆沿开挖轮廓线周边均匀布置，尾端与钢架焊接牢固，锚杆人孔长度符合要求。

7.当超前锚杆和钢架配合使用时，宜先安装钢架，再穿过钢架腹部钻孔、安装锚杆，以利于钢架顺利安装。

（三）超前小导管预注浆支护

1.超前小导管直径应按设计要求选用和加工，长度应满足设计要求，纵向搭接长度应不小于1.0 m。和钢架联合支护时，应从钢架腹部穿过，尾端与钢架焊接。

超前小导管沿隧道纵向开挖轮廓线向外以10° ~ 30° 的外插角钻孔，将小导管打入地层。亦可在开挖面上钻孔将小导管打入地层，小导管环向间距宜为200 ~ 500 mm。

2.钻孔、安装小导管后，管口用麻丝和锚固剂封堵钢管与孔壁间空隙，管口安装封头和孔口阀，并能承受规定的最大注浆压力和水压。

3.注浆前，应对开挖面及5 m范围内的坑道喷射厚为50 ~ 100 mm混凝土或用模筑混凝土封闭，以防止注浆作业时，发生孔口跑浆现象。

4.注浆压力应为0.5 ~ 1.0MPa，注浆按由下至上的顺序施工，浆液先稀后浓、注浆量先大后小。

5.结束标准：以终压控制为主，注浆量校核。当注浆压力为0.7 ~ 1.0MPa，持续15 min即可终止。

6.注浆后至开挖的时间间隔，应视浆液种类决定。当采用单液水泥浆时，开挖时间为注浆后8 h，采用水泥—水玻璃浆液时为4 h左右。开挖时应保留1.5 ~ 2.0 m的止浆墙，防止下一次注浆时孔口跑浆。

7.对小导管注浆要有旁站记录，记录内容必须包含以下内容：施作里程范围、小导管根数、长度、最大单根注浆量、最小单根注浆量、总注浆量、注浆控制压力。（注浆量以使用水泥袋数或kg为单位）。同时对小导管、管棚的安装和注浆必须要有影像资料。严禁未注浆行为。

（四）超前管棚支护

1.超前管棚支护的长度和钢管外径应满足设计要求。纵向搭接长度应不小于3 m。在钢架上沿隧道开挖轮廓线纵向钻设管棚孔，其外插角以不侵入隧道开挖轮廓线越小越好。孔深不宜小于10 m，孔径比管棚钢管直径大20 ~ 30 mm，钻孔顺序由高孔位向低孔位进行。

2.管棚钢管外径宜为Φ（70 ~ 180）mm，单根长度宜为4 ~ 6 m。接长管棚钢管时，接头应采用厚壁管箍，上满丝扣，丝扣长度不应小于150 mm。接头应在隧道横断面上错开。钢花管上按设计要求钻孔。

3. 管棚定位：以套拱内预埋的孔口管定向、定位，严格控制其上抬量和角度。

4. 钻孔施工采用管棚钻机，利用套管跟进的方法钻进、长管安装一次完成。为保证长管棚施工质量，在拱脚部位，选 2 个孔作为试验孔，找出地层特点，并进行注浆和砂浆充填试验。

5. 安装钢管时，先打有孔钢花管，注浆后再打无孔钢管。每钻完一孔便顶进一根钢管。

6. 为确保注浆质量，在钢花管安装后，管口用麻丝和锚固剂封堵钢管与孔壁间空隙，钢管自身利用孔口安装的封头将密封圈压紧，压浆管口上安装三通接头。

7. 用双液注浆泵按先下后上，先单液浆、再双液浆，先稀后浓的原则注浆。注浆量由压力控制，初压 0.5 ~ 1.0MPa，终压为 2.0 MPa。达到结束标准后，停止注浆。

8. 注浆后，扫排管内胶凝浆液，用水泥砂浆紧密充填，增强管棚的刚度和强度；对于非压浆孔，直接充填即可。

三、辅助坑道

（一）一般规定

1. 辅助坑道的类型、平面位置、断面尺寸、坡度、高程、支护类型和技术要求原则上按设计施工图执行。若经现场实际踏勘为方便施工并在综合经济比较与各项指标符合现行《公路隧道设计规范》及满足使用功能的前提下可做适当调整，通过设计重新修改施工图指导施工。

2. 辅助坑道开挖应符合下列规定：

（1）根据不同围岩及断面尺寸大小可选用人工、机械、钻爆开挖方法。

（2）出渣宜根据不同坡度在满足安全技术标准的前提下选择运输方式。

3. 辅助坑道施工时与支护应符合下列规定：

（1）辅助坑道宜采用锚喷支护。

（2）斜井，竖井中的不良地段，作业洞室等处应按设计要求进行支护。

（3）辅助坑道与正洞连接处，应按设计要求及时支护，必要时需对初期支护进行加强或提前施工二次衬砌。特殊情况下，应在开挖前采取超前支护措施。

4. 辅助坑道废弃时，应按设计规定及时处理。

5. 辅助坑道洞口的截、排水工程和场地周围防护冲刷的设施，应在辅助坑道施工前完成，坑道口洞门应尽早完成。

6. 在辅助坑道施工期间，应制订防排水应急预案。

7. 辅助坑道施工应科学设置好通风与排水设施。

（二）竖井

1. 井口“三通一平”要先行，山区高速公路隧道竖井应设避洪设施，周边边坡要确保稳定，必要时进行防护。

2. 井口周围应设置安全栅栏和安全门，安全栅栏高度不应大于 1 200 mm。井口的锁口圈应在井身掘进前完成，并配备井盖，在升降人员或物料时，井盖方可开启。

3. 竖井宜采用自上往下单行作业法施工，并应符合下列规定：

①应采用分段作业，作业段长度视围岩而定，完成一段后再进行下一段作业，各段工序为顺序作业。

②各段内应按竖井外径进行开挖、通风和排水。

③提升尘渣，初期支护和灌注井壁混凝土衬砌。

4. 较弱围岩内竖井开挖前需按设计进行预加固处理。

5. 钻爆作业竖井应符合下列规定：

①开挖宜采用直眼掏槽，当岩层倾斜较大且裂隙明显时可用楔形或其他形式掏槽，有地下水时可采用立式梯台超前掏槽法。

②炮孔钻完后，应将眼口及时堵塞。

③每掘进 5 ~ 10 m 应核对中线，及时纠正偏斜。

6. 竖井应根据不同深度采取不同出渣方式，深度小于 40 m 时宜采用抓岩机及简易人工井架出渣。

7. 采用有轨运输时应符合下列规定：

①通向井口的轨道应设阻车器。

②井口、井底、绞车房和工作吊盘间均应有联络信号，并有专人负责，必要时应配对讲机或直通电话。

③提升机械不得超负荷运行，并应有深度指示器和防止过卷过速等保护装置及限速器和松绳信号等。

④工作吊盘的载质量不应超过吊盘的设计载重能力。

⑤提升吊桶所用钩头连接装置应牢固，不得自动脱钩，并应有缓转器，罐笼提升应设置可靠的防坠器。

⑥提升用的钢丝绳和各种悬挂所用的钩、链、环、螺栓等连接装置，应具有规定的安全系数，使用前应实行拉力试验，合格后方可使用，使用中定期检查，修理和更换。

8. 竖井采用锚喷支护时，每次支护高度视围岩稳定程度而定，井口段与马头门及地质较差的井身地段支护需加强，衬砌分节自下而上进行，并按需要设置壁座或安全支撑锚杆。

第四节　防水与排水

一、一般要求

1. 隧道施工防排水设施应与营运防排水工程相结合；应按设计做好防水混凝土、防水隔离层、施工缝、变形缝、诱导缝防水，盲沟、排水管（沟）排水通畅；防排水材料应符合国家、行业标准，满足设计要求，并有出厂合格证明，不得使用有毒、污染环境的材料；隧道防排水不得污染环境，隧道排水不得直接排入饮用水源。

2. 隧道施工防排水应遵循“防、排、截、堵相结合，因地制宜，综合治理”的原则进行施工，保证隧道结构和运营设备的正常使用和行车安全，并对地表水、地下水妥善处理，形成一个完整通畅的防排水系统。

3. 隧道施工前应根据工程地质、水文地质资料制订防排水方案。施工中应按现场施工方法、机具设备等情况，选择不妨碍施工的防排水措施。

4. 洞内出现的地下水，经化验确认对衬砌结构有侵蚀性时，应按图纸要求针对不同侵蚀类型采取相应的抗侵蚀措施。设计无要求时，应及时上报变更处理。隧道进洞前应先做好洞顶、洞口、辅助坑道口的地面排水系统，防止地表水的下渗和冲刷。

5. 要加强衬砌背后的防排水设施，强调结构自身防水，对可能的疑点进行封堵及引排。衬砌背后防排水设施施工应根据隧道的渗水部位和开挖情况适当选择排水设施位置，并配合衬砌进行施工；隧道侧沟、横向盲沟等排水设施亦应配合衬砌等进行施工。

如图纸无特殊要求，衬砌背后之流水均应排入隧道内侧排水沟。若有压浆时，不得将排水设施堵塞。

6. 防水层应在初期支护基本稳定时施工。软岩地段衬砌和开挖距离近时，须做好防水板的保护工作；硬岩地段应组织开挖、铺防水层、二衬平行作业，以加快施工进度。

7. 停车带、洞室与正洞连接处的防排水工程应与正洞同时完成，其搭接处应平顺，不得有破损和褶皱。

8. 加强成品保护工作，开挖和衬砌作业不得损坏防水层，当发现层面有损坏时应及时修补；防水层在下一阶段施工前的连接部分，应采取措施保护。

二、施工防、排水

（一）地表防、排水

1. 隧道洞口及辅助坑洞（井）口应及时做好排水系统，完善防排水措施。

2. 隧道进洞前应做好洞顶、洞口、辅助坑道口的地面排水系统，防止地表水的下渗和冲刷。对于覆盖层较薄和渗透性强的地层，地表水应及早处理 O

3. 边坡、仰坡坡顶的截水沟应结合永久排水系统在洞口开挖前修建，其出水口应防止顺坡面漫流，洞顶截水沟应与路基边沟顺接组成排水系统，应防止水流冲刷弃渣危害农田和水利设施。

洞外路堑向隧道内为下坡时，路基边沟应做成反坡，向路堑外排水。必要时还应在洞口外适当位置设横向截水沟。

应做好防止洞口仰坡范围内地表水下渗和冲刷的防护措施。

（二）洞内顺坡排水

洞内顺坡排水一般采用临时排水沟。临时排水沟断面应满足隧道中渗漏水和施工废水的需要，并经常清理排水设施，防止淤塞，确保水路畅通。水沟位置应远离边墙，宜距边墙基脚不小于 1.5 m。

在膨胀岩、土质地层、围岩松软地段等特殊或不良地质地段隧道中，排水不宜直接接触围岩，宜根据需要对排水沟进行铺砌或用管槽代替，排水沟中不得有积水。

台阶法施工时，上台阶应在下台阶开挖前架槽（管）将水引排至下台阶排水沟内，横向分幅开挖时应挖横向排水沟将水引至未开挖一侧，严禁漫流浸泡下台阶基坑。

（三）洞内反坡排水

对于反坡排水的隧道，可根据距离、坡度、水量和设备等因素布置排水管道，或一次或分段接力将水排出洞外。接力排水时应在掌子面设置临时集水坑，通过水泵逐级抽排至洞口。

抽水机功率应根据排水量大小选用，并应有备用抽水机；做好停电时的应急排水准备工作；集水坑容积应按实际排水量确定，其设置的位置不得影响洞内运输和安全。

（四）洞内水量较大时的处理措施

1. 洞内有大面积渗漏水和股水时，宜集中汇流引排

可采用钻孔集中汇流引排，并将钻孔位置、数量、孔径、深度、方向和渗水量等作详细记录，在确定衬砌拱墙背后排水设施时应考虑上述因素。

在地下水发育的易溶性岩层中施工，为防止水囊、暗河及高压涌水的突然出现，开挖工作面上应布设超前钻孔，并制订防止涌水的安全措施。

明挖基坑和隧道洞口处，应保持地下水位稳定在基底开挖线 0.5 m 以下，必要时采取降水措施。如洞内涌水或地下水位较高时，可采用井点降水法和深井降水法处理。

2. 承压水的排放

当预计开挖工作面前方有承压水，而且排放不会影响围岩稳定，或进行注浆前排水降压，可采用超前钻孔或辅助坑道排水。

超前钻孔及辅助坑道应保持一定的超前距离，最短亦应超前 1 ~ 2 倍掘进循环长度。

3. 地下水的处理

地下水不大时可引入临时排水沟内排出。

地下水较丰富，无法排出或排水费用昂贵，以及不允许排水的情况下，经技术、经济比选，可采用注浆堵水措施。根据隧道埋深，或采用地面预注浆，或开挖工作面预注浆。

4. 高压涌水的处理

隧道施工中遇有高压涌水危及施工安全时，宜先采用排水的方法降低地下水的压力，然后用注浆法进行封堵。

封堵涌水注浆应先在周围注浆，切断水源，然后注浆，将涌水堵住。

三、结构防、排水

（一）防、排水结构原材料规定

防、排水结构原材料应符合国家、行业标准，满足设计要求，并有出场合格证明，不得使用有毒、污染环境的材料。

（1）为确保隧道营运期间有良好的防水效果，所有在建高速公路隧道防水卷材不得使用复合片，要求采用均质片 + 无纺土工布的防水层结构形式或者直接采用点粘片。

（2）均质片、点粘片的母材厚度必须满足设计要求。

（3）对第一次进场的防水卷材，厂家必须提供合格的型式检验证书。

（4）防水板宜选用高分子材料，耐刺穿性好、柔性好、耐久性好。

（5）由于隧道存在基面凹凸不平的特殊性，对隧道防水卷材的指标要求高于其他工程，各项目业主在选材时应优先选择物理性能指标高的防水卷材。应具有耐老化、耐细菌腐蚀、有足够强度及延伸率、易操作、易焊接且焊接时无毒气的特点。

（6）防水板、土工布、止水带、塑料排水盲沟、PVC 排水管等特殊材料应由项目业主统一现场抽检，执行“盲样”送检的制度。送检的检验项目应至少包括：规格尺寸、外观质量、常温拉伸强度、常温扯断伸长率、撕裂强度、低温弯折、不透水性能。

（二）衬砌背后防、排水设施施工要点

1. 衬砌背后防排水设施施工总要求

衬砌背后防排水设施有纵、横、环向盲管、中心排水管（沟）等。应配合衬砌进行施工，施工时既要防止因漏水而造成浆液流失，还要注意灌注混凝土或压浆时，浆液不得浸入沟管内，确保预埋的透水盲沟不被堵塞，并注意排水孔道的连接，以形成一个有机、通畅的排水系统。

衬砌背后防排水设施施工应注意：

①排水盲管的材质、直径、透水孔的规格、间距应符合设计及有关标准规范的规定。

②环向排水盲管的间距应符合设计要求，在地下水较大的地段应适当加密。

③环向排水盲管应紧贴支护表面或渗水岩壁安设，排水盲管布置应圆顺，不得起伏不平。

④排水管系统应按设计连通形成完整的排水系统。管路连接宜采用变径三通方式，连接牢固、畅通，安装坡度符合设计要求。

⑤中心排水管（沟）直径符合设计要求。中心排水管（沟）基础的总体坡度、段落坡度、单管坡度应协调一致，并符合设计要求，不得高低起伏。

⑥中心排水管（沟）设在仰拱下时，应和仰拱、铺底同步施工。

2. 衬砌背后防排水设施施工要点

①环向盲沟：严格按照设计间距设置洞内环向盲沟，环向盲沟的底部要插入“三通接头”并与拱脚纵向排水管相连。

②拱脚纵、横向排水管：纵向排水管与三通接头连接后，要用土工布进行包裹。

③用防水板将纵向排水管进行反包，并在防水板上剪一圆孔，将三通接头的出水口穿过该孔。要做好纵向排水管的标高控制，确保排水通畅。

④将横向排水管与三通接头的出水口相连，横向排水管的出水口直通隧道排水边沟。

⑤拱脚的横向排水沟要能够及时有效地将二衬背后的水排入边沟，施工过程要经常检查，以确保整个排水系统的通畅。

⑥隧道排水边沟：排水边沟的几何尺寸和沟底纵坡要严格按设计施工，以使洞内水顺利排出。

⑦中心排水管（沟）坡度应符合设计要求，管路埋设好后，应进行通水试验，发现积水、漏水应及时处理。

（三）防水板铺设施工要点

1. 防水板的拼焊及铺挂

采用热合焊接吊环铺挂工艺。

2. 施工要点

防水板铺设应超前二次衬砌施工 1 ~ 2 个衬砌段，并应与开挖掌子面保持一定距离，在爆破的安全距离以外。其铺设应采用专用台架，铺设前进行精确放样，画出标准线后试铺，确定防水板每环的尺寸，并尽量减少接头。防水板应采用木螺钉或无钉铺设，并留有余量，表面应保证圆顺。

3. 基面处理

防水板施工前，应复核中线位置和高程，检查断面尺寸，保证衬砌施工后的衬砌厚度和净空满足规范和设计要求。

防水板铺挂前应进行的基面检查及处理的主要内容包括：

①初期支护表面应平整，无空鼓、裂缝、松酥，对于初支表面外露的锚杆头、钢筋网头等坚硬物应采用电焊或氧焊将齐根切除，并用 1 ∶ 2 水泥砂浆抹平，以防止顶破排水板。

②对局部凹凸部分，应修凿、喷补，使其表面平顺，对超挖较大的部位必须挂网喷锚。

③基面明水应提前设盲管引排，对于洞顶的大面积渗水，可用防水板配合盲管集中引排到临时排水边沟。

④初期支护表面平整度应满足拱脚 D/L ≤ 1/6，拱顶 D/L ≤ 1/8（D 为初期支护表面相邻两凸面间的距离，L 为该两凸之间凹进去的深度）。

4. 防水板的挂前拼焊

在洞外据拟铺挂面积的大小将 2 ~ 3 幅幅面较窄的成卷防水板下料，然后将其平铺在地面上拼焊成便于运输、铺挂的大幅面防水板，减少洞内作业的焊缝数量，以提高焊接质量。防水板应减少接头。

防水板拼接采用热合机双焊缝焊接，要求搭接宽度不小于 100 mm，控制好热合机的温度和速度，保证焊缝质量。焊缝应严密，单条焊缝的有效焊接宽度不应小于 12.5 mm。焊接前焊接头板面应擦净，并应根据材质通过试验确定焊接温度和速度。焊接时应避免漏焊、虚焊、烤焦或焊穿。

沿隧道纵向一次铺挂长度宜比本次二次衬砌施工长度多 1.0 m 左右，以使与下一循环的防水层相接。同时可使防水层接缝与衬砌混凝土接缝错开 1.0 m 左右，有利于防止混凝土施工缝渗漏水。

5. 铺挂防水板

为保证防水板铺挂质量，应先进行试铺定位。

固定点间距的控制：尺量检查，固定点间距拱部 0.5 ~ 0.7 m，侧墙 1.0 ~ 1.2 m，在凹凸处应适当增加固定点，布置均匀。

松弛率：防水板吊环间距需根据其铺挂松弛率要求来确定，环向松弛率经验值一般取 10%，纵向松弛率一般取 6%。根据初期支护表面平整程度适当调整，以保证灌注混凝土时板面与喷混凝土面能密贴。防水板洞内铺挂宜由下至上、环状铺设，将预先焊接在防水板上的吊环用木螺钉固定在膨胀管上固定。

防水板铺设应超前二衬施工 1 ~ 2 个衬砌段，形成铺挂段→检验段→二衬施工段，流水作业。

6. 铺后续接

防水板的“铺后续接”是指前后两幅大幅面防水板之间的连接，应先用热合焊机焊接环向接缝。施工应将待焊的两块板面接头擦净、对齐，保证搭接长度，严格控制焊接温度、焊机行走速度，保持焊机与焊缝良好接触，做到行走平稳。热合焊机焊完，应加强检查，对个别漏焊处用电烙铁补焊。对丁字焊缝因焊接困难、易漏焊或焊缝强度不足，采取用焊胶打补丁的方法补强处理。

7. 焊缝检查

防水板的接头处不得有气泡、褶皱及空隙，接头处应牢固，焊缝强度应不低于母材，通过抽样试验检测。

防水板的搭接缝焊缝质量采用“充气法”检查，当压力达到0.25 MPa时停止充气，保持压力15 min压力下降在10%以内，焊缝质量合格。

8. 成品防护

当衬砌紧跟开挖时，衬砌前端的防水板要采取保护措施，防止爆破飞石砸破防水板。开挖、挂防水板、衬砌三者平行作业时，铺设防水层地段距开挖面不应小于爆破安全距离，并在施工中做好防水板铺挂成形地段防水板的保护：绑扎钢筋时，钢筋头加装保护套；焊接钢筋时在焊接作业与防水板之间增挂防护板；防水层安装后严禁在其上凿眼打孔；振捣混凝土时，振捣棒不得接触防水板。

在浇筑二次衬砌混凝土前，应检查防水层铺设质量和焊接质量，如发现有破损情况，必须进行处理。

防水板需要修补时，修补防水层的补丁不得过小，补丁形状要剪成圆角，不应有长方形、三角形等的尖角。防水层修补后一般用真空检查法检查。

9. 铺设防水层安全保护和记录

铺设防水层地段距开挖工作面不应小于爆破安全距离。二次衬砌时，不得损坏防水层。防水层应按隐蔽工程办理，二次衬砌前应检查质量，并认真填写质量检查记录。

第五节　二次衬砌、仰拱、铺底施工

一、二次衬砌

（一）一般规定

1. 一次衬砌施工应符合国家行业标准的有关规定，隧道中线、水平、断面和净空尺寸应符合设计要求。

2. 二次衬砌及仰拱混凝土应满足设计的强度、防水性、耐久性等要求。原材料应进行检验，材料的标准、规格应符合《公路混凝土工程施工质量验收补充标准》的有关规定。

3. Ⅰ～Ⅳ级围岩的深埋隧道，二次衬砌应在围岩和初期支护变形基本稳定后施作，浅埋隧道Ⅴ、Ⅵ级围岩应根据具体情况确定二次衬砌施作时间；深埋地应力复杂的隧道，应允许围岩较大范围的变形和应力的释放，二次衬砌的施作时间应根据设计和监测结果

确定。在特殊条件下（如松散堆积体、偏压、浅埋地段等）应提前施作二次衬砌。

4. 二次衬砌不得侵入隧道建筑限界，衬砌施工放样时可将设计的轮廓线扩大 5 cm。

5. 二次衬砌除特殊断面外，应采用移动式模板台车，拱、墙整体浇筑，边墙基础与拱墙衬砌的水平施工缝应避开剪应力最大的截面处。

6. 混凝土生产应采用自动计量的拌和站、搅拌输送车运输、混凝土泵送入模的机械化流水作业线，以保证二次衬砌混凝土的质量。

7. 仰拱施工应尽量紧跟开挖工作面，为解决和运输作业的干扰，应采用仰拱栈桥进行仰拱和底板施工。

8. 仰拱与填充应分开浇筑，且应全幅灌注。仰拱和底板混凝土强度达到 5 MPa 后行人方可通行，达到设计强度的 100% 后车辆方可通行。

9. 隧道衬砌施工后，清理场地，为下一工序创造条件，并对混凝土进行养护作业。分析检测不满足要求的项目，产生的原因，并制订整改措施。

10. 当工地昼夜平均气温连续 3 d 低于 5℃或最低气温低于 -3℃时，应采取冬期施工措施；当工地昼夜平均气温高于 30℃时，应采取夏季施工措施。

11. 对衬砌完成的地段，应与设计单位密切配合，继续观察和监测隧道的稳定状态，注意衬砌的变形、开裂、侵入净空等现象，并作出长期稳定性评价。

12. 水沟、电缆槽盖板规格、尺寸、强度及外观质量符合设计要求，连接缝缝宽应小于 5 mm。

（二）衬砌模板台车

1. 台车制作

（1）二次衬砌施工（含加宽段）应采用全液压自动行走的整体衬砌台车。衬砌台车应结构尺寸准确，各种伸缩构件、液压系统、电气控制系统运行良好，合理设置各支承机构并应满足自动行走要求，并有闭锁装置，保证定位准确。

（2）二衬台车必须在隧道进洞前进场，连拱隧道、小净距隧道一端必须要有两部二衬台车，以确保左右线开挖、二衬的合理步距，确保结构安全。

对加宽段处在Ⅳ、Ⅴ级围岩段落的，应专门配备加宽段整体衬砌台车，以确保加宽段二衬及时施作。

（3）台车整体模板板块由面板、支撑骨架、被接接头、作业窗等组成。当衬砌断面较大，所承受荷载较大时，支撑骨架应制成桁架结构，并尽量减少板块接缝数量。模板及支架应具有足够的强度、刚度、稳定性和抗上浮能力，能安全的承受所浇筑混凝土的重力、侧压力以及在施工中可能产生的各项荷载。模板不凹凸、支架不偏移、不扭曲，满足多次重复使用不变形。台车设计应便于整体移动、准确就位。

（4）台车模板支撑桁架门下净空应满足隧道衬砌前方施工所需大型设备通行要求；桁架各层平台的高度要满足混凝土施工要求，利于工人进行安管、混凝土捣固等施工作业，必须要有上下行的爬梯。

（5）为保证衬砌净空，模板外径应考虑变形量适当扩大，作为预留沉降量。

（6）2 车道二次衬砌台车面板钢板厚应不小于 10 mm；3 车道隧道二次衬砌台车面板钢板厚应不小于 12 mm；4 车道的二次衬砌台车必须经过计算，邀请有关专家研究审查后定制。为减少二次衬砌模板间痕迹，外弧模板每块钢板宽度推荐采用 2 m，但不应小于 1.5 m，板间接缝按齿口搭接或焊接打磨。

（7）应在 3 m、5.3 m、拱顶处设置作业窗，作业窗口间距纵向不宜大于 3 m，横向不宜大于 2.5 m，窗口尺寸 50 cm×50 cm，且应整齐划一；作业窗周边应加强，防止周边变形，窗门应平整、严密、不漏浆。

（8）二次衬砌台车的长度应根据隧道的平面曲线半径、纵坡合理选择，长度一般为 9 ~ 12 m，对曲线半径小于 1 200 m 的台车长度不应大于 9 m。

（9）衬砌台车应工厂制造、现场拼装。现场拼装时应检查其中线、断面和净空尺寸等。衬砌前对模板表面进行彻底打磨，清除锈斑，涂油防锈。对模板板块拼缝进行焊联并将焊缝打磨平整，抑制使用过程中模板翘曲变形而影响混凝土表面质量，避免板块间拼缝处错台。

（10）对已使用过的二次衬砌台车，对各种伸缩构件、液压系统、电气控制系统运行状况进行严格的调试，确保使用状态良好，否则应予更换。必须更换新的外弧模板，并经专业模板厂家整修合格。

2. 台车拼装调试及施工过程加固要求

台车拼装后调试对二次衬砌混凝土外观质量十分重要，要求如下：

（1）二次衬砌台车现场拼装完成后，必须在轨道上往返走行 3 ~ 5 次后，再次紧固螺栓，并对部分连接部位加强焊接以提高其整体性。

（2）检查台车模板尺寸要求准确，其两端的结构尺寸相对偏差宜不大于 3 mm，否则需进行整修。

（3）衬砌前对钢模板表面采用抛光机进行彻底打磨，清除锈斑，涂油防锈。

（4）堵头模板应满足承受混凝土压力的刚度，厚度应适当加厚，安装稳固、严密。

（5）施工过程中出现二次衬砌错台，应暂停二次衬砌施工，全面查找原因，重点查找台车就位加固措施是否有效、混凝土输送管是否固定、堵头模板或两边模板是否变形等，要及时整修加固，经监理人同意后方可继续二次衬砌施工。

（6）每施作衬砌 500 ~ 600 m，台车应全面校验一次，校验可在隧道加宽带进行。

（三）二衬混凝土的性能要求及配合比设计要点

1. 性能要求

（1）各种原材料及外加剂满足规范要求，满足设计强度要求。

（2）流动性好、坍落度衰减慢、初凝时间相对较长、终凝时间相对较短，以满足泵送混凝土施工要求，减少裂纹出现。

（3）干缩性小，满足抗渗性要求。

（4）水化热低且水化热高峰值发生在混凝土达到一定强度之后，以承受由于水化热产生的温度应力。

（5）混凝土有早强性能，特别是拱肩部位，以利于模板早拆，满足衬砌快速施工需要。

2. 配合比设计要点

（1）配合比根据原材料质量及设计混凝土所要求的强度、耐久性、抗渗指标、施工和易性、凝固时间、运输灌注和环境温度条件通过试配确定，推荐采用“双掺”技术。

（2）混凝土坍落度一般控制在 13 ~ 18 cm，根据混凝土灌注部位不同，墙部混凝土坍落度宜小，拱部混凝土坍落度宜大。在保证混凝土可泵性的情况下，宜尽量减小混凝土的坍落度，并提高混凝土的和易性、保水性，避免混凝土泌水。

（3）配合比设计时应采取措施以使反弧部位混凝土减少气泡、麻面等质量通病的发生。

（四）矮边墙施工

1. 矮边墙顶面标高按台车侧模底部标高确定；施工时按规范预埋连接钢筋或榫石，并对与二次衬砌混凝土接触面进行凿毛，在围岩变化处设置好沉降缝；二次衬砌混凝土浇筑前用水将其表面湿润，清除杂物。边墙模板应采用一次成型的弧形钢模。

2. 如二次衬砌与矮边墙同时浇筑，要求二次衬砌台车下增加矮边墙模板。

3. 对设计有二次衬砌钢筋的段落，预埋的接地扁铁应与钢筋焊接，无衬砌钢筋的也应尽量与锚杆头进行焊接，以确保接地电阻满足设计要求。

4. 注意按设计布设纵向透水盲管及其与沉砂井的连接管，预留环向软式透水盲管和防水板接头，以及设置预埋件和预留洞室等。

（五）二次衬砌钢筋

1. 应严格按《关于规范高速公路拌和站、预制场、钢筋加工厂建设的通知》的要求，执行“三个集中”的原则，钢筋集中加工、统一配送。

2. 钢筋安装应满足：

（1）横向钢筋与纵向钢筋的每个节点均必须进行绑扎或焊接。

（2）钢筋焊接搭接长度应满足设计及规范要求，受力主筋的搭接应采用焊接，焊接搭接长度及焊缝应满足规范要求。

（3）相邻主筋搭接位置应错开。

（4）同一受力钢筋的两个搭接距离应满足设计要求。

（5）箍筋连接点应在纵横向筋的交叉连接处，必须进行绑扎或焊接。

（6）钢筋其他的连接方式应符合相关规范的规定。

（7）安装钢筋时，钢筋长度、间距、位置、保护层厚度应满足设计要求。

3.钢筋制作必须按设计轮廓进行大样定位。

4.为确保二次衬砌钢筋定位准确、钢筋保护层厚度符合要求，需采取以下措施：

（1）先由测量人员用坐标放样，在调平层及拱顶防水层上定出自制台车范围内前后两根钢筋的中心点，确定好法线方向，确保定位钢筋的垂直度及与仰拱预留钢筋连接的准确度。钢筋绑扎的垂直度采用三点吊垂球的方法确定。

（2）用水准仪测量调平层上定位钢筋中心点标高，推算出该里程处圆心与调平层上中心点的高差，采用自制三脚架定出圆心位置。

（3）圆心确定后，采用尺量的方法检验定位钢筋的尺寸是否满足设计要求，对不满足要求位置重新进行调整，全部符合要求后固定钢筋。钢筋固定采用自制台车上由钢管焊接的可调整的支撑杆控制。

（4）定位钢筋固定好后，根据设计钢筋间距在支撑杆上用粉笔标出环向主筋布设位置，在定位钢筋上标出纵向分布筋安装位置，然后开始绑扎此段范围内钢筋，各钢筋交叉处均应绑扎。

5.钢筋保护层应全部采用高强砂浆垫块来控制，不得使用塑料垫块。

6.要求主筋纵向间距、分布筋环向间距、内外层横向间距、保护层厚度符合设计要求。

（六）预留洞室和预埋件

1.预留洞室模板及预埋件在钢筋混凝土衬砌地段，宜固定在钢筋骨架上；在无筋衬砌地段采取在衬砌台车模板上钻孔，用螺栓固定。

2.预留洞室模板宜采用钢模，承托上部混凝土重量时应加强支撑、确保混凝土成型质量合格。

（七）台车就位

1.台车模板就位前应仔细检查防水板、排水盲管、衬砌钢筋、预埋件等隐蔽工程并做好记录；台车就位后应检查其中线、高程及断面尺寸等并做好记录。

2.台车模板定位采用五点定位法，即：以衬砌圆心为原点建立平面坐标系，通过控制顶模中心点、顶模与侧模的铰接点、侧模的底脚点来精确控制台车就位。曲线隧道应考虑内外弧长差引起的左右侧搭接长度的变化，以使弧线圆顺，减少接缝错台。

3.台车模板应与混凝土有适当的搭接（≥10cm，曲线地段指内侧），撑开就位后检查台车各节点连接是否牢固，有无错动移位情况，模板是否翘曲或扭动，位置是否准确，保证衬砌净空。为避免在浇筑边墙混凝土时台车上浮，还须在台车顶部加设木撑或千斤顶。同时检查工作窗状况是否良好。

4.衬砌台车必须由经培训过的台车司机专人操作，对控制面板、油路、顶缸等重点部件要加强管理维修。

5. 风水电管路通过衬砌台车时，应按规范架设，并布置整齐；照明应满足混凝土捣固等操作需要；管线台车施工区域内的临时改移，要加强洞内外的联系，班组间密切配合，提高操作人员安全教育，设专人巡查，严防触电及管路伤人事故。

6. 台车作业地段进行吊装作业时，应有专人监护，统一指挥，并设标志，禁止通行。

（八）混凝土施工

1. 衬砌混凝土灌注前应重点检查以下几点：

（1）复查台车模板及中心高是否符合要求，仓内尺寸是否符合要求。

（2）台车及堵头模安装定位是否牢靠。

（3）衬砌钢筋、防水板、排水盲管、止水带等安装是否符合设计及规范要求。

（4）模板接缝是否填塞紧密。

（5）脱模剂是否涂刷均匀。

（6）基仓清理是否干净，施工缝是否处理。

（7）预埋件、预留洞室等位置是否符合要求。

（8）输送泵接头是否密闭，机械运转是否正常。

（9）输送管道布置是否合理，接头是否可靠。

2. 混凝土浇筑采用泵送浇筑工艺，机械振捣密实。

（1）混凝土拌制前，应测定砂石含水率并根据测试结果调整材料用量，提出施工配合比。

拌制混凝土拌和物时，水泥质量偏差不得超过 ±1%，集料质量偏差不得超过 ±2%，水及外加剂质量偏差不得超过 ±1%。

（2）混凝土浇筑前，必须将基底石渣、污物和基坑内积水排除干净，严禁向有积水的基坑内倾倒混凝土干拌和物。

（3）泵送混凝土前应采用按设计配合比拌制的水泥浆或按骨料减半配制的混凝土润滑管道。

（4）混凝土应采用混凝土搅拌运输车运输，确保在运送过程中不产生离析、洒落及混入杂物。

（5）混凝土由下至上分层、左右交替、从两侧向拱顶对称灌注。每层灌注高度、次序、方向应根据搅拌能力、运输距离、灌注速度、洞内气温和振捣等因素确定。为防止浇筑时两侧侧压力偏差过大造成台车移位，两侧混凝土灌注面高差宜控制在 50 cm 以内，同时应合理控制混凝土浇筑速度。

（6）浇筑混凝土应尽可能直接入仓，混凝土输送管端部应设接软管控制管口与浇筑面的垂距，混凝土不得直冲防水板板面流至浇筑位置，垂距应控制在 1.2 m 以内，以防混凝土离析。

（7）施工过程中，输送泵应连续运转，泵送连续灌注，宜避免停歇造成“冷缝”。如因故中断，其中断时间应小于前层混凝土的初凝时间或能重塑时间，当超过允许时间时，应按施工缝处理：应在初凝以前将接缝处的混凝土振实，并使缝面具有合理、均匀稳定的坡度。凡是未振实又超过该水泥初凝时间的混凝土，应予清除。

（8）当混凝土浇至作业窗下 50 cm，作业窗关闭前，应将窗口附近的混凝土浆液残渣及其他杂物清理干净，涂刷脱模剂，将其关紧，防止窗口部位混凝土表面出现凹凸不平的补丁甚至漏浆现象。

（9）隧道衬砌起拱线以下的反弧部位是混凝土浇筑作业的难点部位，应对混凝土性能、坍落度及捣固方法进行有效控制，以减少反弧段气泡，有效改善衬砌混凝土表面质量。

（10）混凝土的入模温度，在冬季施工时不应低于 5℃，夏季施工时不应高于 32℃。

（11）混凝土应采用振动器振捣密实，并应采取确实可靠的措施确保混凝土密实。振捣时，不得使模板、钢筋、防排水设施、预埋件等移位。

（12）封顶采用顶模中心封顶器接输送管，逐渐压注混凝土封顶。当堵头板上观察孔有浆溢出，即标志封顶完成。

（13）拱部混凝土衬砌浇筑时，应在拱顶预留注浆孔，注浆孔间距应不大于 3m。

拱顶注浆填充，宜在衬砌混凝土强度达到 100% 后进行，注入砂浆的强度等级应满足设计要求，注浆压力应控制在 0.1MPa 以内。

（14）每次混凝土浇筑完成后，应及时清理场地的废弃混凝土及垃圾，保持施工现场整洁。

（九）拆模

按施工规范采用最后一盘封顶混凝土试件达到的强度来控制。不承受外荷载的拱、墙混凝土强度应达到 5MPa 或在拆模时混凝土表面和棱角不被损坏并能承受自重时拆模；当衬砌施作时间提前，拱、墙承受有围岩压力及封顶、封口的混凝土强度应满足设计要求，一般应在混凝土强度达到设计强度 70% 以上。

（十）养生

应配备养护喷管，在拆模前冲洗模板外表面，拆模后用高压水喷淋混凝土表面，以降低水化热。在寒冷地区，应做好衬砌的防寒保温工作。

养生时间要求：洞口 100 m 养护期不少于 14 d，洞身养护不少于 7 d，对已贯通的隧道二次衬砌养护期不少于 14 d。

二、仰拱与铺底施工

（一）一般规定

1. 隧道设有仰拱时，应及时安排施工，使支护结构早闭合，改善围岩受力状况、控制围岩变形、保障施工安全。

2. 仰拱顶上的填充层及铺底应在拱墙混凝土及二次衬砌施工前完成，宜保持超前3倍以上衬砌循环作业长度，以利于衬砌台车模筑混凝土施工，铺底与掌子面距离不超过60 m。

3. 仰拱宜整断面一次成型，不宜左右半幅分次浇筑。铺底混凝土可半幅浇筑，但接缝应平顺做好防水处理。

4. 仰拱开挖应严格按已批审开挖方案进行，并结合拱墙施工抓紧进行仰拱初期支护和仰拱模筑混凝土施工，实现支护结构早闭合。

5. Ⅱ、Ⅲ级围岩地段铺底应全断面一次开挖成型，铺底混凝土应及时进行浇筑，以改善洞内交通状况和施工环境。

6. 仰拱、铺底施工时，应按图纸要求预埋路面下横向盲沟、拱脚纵、横向排水管等排水设施，并注意设置与二次衬砌贯通的变形缝。

7. 近洞口段仰拱应尽快封闭成环。

8. 仰拱、铺底施工过程中应采取措施保证洞内临时交通通畅。可采用搭过梁或栈桥施工方案，设临时车辆通行平台保证不中断运输。

9. 隧道底部（包括仰拱），超挖在允许范围内应采用与衬砌相同强度等级混凝土浇筑；超挖大于规定时，应按设计要求回填，不得用洞渣随意回填，严禁片石侵入衬砌断面（或仰拱断面）。

10. 铺底混凝土厚度和强度应满足设计和施工要求，避免在车辆反复行驶后损坏。

（二）施工要点

1. 开挖

（1）仰拱土层开挖应以人工配合机械开挖为主。

（2）隧道底两隅与侧墙连接处应平顺开挖，避免引起应力集中。边墙钢架底部杂物应清干净，保证与仰拱钢架连接良好。

（3）仰拱开挖当遇变形较大的膨胀性围岩时，底面与两隅应预先打入锚杆或采取其他加固措施后，再行开挖。

（4）软岩地段特别处于洞口部位或洞内断层破碎带的隧道仰拱开挖必须严格按批审方案进行施工，宜跳格进行开挖，须严防一次开挖范围大，造成隧道侧墙部位收敛变形过大，影响施工安全。

2. 初期支护

（1)仰拱开挖完成后,应及时进行仰拱初期支护施工。先施作混凝土垫层,再打锚杆、安装仰拱钢架，然后安装仰拱二次衬砌钢筋、模板、一次浇筑仰拱混凝土。

（2）初期支护混凝土强度、厚度、钢架加工安装质量等应符合设计及规范要求。同时项目业主应委托有资质的专业检测单位进行检测。

（3）当仰拱底无初期支护层时，宜先施作混凝土垫层，形成良好的作业面，以利于进行仰拱钢筋安装、立模等作业。

（4）仰拱钢支撑的数量必须满足设计要求，与边墙拱架的牛腿要进行认真焊接，确保焊接质量。

3. 仰供二次衬砌钢筋

（1）仰拱钢筋的制作及安装应符合设计及规范要求。仰拱两侧二次衬砌边墙部位的预埋钢筋伸出长度应满足和二次衬砌环向钢筋焊连要求，且将接头错开，使同一截面的钢筋接头数不大于50%。

（2）仰拱二次衬砌钢筋的绑扎必须要保证双层钢筋的层距和每层钢筋的间距符合要求，层距的定位一般通过焊接定位钢筋来确定。

（3）仰拱二次衬砌两侧边墙部位的预埋钢筋的弯曲弧度应与隧道断面设计的弧度相符，伸出长度应满足和二次衬砌环向钢筋焊接的要求（搭接长度应符合规范要求），同时钢筋间距应均匀并满足设计要求。

4. 混凝土施工

（1）仰拱混凝土应超前拱墙混凝土施工，仰拱和铺底施工前应清除积水、杂物、虚渣等。

（2）仰拱、仰拱上的填充层及铺底混凝土施工应混凝土配比准确，必须使用模板、机械捣固密实。仰拱混凝土可采用泵送浇筑，应使用拱架模板保证成型尺寸符合设计要求。仰拱和填充层一次立模施工时，应先按设计完成仰拱混凝土施工，适当间歇后，再改变混凝土配比，进行填充层混凝土施工。

（3）仰拱和铺底的施工缝和变形缝应按设计要求进行防水处理。

（4）仰拱超挖在允许范围内时，应采用与衬砌相同强度等级的混凝土进行浇筑；超挖大于规定时，应按设计及规范要求进行回填，不得用洞渣随意回填，严禁片石侵入仰拱断面。

（5）仰拱和铺底混凝土强度达到设计强度100%后方可允许车辆通行。

第六节　小净距隧道、连拱隧道及监控量测

一、小净距隧道及连拱隧道

（一）一般规定

1. 小净距隧道一般规定

（1）小净距隧道是指并行双洞公路隧道间夹岩石厚度较小，一般小于 1.5 倍隧道开挖断面宽度的一种特殊隧道结构型式。

（2）小净距隧道施工，应结合中岩墙厚度、围岩条件及埋深等制订单项施工技术方案。

（3）开挖爆破应适合以下规定：

①爆破应进行专门设计，并进行试爆，测试震动值，严格控制爆破震动，应符合现行《爆破安全规程》（GB 6722—2014）规定。

②先行洞与后行洞掌子面错开距离应大于 2 倍隧道开挖宽度。

③初期支护应尽早封闭。

④后行洞开挖时应加强中岩墙的监控量测。

2. 连拱隧道一般规定

（1）连拱隧道一般埋深浅、跨度大、地质条件复杂、受雨季地表水影响大，施工应严格按设计及规范要求采取强有力的超前预支护或预加固措施以保证开挖安全，还应特别注意地形偏压带来的不利影响。

（2）钻爆法施工应采用微振光面爆破和减轻振动爆破技术，以减轻爆破对围岩的扰动。

（3）连拱隧道施工应合理安排两侧主洞开挖、初支、二次衬砌等工序的先后顺序及步距，减少先行洞、后行洞施工时相互对围岩及结构的扰动，以确保施工安全。一般情况下，不宜左右两洞齐头并进。先行洞应选择在偏压侧及地质较为软弱的一侧。先行洞开挖超前另侧主洞不小于 2 倍隧道开挖宽度。

（4）为确保施工安全，避免二次衬砌出现开裂，要求左右洞必须至少各配备一台二次衬砌模板台车。

（5）应严格按设计要求进行中隔墙施工，中隔墙施工时应注意预埋与主洞钢支撑连接钢板。

（二）小净距隧道

1. 施工方案

小净距隧道施工应结合中岩墙厚度、围岩条件及埋深等制订单项施工技术方案。该方案应严格贯彻设计意图，并包括以下内容：先行洞和后行洞开挖方法；先行洞和后行洞爆破设计和爆破震动控制；先行洞和后行洞开挖错开距离；先行洞衬砌与后行洞开挖错开距离；中岩墙保护方法；各相互影响工序的滞后时间；非小净距隧道施工方案中的其他内容等。

2. 开挖方法的选定

（1）小净距隧道开挖方法的选择，应以减小对中岩墙的扰动，控制中岩墙的围岩变形，保证开挖过程中围岩的稳定性为原则，合理安排施工方法及施工工序。

（2）不同围岩条件、不同净距的小净距隧道按设计采用不同的开挖方法，V 级围岩应以机械开挖为主，辅以微量的弱爆破。

3. 施工要点

（1）小净距隧道施工应重点控制爆破对中岩墙的危害

相邻爆破分段起爆间隔时间宜不小于 100 ms。

（2）小净距隧道的开挖和爆破

先行洞的开挖可采用与分离式隧道相同的施工方法，但应重视爆破震动对中岩墙的影响。后行洞的开挖，当采用 CD 法或 CRD 法开挖时，宜先开挖靠近中岩墙侧。

（3）小净距隧道初期支护、二次衬砌应满足下列要求：

①对于围岩，应采用封闭的初期支护；对于好的围岩，初期支护可不封闭，但应尽早浇筑仰拱。

②先行洞的二次衬砌宜在围岩变形基本稳定后进行，宜落后于后行洞掌子面 2 倍隧道开挖宽度以上，且在初期支护变形基本稳定后尽早施工。

（4）小净距隧道中岩墙采用水平预应力贯通锚杆加固时，应符合下列规定：

①锚杆材料应满足设计要求，锚杆下料长度根据中岩墙厚度、锚杆布置和距离确定。垫板尺寸满足设计要求，螺帽采用球形底部。

②钻孔。按设计要求定位、标记，钻孔方向宜与岩面垂直。钻孔位置允许偏差 15 mm，深度允许偏差 ±50 mm。

③注浆、安插锚杆。用注浆管向孔内注浆，注浆压力不应大于 0.4 MPa，注浆管应插至距孔底 50 ~ 100 mm 处，水泥砂浆注入，缓慢拔除注浆管，随即迅速插入锚杆体。

④施加预应力。贯通锚杆施工时，在先行洞锚杆钻孔内水泥砂浆强度达到设计后，通过扭力扳手对锚杆施加力进行初张拉，施加预应力为设计值的 50%；后行洞开挖暴露出锚杆端部的螺帽，通过扭矩扳手施加预应力至设计值，然后对先行洞锚杆补拉至设计值。每根锚杆除砂浆锚固段外，按设计有张拉自由段，用塑料套管保护。施工前应在洞

外标定出扭矩扳手力矩与锚杆拉力的关系。

（三）连拱隧道

1. 施工方法

（1）施工原则

连拱隧道宜采取“先排水、快进洞；短掘进、多循环；早支护、形成环；勤监测、细分析；速反馈、及衬砌”的施工原则。

①先排水、快进洞：先排水，洞顶截水沟先行施工，实行有组织的排水，防止地表水对隧道洞口冲刷，确保隧道洞口的稳定。快进洞，从洞口进入隧道暗挖施工时的速度要快，并必须做好边坡支护，洞口地段衬砌施工要迅速，洞门砌筑需及时完成，以策安全。

②短掘进、多循环：短掘进，采取短进尺，以利施工安全。多循环，在地质条件差，掘进长度的情况下，加快施工速度，增加循环次数，有得于工序的衔接并及时施做初期支护，保证隧道开挖后的围岩稳定。

③早支护、形成环：早支护，隧道超前、初期支护严格按设计及规范要求尽早、及时的施工。根据隧道开挖情况，逐步架设 U 型钢拱架并进行初期支护施工。形成环，隧道开挖后，支护施工必须紧跟，以尽早形成初期支护封闭环，保证隧道开挖后的围岩稳定。

④勤监测、细分析：监测工作是新奥法施工的一个主要环节，加强监测工作，利用监测结果仔细分析隧道开挖后的围岩变形规则和支护状态，以确定最佳施工时间及施工参数。

⑤速反馈、及衬砌：速反馈，对施工监测结果及时反馈，以指导施工。及衬砌，根据监测结果，确定围岩变形已经收敛后，及时施工衬砌混凝土。

（2）施工程序

连拱隧道采用先施工中导洞和浇筑中墙混凝土，再进行单线断面施工，初期支护和二次衬砌紧跟的支护原则。

开挖顺序说明：

①洞门左右洞长管棚施工；②中导洞超前小导管（超前锚杆）及开挖中导洞；③中导洞初期支护；④浇筑中隔墙；⑤左洞超前锚杆；⑥开挖左洞拱部弧型导坑（保留核心土）；⑦左洞上导坑初期支护；⑧开挖左洞中台阶（分两部分开挖，先开挖边墙）；⑨左洞曲边墙落脚及基础初期支护；⑩开挖左洞下台阶；⑪ 施工左洞仰拱钢支撑（可跳槽开挖埋设仰拱钢支撑）；⑫ 浇筑左洞墙基及仰拱；⑬ 右洞超前锚杆及开挖右洞上台阶（保留核心土）；⑭ 右洞上导坑初期支护；⑮ 开挖右洞中台阶；⑯ 右洞曲边墙落脚及基础初期支护；⑰ 开挖右洞下台阶；⑱ 施工右洞仰拱钢支撑（可跳槽埋设仰拱钢支撑）；⑲ 浇筑右洞墙基及仰拱；⑳ 左、右洞整体浇筑拱部及边墙二次衬砌。

2. 施工要点

（1）中导洞开挖

中导洞开挖决定着洞身开挖的方向，也是对洞身围岩的情况先行探察，为主洞的开挖积累资料和摸索情况，可及时与设计围岩进行对比、修正支护结构参数、指导主洞的施工。中导洞是隧道开挖的关键，必须准确控制开挖中线，仔细探察岩层情况。

中导洞贯通后，浇筑中隔墙混凝土。墙顶处的防、排水设施应按图纸及规范要求做好施工，以保证防、排水设施能充分发挥其效用，排水畅通，不渗不漏。

（2）中隔墙施工

连拱隧道对中隔墙的地基承载能力要求较高，施工时应对地基进行测试。承载力不能满足要求时，应采取提高地基承载力的措施，譬如高压加固注浆等。

中隔墙混凝土施工应符合下列要求：

①基础底面应清扫干净，无水、无石渣。

②墙身内预埋件、排水管应固定牢固，位置准确。中隔墙施工时应注意预埋与主洞钢支撑连接钢板预埋牢固，并应加强对预埋排水和止水设施的保护。

③中隔墙顶部应与中导洞顶紧密接触、回填密实。

④中隔墙模板宜采用定型钢模，以保证混凝土浇筑质量、加快中隔墙施工效率。

（3）主洞施工

①开挖先行主洞前，后行主洞围岩与中隔墙之间的空隙应按设计要求进行回填密实或支撑顶紧。爆破设计时不得以中导洞作为爆破临空面。

②主洞上拱部的开挖，应在中隔墙混凝土浇筑完毕并达到强度要求后进行，并应慎重施工。为了平衡初期支护左（右）侧拱圈的推力，上拱部开挖前，应在中隔墙右（左）侧导坑空隙处用钢管设置横向水平支撑，或采取其他措施，支顶中隔墙，防止中隔墙受到左（右）侧拱圈的推力后产生变形。

③开挖过程中应及时做好洞内排水系统，严禁洞内积水。软岩地段施工排水沟不应沿边墙设置，宜距墙基脚适当距离，以防止水沟渗水软化墙基底围岩面降低其强度。

二、监控量测

（一）一般规定

1. 基本要求

（1）监控量测应明确以动态设计为基础和核心这一理念，并利用施工中所获取的岩土工程信息反馈用以指导调整施工。通过施工阶段的地质工作，采用地质法、物探、监控量测等手段，进行超前地质预报，了解隧道地质、水文情况，确定掘进面前方是否存在特殊地质条件，判断原设计对围岩描述的准确性。同时应对施工安全性进行评估，并有针对性的调整施工方法、施工工艺、施工支护，提出预防灾害相关措施。

（2）监控量测在基于新奥法基本原理和动态设计信息化施工基本理念上，应进一步明确监控量测的总体管理模式。基本程序是先预测预报，后动态设计，再交付施工，并根据监控量测适时调整。其中核心部分的动态设计具体实施工作由业主牵头组织成立动态设计领导小组，组长由项目设计负责人（也可由业主）担任，其他单位负责人担任副组长，业主负责总体协调。下设施工信息小组、监控量测小组、地质预报小组（可分专业组）、设计技术组、专家咨询组、协调组等，对各方职责应予明确。

（3）超前地质预报及监控量测应执行“第三方监测”制度。项目业主应在隧道工程开工前委托有资质的单位开展“第三方监测”工作，实行公开招标。对地质条件复杂的特长隧道，以及在洞口段和地质构造带等典型段落应同时委托有资质单位进行超前地质预报工作。

2. 监测内容

（1）隧道超前预报内容

主要地质条件的预报；施工地质灾害预报。

（2）隧道施工监控量测内容

现场监控量测计划；实际测点布置图；围岩和支护的量测参数；时间曲线、空间关系曲线以及量测记录汇总表；经量测变更设计和改变施工方法地段的信息反馈记录；现场监控量测说明；危险状况紧急报告；二次衬砌施作时的报告。

3. 监测单位资质条件

（1）独立法人资格、持有有效的营业执照和法人证书。

（2）具备下列条件之一：

①具备公路工程试验检测综合甲级资质的企事业单位。

②具备工程勘察综合类甲级资质的企事业单位。

③具备工程勘察专业类工程测量甲级资质的企事业单位。

（3）近五年内至少完成过一座隧道的检测服务技术工作。

（4）具有一定量的从事过实际监测工作的监测工程师。

（5）经营状况、商业信誉和财务信用良好。

（6）与项目业主、监理单位及承包人不应存在隶属关系或其他利害关系。

（二）超前地质预报

1. 基本要求

在隧道施工过程中，应明确指出是否需要调整设计，并制订拟采用的开挖方法、支护类型等。应通过必要的探测手段，预测开挖工作面前方几米至几十米的围岩工程地质和水文地质条件，结合掘进中地质条件的变化，进行地质预测、分析，及时提出预报资料，同时应做好各种预防和施工措施。

隧道超前预报的根本目的和预报内容可分为两个主要部分，一是主要地质条件的预报，二是施工地质灾害预报。通过各种的超前地质预报技术方法（地质分析预测法和地球物理探测法等）进行主要地质条件预报。主要地质条件的预报应包括地层岩性、褶皱、断层、岩脉、破碎、长大节理、地下水状况、地应力状况、岩性和围岩类别等。预报的重点是断层、岩脉、破碎带、溶洞、暗河、煤系地层及其他不良地质体在掌子面前方的出露位置和对施工的影响等。施工地质灾害预报应建立在主要地质条件预报的基础之上，对各种因素综合考虑，得出圆满的成果分析。

2. 超前地质预报的内容及方法

（1）岩性及围岩级别预测

对于围岩岩性及级别的预测预报主要采取以下方法：

①超前平导法。

②风钻孔观测。

③掌子面地质素描。

④利用地震勘探或地质雷达进行超前预报探测。

（2）断层、破碎带预测

对于断层、破碎带预测主要采取以下方法：

①地质编录与作图法。

②超前平导法。

③风钻孔观测。

④利用地震勘探或地质雷达进行超前探测。

⑤前兆预测法。利用断层附近的各种构造形迹，预测即将出现的断层。

（3）长大节理裂隙预测

对于长大节理裂隙预测主要采取以下方法：

①地质编录法。

②超前平导法。

（4）地下水状况预测

对于地下水状况的预测主要采取以下方法：

①依据前方地质条件的预测并结合现场观察到的地下水出露现象进行综合分析，得出地下水活动状况的一些定性认识，以指导施工。

②根据风钻孔出水情况，可以短距离预测前方围岩的富水情况。

③根据超前导洞的出水情况也可推断主洞的情况。

④利用地质雷达或 BEAM、TEM 进行超前探测。

（5）地应力状况预测

对于地应力状况的预测主要采取以下方法：

①地质标志判别。通过总结前人的研究成果并充分结合隧道的具体情况，得出隧道在高、低地应力情况下的地质标志。在围岩跟踪调查过程中，详细观察各类地质现象，并寻找这些地质标志，进而判断出围岩所处地应力高低状况。

②地应力现场测试。

③地应力场有限元数值计算。

（6）涌水预测

对于涌水的预测主要采取以下方法：

①地质分析定性预测。在对隧道初期涌水状态调研及对详细勘察资料分析的基础上，对隧道前方的地下水情况进行宏观预测。

②涌水量计算定量预测。

③根据超前导洞进行预测。

④利用地质雷达或 BEAM、TEM 进行超前探测。

（7）塌方预测

对于塌方的预测主要采取以下方法：

①在结构面的跟踪调查与预测预报基础上，采用块体稳定性分析软件对块体失稳破坏进行预测。

②通过对断层破碎带的预测和分析判断，对软岩塌方进行预测。

③通过监控量测资料的分析进行预测。

④前兆预测法。围岩的变形破坏、失稳坍方，是从量变到质变的过程，在量变的过程中，会在围岩的地质特征和岩石力学及支护结构上反映出一些征兆。

（8）岩爆预测

对于岩爆的预测主要采取以下方法：

①根据围岩初始地应力条件、岩性及岩体结构等进行综合分析预测。

②根据超前导洞进行预测。

③根据地质标志进行预测。

④前兆预测法。

⑤根据数学—力学模型进行预测。

（9）大变形预测

对于大变形的预测主要采取以下方法：

①根据围岩初始地应力条件、岩性及岩体结构等进行综合分析预测。

②根据超前导洞进行预测。

③根据地质标志进行预测。

④地质类比分析预测。地质类比分析，即分析已开挖段发生了大变形地段的围岩岩性，岩体结构，地下水，地应力状态等。当前方某段与该段地质情况相近时，则可预测前方段在相同初期支护情况下也可能会发生量值相当的大变形。

⑤通过监控量测资料分析进行预测。

⑥根据数值计算进行预测。

3. 超前地质预报体系

隧道工程施工地质预报应建立一种完善的、易于推广的综合预报体系。其主要原则为“地质分析为核心，综合物探与地质分析结合，洞内外结合，长短预测结合，物性参数互补”，同时应明确隧道超前地质综合预报工作路线。首先对隧址区勘察设计资料进行详细研究，利用地面地质调查等方法，确定断层和其他不良地质体与隧道轴线交点的大概位置，估测岩层、断层和其他重要地质界面的产状，预测地下水富存段。在此基础上，根据宏观地质分析预测成果和掌子面地质调查，结合各种物探方法的适宜性，有针对性的选择一种或者几种物性参数互补的物探方法进行超前探测与预报解译，了解掌子面前方一定距离的详细地质特征信息。通过上述地质分析和物探预报解译，对掌子面前方的基本地质条件，包括断层、岩体破碎情况、溶洞、地下水情况、岩体软硬程度等，进行综合分析预报，并判断是否存在不良地质体和施工地质灾害，并采取相应的措施指导施工。

第四章　高速公路建设灾害预警

第一节　高速公路建设灾害的表征与危害

一、高速公路建设灾害的内涵

高速公路建设灾害的内涵主要包括以下几点：

（1）高速公路建设灾害概念特指在高速公路的建设过程中发生的各种有害事件和情况。凡危害人类生命财产和生存条件的各类事件通称灾害。灾害指的是有害的事件和情况，并包含有害事件的结果和性质，以及发生风险的可能性；灾害会造成死亡、损失，以及对个人生命财产的威胁，形成痛苦与经济损失的伤害。因此，我们界定的高速公路建设灾害的概念，不仅包括高速公路建设期中发生的各种自然灾害现象对高速公路建设系统的破坏，也概括了高速公路建设行为对自然和社会环境和其本身，即由“人——机——路”组成的系统的危害风险、破坏事件和后果。具体来说，高速公路建设灾害应包括如下灾害内涵：

①由人为影响产生，表现为环境态的“人为——环境灾害”。如在山区修路导致改变地面径流结构，引起水土流失和山洪爆发，和道路两侧及周围地区一定范围内的生态环境破坏，高速公路建设对人文环境如历史文物的破坏，施工机械噪声对环境的污染等。

②由环境影响产生，表现为人为态的“环境——人为灾害”。如恶劣天气如飓风、洪水卷走施工人员和设备，村民阻挠使高速公路建设工期严重延误、工作进程阻断等。

③由人为影响产生，表现为人为态的“人为——人为灾害”。如高速公路上有人恶性投毒而引发的群体中毒卫生事件、高速公路施工粉尘污染引发民事诉讼事件，施工

人员安全防护失误而发生意外高空坠落、触电伤亡事故等。

④由环境和人为影响共同产生的灾害。

(2)从灾害演变速度来看，高速公路建设灾害的内涵包容性极强。既有突变型灾害，灾害来势愈猛，灾情发展迅速，对高速公路建设系统造成严重的损失，如突发地震、洪水、龙卷风、滑坡、泥石流、地裂缝、塌陷等，均会对高速公路建设管理系统构成严重的威胁，并且引发二次灾害。又有缓变型灾害，如生态环境破坏，地面沉降、水土流失、水质污染、农田污染、潜在质量隐患等，这类灾害不易引起人们关注，但是其危害影响越来越大，不容忽视。

(3)从现代生态观、和谐观、科学发展观的要求来看，高速公路建设灾害的定义能充分体现出生态、环保和可持续发展的意义，且内涵全面。

①高速公路建设灾害的定义将高速公路建设活动造成严重生态破坏、自然环境侵害的事件纳入其中，符合现代生态观的要求。良好的自然生态是人类社会不可或缺的财富，然而高速公路建设给道路沿线及一定范围内的地区造成了严重的生态破坏，例如高速公路路面工程中使用的沥青、水泥等化学原料随水流到农田里，轻则改变农田的盐碱性，重则导致长出的庄稼在被人食用后而危害人体健康，而一旦农田被污染，是难以恢复原来土壤性状的，即这种破坏是不可逆的，所以应该引起我国高速公路后续建设者的高度关注。

②高速公路建设灾害的定义将高速公路建设活动和社会环境之间互相干扰、相互破坏的事件、现象纳入其中，符合和谐发展观的要求。高速公路建设不应单纯追求其经济效益，而要考虑除带来经济效益以外，是否能够产生正向的人文 GDP、环保 GDP，能否实现高速公路与人口、资源、环境的统筹协调发展。但是，我们的建设活动实际上给社会人文环境造成了极大的威胁，例如由于临时用地和永久征地所造成的对农业生产的影响由于拆迁安置未解决好带来的一系列纠纷、冲突、群殴，和建设活动对施工人、受灾人的心理疾患影响等，而这又是被很多高速公路建设管理者忽视的，所以，有必要从这个角度来丰富高速公路建设灾害的内涵。

③是从科学发展观的角度来界定高速公路建设灾害的概念的。首先，我们使用灾害的概念，主要是强调高速公路建设行为在自身与环境的交互作用下造成的恶性后果，并不是说将一次安全事故或者是一次居民纠纷本身视为灾害。其次，事件本身是有可能升级为灾害的。如果在事故、纠纷发生后管理行为能及时、有效的处置或者化解，则事件不会演化为灾害；如果管理行为失误、错误甚至失败，则事故不良影响有继续恶化的可能，纠纷也可能升级为恶性冲突，造成人身、财产的损失，造成恶劣的社会影响，从而灾害影响不可避免。

二、高速公路建设灾害的表征

依据不同的视角，高速公路建设灾害有如下几个方面的表征：

（1）高速公路建设灾害根据其表现形态可分为：自然环境破坏、社会环境破坏、施工安全事故、质量事故等。

自然环境破坏包括地质灾害（如崩塌、滑坡、泥石流、地面塌陷、沉降、地裂缝）、水土流失（如土壤侵蚀、植被破坏）、空气污染（如粉尘污染、沥青烟尘）、噪声污染（如施工机械作业噪声）、水污染（如施工区污水、管理区污水）、生态破坏（如野生动物、土地资源减少、林木破坏）等。社会环境破坏包括对人文景观的破坏（特别是对历史文物的破坏）及因临时用地和永久征地所造成的对农业生产的影响和拆迁安置所带来的一系列问题。施工安全事故是指由于施工过程中操作环境恶劣、机器故障、操作失误、安全管理体系不健全及其它自然灾害、中毒等所造成的生命损失和财产损失。质量事故是指由于材料问题、施工水平、标准降低及因职务犯罪、违法分包、转包的违规行为所造成的质量下降而带来的一系列灾害性问题。

（2）高速公路建设灾害根据其产生关系可分为：内部自身灾害、对外部影响灾害、外部对内影响灾害等。

内部自身灾害指高速公路建设过程中由于施工单位自身原因所产生的针对施工单位的破坏，如施工过程中操作环境恶劣、机器故障、操作失误、安全管理体系不健全及中毒等所造成的施工单位的生命损失和财产损失。对外部影响灾害指高速公路建设过程中针对施工单位以外的对象所产生的灾害，如空气污染（如粉尘污染、沥青烟尘）、水土流失（如土壤侵蚀、植被破坏）、噪声污染（如施工机械作业噪声）、水污染（如施工区污水、管理区污水）、生态破坏（如野生动物、土地资源减少、林木破坏），及对人文景观的破坏（特别是对历史文物的破坏）及因临时用地和永久征地所造成的对农业生产的影响和拆迁安置所带来的一系列问题等。

外部对内影响灾害指高速公路建设过程中对所有对象所产生的灾害，如自然灾害（如崩塌、滑坡、泥石流、地面塌陷、沉降、地裂缝）给施工单位造成的灾害，村民阻挠使工期严重延误、工作进程阻断、同一工序不能同时施工、后续工序急赶工期所造成的财产物资的超正常耗费、质量隐患等问题。

（3）高速公路建设灾害根据其存在形态可分为：有形灾害、无形灾害。

有形灾害是指高速公路建设过程中所产生的看得见的有形的灾害，如地质灾害（如崩塌、滑坡、泥石流、地面塌陷、沉降、地裂缝）、水土流失（如土壤侵蚀、植被破坏）、生态破坏（如野生动物、土地资源减少、林木破坏）、对人文景观的破坏（特别是对历史文物的破坏）、空气污染（如粉尘污染、沥青烟尘）、水污染（如施工区污水、管理区污水）、施工安全事故等。

无形灾害是指高速公路建设中所产生的看不见的无形的灾害，如噪声污染（如施工作业噪声）、因临时用地和永久征地所造成的对农业生产的影响和拆迁安置所带来的一系列问题，以及因高速公路建设带来的人的心理疾患影响等。

（4）高速公路建设灾害根据其受灾对象可分为：人员危害、财产损失、环境破坏。

人员危害是指高速公路建设过程中由于各种原因所导致对人员的危害，如生命损失、各种损伤、病痛、心理疾患等。财产损失是指高速公路建设过程中由于各种原因对财产导致的危害，如村民阻挠延误工期、非正常赶工期等原因导致的超正常水平的物质损耗、地质灾害（如崩塌、滑坡、泥石流、地面塌陷、沉降）、气象灾害等造成的财产损失等。环境破坏指高速公路建设过程中由于各种原因导致对环境的危害，如水土流失（如土壤侵蚀、植被破坏）、空气污染（如粉尘污染、沥青烟尘）、噪声污染（如施工作业噪声）、水污染（如施工区污水、管理区污水）、生态破坏（如野生动物、土地资源减少、林木破坏）等。

（5）高速公路建设灾害根据其产生时间可分为：现实灾害、潜在灾害。

现实灾害指高速公路建设过程中由于各种原因导致的业已发生的或会在建设过程中发生的各种危害，如地质灾害（如崩塌、滑坡、泥石流、地面塌陷、沉降、地裂缝）、空气污染（如粉尘污染、沥青烟尘）、噪声污染（如施工机械作业噪声）、水污染（如施工区污水、管理区污水）、对人文景观的破坏（特别是对历史文物的破坏）及施工安全事故等。

潜在灾害指由于高速公路建设的原因导致高速公路建成后发生的各种危害，由于其不在建设过程中显现，故而称作潜在危害。如水土流失（如土壤侵蚀、植被破坏）、生态破坏，及由于材料问题、施工水平、违规行为造成质量下降而给公路运营带来的一系列灾害性问题等。

（6）高速公路建设灾害根据其产生原因可分为：人为灾害、自然灾害。

人为灾害指高速公路建设过程中由于人为原因导致的各种危害。如噪声污染、水污染、生态破坏、人文景观的破坏，及因工程用地造成的拆迁安置的一系列问题、施工安全事故、质量事故等。

自然灾害指高速公路建设过程中由于自然的原因导致的各种危害。如地质灾害（如崩塌、滑坡、泥石流、地面塌陷、沉降、地裂缝）、气象灾害等。

三、高速公路建设灾害的危害后果

高速公路建设灾害是由于自然因素和人为因素造成的，对高速公路建设产生巨大影响，给人类生活造成生命财产损失和沉重的社会负担，如重大人身伤亡、财产损失和公害等。

高速公路建设灾害主要是指两个方面的不良危害，一是高速公路建设可能引发的灾害；二是环境灾害对高速公路建设所带来的灾害。

（一）高速公路建设灾害危害的表现

高速公路建设灾害危害的主要表现为对生命健康的损害、财产的损失、建设秩序的破坏以及可能造成对政府形象的影响。

1. 给人民的生命健康造成巨大损害

在生产中，作为劳动主体的人是最主要、最宝贵的财富，没有人的劳动，一切社会财富和社会发展便无从谈起。而高速公路建设灾害直接损害劳动者的生命健康，往往造成几人、十几人甚至更多人的伤亡事故，使死难者家破人亡，这种危害结果是无法用金钱来计算的。

2. 可能给国家、集体和人民的财产造成极大损失

国民经济的发展有赖于企事业单位生产的正常进行和经济效益，企业发展经济必须要有一个稳定的生产、生活秩序。而高速公路建设灾害的发生不但阻碍生产的正常运行，往往迫使企业停工停产甚至遭到毁灭性的破毁，而且使国民经济建设遭受严重破坏，将人们辛勤劳动的果实毁于一旦，给国家、集体和人民的财产造成不可挽回的经济损失。

3. 可能在政治上造成极坏的影响

高速公路建设灾害的发生，由于打破了正常的生产、生活、学习秩序，给人民的生命财产造成重大损害，还往往使事发单位的员工人心惶惶，使死伤者的亲友和家庭难以安宁，损害了党和国家的声誉，在政治上造成不良的影响。

（二）高速公路建设可能引发的不同危害

1. 对自然方面的可能危害

高速公路建设灾害可能引发和加剧地质灾害，公路建设避免不了填方挖方，例如在平原地填筑高路堤，在山区修筑路堑，需大量挖方。这样高填深挖会给地质结构产生影响，产生如滑坡、崩塌、泥石流以及高寒地区的雪崩地质灾害。集中起来主要为以下几点：

（1）可能引发采空塌陷及伴生地裂缝灾害

如果路段存在采空区，高速公路在修建及建成后，由于外力扰动，采空区周围的岩层原有的应力平衡遭到破坏，围岩应力将会重新分布，造成矿层顶板抗剪强度难以支撑其上覆地层压力及附加应力而发生围岩变形、弯曲、断裂直至塌落，加剧采空塌陷和地裂缝的产生。

（2）可能引发泥石流灾害

如果地形地貌差异较大，在挖、填方的施工过程中，会产生大量的废弃岩土石，废弃岩土石若堆放不当，堵塞河道，可引发和加剧泥石流的发生，对拟建公路造成危害。

（3）可能引发崩塌灾害

如果地形地貌差异较大，在工程施工过程中的挖方、填方等工程活动，将会破坏围岩原始应力，可能引发崩塌的产生，从而造成对拟建公路的危害。

（4）可能引发不均匀沉降灾害

如果一些填方路段回填土较厚，可能在拟建公路建成运行后产生不均匀沉降，对拟

建公路造成一定的危害。在路桥接壤区，由于路桥不是同一基础，将产生较大的沉降差，出现“桥头跳车”现象，对高速公路及行驶车辆造成危害。

2. 气象方面的危害

如果气候特点是干旱同季、雨热同期、四季分明，降水量年内分配不均匀，年际变化较大，则会存在旱涝、暴雨、冰雹、干热风和霜冻等自然灾害，对拟建公路造成一定的危害。

（1）高温危害

作业人员受高温环境热负荷的影响，作业能力随温度的升高而明显下降。研究资料表明，环境温度达到28度时，人的反应速度、运算能力、感觉敏感性及感觉运动协调功能都明显下降。35度时则仅为一般情况下的70%左右；极重体力劳动作业能力，30度时只有一般情况下的50% ~ 70%，35度时则仅有30%左右。高温使劳动效率降低，增加操作失误率。高温环境还会引起中暑（热射病、日射病、热痉挛、热衰竭），长期高温作业（数年）可出现高血压、心肌受损和消化功能障碍病症。

（2）低温危害

作业人员受低温环境影响，操作功能随温度的下降而明显下降。如手皮肤温度降到15.5度时操作功能开始受影响，降到5 ~ 12度时触觉明显减弱，降到0 ~ 5度时几乎完全失去触觉的鉴别能力和知觉；手部温度降到8度，即使（涉及触觉敏感性的）粗糙作业也会感到困难；冷暴露，即使未致体温过低，对脑功能也有一定影响，使注意力不集中、反应时间延长，作业失误率增多，甚至产生幻觉，对心血管系统、呼吸系统也有一定影响。低温环境会引起冻伤、体温降低，甚至造成死亡。

（三）对环境保护方面的危害

1. 在空气污染方面

在公路施工过程中对环境空气产生的污染主要有：

①公路建筑材料中的石灰、水泥、粉煤灰等含有大量的粉尘，在运输和施工过程中如果不采取适当措施，会产生大量的扬尘，对周围空气造成污染。

②施工中所使用的便道，特别是在干旱季节，经施工车辆多次碾压后，路面泥土变成粉末状，也会造成扬尘，对周围空气造成污染。

③沥青在熬拌过程中会产生含有苯并芘、吖啶类、酚类、吡啶类蒽萘类等对环境有害的沥青烟。

机动车产生的污染物对环境的危害如下：

一氧化碳（CO）：可破坏人体的血红蛋白，使人头痛甚至昏迷。

碳氢化合物（HC）：其中含有致癌物质，对植物亦有害。

氮氧化物（NOX）：毒性比CO大十倍，还可形成酸雨。

二氧化硫（SO_2）：可形成酸雨，对大片植物造成危害。

颗粒物：包括铅微粒、碳烟和油烟，对人体有害。

二氧化碳（CO_2）：使地球产生温室效应，大气变暖。

此外，HC和NOx在阳光照射下，会形成有NO_2和O_3光化学烟雾，直接危害人体健康。其他有害物质则破坏地球生态平衡。如：破坏臭氧层，导致非正常的飓风、洪水、高温等天气的出现及皮肤癌的产生。

2. 在噪音方面

尽管目前公路施工的机械化水平已经相当高，但是，各种施工机械施工及爆破等作业时仍产生噪声，对施工人员与附近居民的正常工作和生活造成影响，如运输机械、筑路机械和其他施工机械以及进行爆破等作业时产生的噪声，稳定土拌和站、水泥混凝土拌和站和沥青混凝土拌和站工作时产生的噪声等。噪声可分为：机械噪声（由固体震动、金属摩擦、构建碰撞、不平衡旋转零件撞击等产生）、空气动力性噪声（又称气流噪声，是因气体流动时的压力、速度波动产生的。如风机叶片旋转、管道噪声等），噪声能引起听觉功能敏感度下降甚至造成噪声耳聋，或引起神经衰弱、心血管疾病及消化系统等疾病的高发。噪声干扰影响信息交流，听不清谈话或信号，促使误操作发生率上升。

3. 水污染方面

工程施工期间，在大中型施工区砂石料冲洗水等施工用水量较大，且砂石料冲洗水含沙量高，如果未按照环保设计方案，不经过沉淀池沉淀处理就排放到河流、沟道中，会造成对河流、沟道的淤积。施工期造成的水污染主要有：道路施工中的弃土弃渣等固体废物直接排放水体，造成水污染；大桥施工时对河流的污染；施工时产生的施工、生活污水所造成的水污染。

4. 生态环境破坏方面

高速公路的跨越式发展，必然会增加生态系统的压力，根据《中国生态问题报告》交通工程建设或矿产开发等引起的生态破坏已成为生态环境恶化的主要原因之一，并且呈加重和发展趋势。

高速公路建设离不开土方石方作业，会占用大量的土地、开挖山体等，从而对生态环境产生一定的负面影响。一般为：地表植被破坏、局部地貌破坏、土壤侵蚀、水土流失、野生动物生存危害等。公路建设施工过程中可能会破坏地面植被和原有地貌，导致地表裸露成新的水土流失；弃土、弃渣不采取适当措施妥善处理，而随意倾倒，会加剧水土流失；施工中使用的临时便道以及建筑材料，若不采取响应的水土保持措施，遇到暴雨或大风都会造成一定的水土流失。

水土流失可诱发泥石流、淤积河道、土地沙化。弃土、弃渣被随意堆置在河（沟）道内，如不采取土地整治、植树种草等防护措施，就会为泥石流形成提供充足固体松散物质，一旦有超强度局部集中暴雨，则会诱发泥石流侵蚀发生，影响防洪安全；施工废弃物在水蚀作用下，会逐步向下游搬运，其最终后果是淤积河道，人为水土流失如不得到有效控制，必然会抬高河床，缩窄行洪断面，降低行洪能力，进而对河流两岸及下游防洪形势构成严重威胁；公路建设将加剧古河道风沙地带风力侵蚀，导致沿线扬尘、风沙严重，局部地面堆积压没农田，造成土地沙化，土壤结构变坏，引起土地质量下降，粮食产量下降。

公路建设施工产生的空气、水源、噪声污染等也会给周围的动植物产生很大影响。公路会将动物原有的生活区域一分为二，截断了动物的生活、迁徙、饮水等路径，改变动物的生存环境，严重时将导致珍稀动物的灭种。

第二节　高速公路建设灾害的致灾机理

一、高速公路建设灾害的致灾原因

高速公路建设灾害是指高速公路从筹建开始到建设完工正式投入使用前的时期内，由于自然或人为因素导致对人体、物体以及环境造成严重的非意愿性变化的过程和事件的集合。根据前面高速公路建设灾害基本知识的分析，高速公路建设灾害引发的领域可以分成三大类：一是高速公路建设内部灾害，比如工伤事故、资源浪费等灾害；二是高速公路建设给外部环境所造成的灾害，如噪音、水污染；三是由于外部因素所导致的高速公路建设灾害，比如村民阻扰等。

二、高速公路建设事故灾害的致灾机理

（一）高速公路建设事故灾害机理分析

大量的事故统计分析表明，人、机、环境、管理四因素之间是相互影响、相互制约、互相促进的关系。在高速公路建设施工过程中，导致灾害事故发生的往往是多因素的共同作用的结果。一般讲，事故的直接原因是物的不安全状态和人的不安全行为，由于物的不安全状态存在并受到人的不安全行为的激发而产生事故，而导致和诱发这两种直接原因产生的原因又是管理上的失误，或在不良环境中作业等间接原因。反过来，物的不安全状态和人的不安全行为又会给管理和环境造成较大压力。

由此，当可能致灾的人、机、环境和管理四因素中只有一个或几个发生时，最终并不一定导致灾害发生，只要更加严格控制其余要素，并加强预防及补救措施，使得其中任何一段链断开，仍可避免灾害的发生。

（二）高速公路建设事故灾害具体因素构成

1. 操作者因素分析

操作者因素分析是研究高速公路建设过程中人的问题对事故灾害的影响。有统计资料表明：在建设施工过程中，有 88% 的安全事故是由人的不安全行为造成的。而人的问题又是一个关系到社会、政治、经济、心理、能力等多种因素交织在一起的复杂问题，所以应对操作者因素分析给予足够的重视。

对于操作者因素的分析主要涉及操作者的生理特征因素、心理特征因素、素质因素及其他因素等几个方面的分析：

（1）操作者生理特征因素分析

操作者生理特征因素分析包括操作者的感觉、视觉、听觉的特征分析。

人体的感觉共有 8 种，通过眼、耳、鼻、舌、肤五个器官产生的叫五感，此外还有运动感、平衡感、内脏感等。相应的器官如肌肉、内脏等称为感受器。各种感受器的一个共同功能特点，是它们各有自己最敏感、最容易接受的刺激形式。就是说用某种能量形式的刺激作用于某感受器时，只需要极小的强度（即感觉阈值）就能引起相应的感觉。这一刺激形式或种类，称为该感受器的适宜刺激，如一定波长的电磁波是视网膜光感受细胞的适宜刺激。正因为如此，机体内、外环境中所发生的各种形式的变化，总是先发生于和它们相对应的那种感受器。感受器对一些非适宜刺激也可能引起反应，只是所需的刺激强度要大得多。

引起视觉的外围感受器官是眼睛，它包括眼球及辅助结构：眼球位于眼眶内，由球壁与内容物所组成。眼球壁分为三层，外层为纤维膜，中层为血管膜，内层为视网膜。在一定范围内，人脑通过接受来自视网膜的传入信息，统计显示，在人脑获得的全部信息中，大约有 95% 以上来自视觉系统，眼睛是人体最重要的感觉器官。一个视觉正常而有经验的操作者，通过视觉，可以发现、判断很大一部分安全隐患。因此，视功能对生产过程中的安全、工作效率和质量都有重要影响。在施工过程中，不同的作业需要不同的视功能，作业范围较小的需要近视力和良好的最小分辨角；作业范围大的则需要远视力、周边视力和立体视力；立体交叉作业需要立体视力、远视力、周边视力、暗适应等。

听觉的外围感受器是耳，人耳能感受的声波频率范围是 16 ~ 20000 赫兹，以 1000 ~ 3000 赫兹是最为敏感。而且，对于其中每一种频率，都有一个刚好能引起听觉的最小震动强度，成为听阈。人耳出有一定的听阈外，还有区分不同声强、音调、判断声援的方向和远近等能力。人耳对声强的辨别能力不如对频率敏感，人耳能分辨出高低不同的音调，人耳依声音到达两耳的强度和实践的先后不同来判断声源的方向，而判断声源的距离，则主要靠人的主管经验。听觉具有容易适应和疲劳的特点，人处在嘈杂的强音环境中，听力会有所减退，若离开环境 10 ~ 15 秒后听力恢复正常，则为听力的适应；若听力恢复需要数月或更长的时间，则属于听觉的疲劳。对人耳刺激的时间和强度影响着人耳的疲劳持续时间和疲劳程度。在施工现场需用声音传递某种信息时，一定要注意听觉的掩蔽效应，以免造成错误判断，影响安全。

（2）操作者心理特征因素分析

安全生产事故的发生是由人的行为所引起的，而行为又是由人的思想来支配的。在我们安全生产工作的时候，从心理、行为的角度，深入分析事故发生时操作者的心理状态和思维活动，找出引起事故发生的心理因素，从而消除事故隐患，降低和避免事故的发生。影响操作者施工安全的主要心理因素有需要、优势动机、注意力水平、个性特征等。

在行为科学的需要理论中，最著名的有马斯洛的“需要层次理论”和赫茨伯格的“双因素理论”。两个理论都说明，人在满足基本需要之后，才会谋求高一层次的需要。通常建筑一线工人大部分来自穷困地区，经济负担较重，对基本生活的保健因素要求较多，工作的主要目的是尽快脱贫，挣钱意识强，物质需要多，高层次的追求较少。

一个人的行为均由其全部需要的动机结构中最有力的动机所决定，这种动机就是优势动机。建筑施工一线操作者普遍存在的优势动机有：赶任务倾向——受低层次需要的保健因素影响，一线施工人员中普遍存在赶任务的倾向；职业的临时思想、侥幸心理，一线施工人员多数是临时工，存在较强的临时思想和侥幸心理，如果未发生事故，会加强不良心理，形成错误积累，进一步放松警惕，发展为胆子更大，频率更高的违章，最终酿成大事故。

注意分为不随意注意和随意注意两种。事故的起因可归结为主观“不注意”和客观原因两个方面，尤其在噪音、污染、交叉作业等复杂恶劣的客观环境下，注意力水平的高低更为重要。注意力的高低可分为：

第一类：睡眠、昏厥、无注意可言。

第二类：在疲劳、酒醉的情况下工作，注意力水平迟钝，易失误。

第三类：在生理状态正常松弛状态下，注意力水平为被动注意，对事故缺乏预警能力，也会失误。操作者常常出现见惯了的麻痹心理是典型的被动注意行为。

第四类：生理状态良好，活动积极，意识和思维最佳状态，注意力水平最好，信息处理能力强，属主动注意。

第五类：因社会生理因素造成情绪激动、精神兴奋或心理压力抑郁，虽然大脑活动能力极高，但注意力过于专注，无暇旁顾，不能进行信息的准确处理，也易出现失误。

个性特征同注意力水平一样同属心理范畴。个性心理结构由四个部分组成：一是它的倾向性（兴趣、价值观、抱负水平等）；二是能力（是指人们完成各种活动不可缺少的一种品质）；三是性格（个性特征的综合表现）；四是心理过程特征和状态。从倾向性看，一线建筑工人的兴趣少，抱负水准不高，由于有强烈的物质需要，价值观以经济型为主。从能力上看，由于缺少培训，与安全相关的操作反应能力和突发应变能力不强。从性格上看，一线建筑工人憨厚朴实，不拘小节。从心理过程、特征和状态看，普遍存在侥幸、麻痹心理，这是安全生产的大敌。

（3）操作者素质因素分析

操作者素质包括身体素质、业务素质、道德素质几个主要方面。

建筑施工中不同工种、不同岗位对职工的身体素质有一定的要求。安排合适的职工从事一定的工作，可以避免一些灾害的发生。如有恐高症的职工就不适合操作高架门机或塔机等。

业务素质主要是指对专业技术、专业安全操作规程的熟练程度。一名合格的操作者必须熟悉所从事业务的理论知识、专业知识和实践知识等基本技术知识。缺乏必要的理论知识和专业知识，造成不良后果的概率也较高。

道德是指社会调整人们之间以及个人与社会之间关系的行为规范的总和。它借助善与恶、美与丑、正义和非正义、诚实和虚伪等概念，通过社会的舆论和人的内心信念力量来评价和调整人的各种行为。操作者道德素质的高低将决定他的工作责任心和合作精神。高速公路的施工过程需要多个操作者共同协作才能完成，如果操作者缺乏一定的道德素质，在共同协作工程中产生矛盾，就会给正常的施工带来不利影响，甚至诱发灾害。

（4）操作者其他因素分析

除上述因素外，操作者受到的安全教育和培训及操作者的经验知识等也会影响到施工过程的安全。如凭过去的经验知识，熟练工人在嘈杂的环境中能感知机器声音的细微变化，及时发现机器故障隐患。尤其是建设施工一线操作者多外包给一些民工，他们缺乏施工经验，安全意识淡薄，安全素质差，这就更需要一方面加强安全教育和培训；另一方面，应注重提高一线施工人员的待遇，保持队伍的稳定性和连续性，提高其各种素质和经验。

2. 机械设备因素分析

在高速公路建设过程中使用了大量的机械设备，因此机械设备的不安全状态是导致事故灾害的非常重要的因素。产生机械设备不良的原因主要来自两个方面：机器固有的可靠性和使用的可靠性。

（1）从机械设备的固有可靠性看，导致机器误动的原因有：机器的硬件设计结构存在潜在缺陷，如可靠性设计水平低，未采取必要的防潮、防震等设计；构成机器的零部件有缺陷；制造质量低、材质不佳，该机器留下隐患；运输、保管、安装不善等。

（2）在使用的过程中，引起误动的主要原因是环境条件与使用条件。环境条件越苛刻，如温湿度过高、过低、振动、灰尘等，越容易发生误动。同时，维护、保养和使用规范等管理制度不合理及工艺方法不严操作失误等也是导致机器误动的重要因素。

3. 施工环境因素分析

环境因素是施工生产过程中影响安全的另一重要因素。

环境因素主要包括物理化学环境和心理环境。物理化学环境对劳动者的身体健康的影响主要取决于各因素的强度与性质，凡在生产环境和劳动过程中直接损害人体健康的因素，都称为职业危害因素，也是安全工作应予防范的因素，主要包括以下几种：

（1）微气候

所谓微气候是指作业场所的气候条件，主要包括空气的温度、湿度、风速和热辐射等4种因素。作业中不适当的气候条件会直接影响人的工作情绪、疲劳和身体健康，容易造成工作失误和发生事故。

①气温

气温是评价工作环境的主要因素，它对人的影响较为直接，分为高温作业、常温作业和低温作业。工作场所气温的高低取决于季节特性、地区特性以及各种热源放散在空气中的热量的多少，施工现场高气温的产生主要是由于太阳的照射、生产上的热源和人体散热所致。

②气湿

气湿也叫湿度，指空气中所含的水分，湿度与温度是不可分离的环境因素，但是与温度相比它很少引人注意，湿度常用相对湿度表示，它是在某一温度下，空气实际水蒸气量与饱和水蒸气量之比的百分数，一般来说，相对湿度在80%以上，称为高温，低于30%，称为低湿。生产作业环境中的气湿主要是由于生产过程中水分蒸发、湿式作业时人为洒水所造成，在高温条件下，高湿使人感到闷热，在低温条件下，高湿使人感到阴冷。

③风速

气流速度的大小与人体散热速度有直接关系，因此它是评价气候条件的主要因素之一。工作场所的风速与通风设备及温差、风压形成的对流有关。空气中的温差，是造成空气流动的主要因素之一，室内外温差越大，产生的气流也就越大。

④热辐射

热辐射主要来自红外线及一部分可视线。红外线虽不能直接使空气加热，但它被周围物体吸收时，辐射能就变成热能，使物体成为二次辐射源。当周围的物体表面温度高于人体表面温度时，则向人体放射热量，称为正辐射。反之称为负辐射。太阳的辐射以及生产作业场所中电焊、气焊都能放出大量的热辐射。这种热辐射除了作用于人体外，还可使周围物体温度增高，并以辐射、对流散热等方式再作用于人体。

（2）辐射

辐射是指波动（机械波或电磁波）或大量微观粒粒子（如a粒子）从它们的发射体出发，以射线形式在空间或媒质中向各个方向传播的过程，也可以指处在这种过程中的波动能量或微观粒子本身。建筑业中的辐射主要是紫外线辐射。工地上常用的电焊等都可产生这种辐射。人体接触过强的紫外线，对皮肤产生影响，引起红斑反应，发痒，形成小水疱和水肿，并会产生头痛、疲劳、周身不适等症状。电弧光可引起电光性眼炎，眼睛剧疼、畏光、流泪、眼睑痉挛、结膜炎等。

（3）空气成分

在人的生命活动中，气体代谢是最重要的环节之一。人不断地吸入氧气，排出二氧化碳和一些其他气体。

空气中氧气的含量减少，会影响人的呼吸。氧气含量在15%以上时，不会有很明显的不利影响，氧气含量降到15%以下时，人将嗜睡，动作迟钝，呼吸急促，脉搏加快。氧气含量降到10%以下时，人会发生休克、死亡。在一些通风不良的工作环境，例如隧洞等，如果发生易氧化物质的氧化反应，氧气的含量就会减少，易发生缺氧现象，此时应保证空气中氧气含量不得低于19%。

此外，在高速公路施工现场，还经常会有二氧化硫气体存在。产生二氧化硫的主要来源是在沥青熔化过程。二氧化硫是窒息性气体，对人体危害甚大。但只要不在狭小空间熔化沥青，就可避免人身事故。

（4）粉尘污染

粉尘是指能够较长时间在空气中保持悬浮状态的固体微粒，在生产过程中所产生的粉尘叫做生产性粉尘。这种生产性粉尘污染生产或生活环境，可导致经济损失及人体的损伤。如土石方开挖时，汽车运输和无粉尘净化装置的钻机钻孔过程，均可使人引起以肺组织纤维化为主的全身性疾病——尘肺。

粉尘对人的影响主要有：对人体的影响和对心理的影响。人体对于进入呼吸道的粉尘，具有本能的虑尘、传递和吞咽等防御和消除功能，可将大部分粉尘消除，但有2% ~ 4%进入肺泡周围组织而沉着于肺内或进入血管、淋巴管，引起病变。其中尘肺是最严重的危害。据统计，发生尘肺的工作场所平均粉尘浓度是5 ~ 20mg/m^3。因此工作场所粉尘浓度的最大范围应为3 ~ 10mg/m^3。长久吸入含二氧化硅10%以上的粉尘所引起的尘肺为硅肺（亦称矽肺）。此外，还有硅酸盐肺和混合性尘肺等。粉尘对心理的影响，使人产生不舒服、厌恶感，及急躁、缺乏耐心的情绪，成为情绪和动作不稳定的一个因素，甚至讨厌工作。粉尘还会妨碍照明效果，使环境变得灰暗，人们完成同样的工作需要付出更大的努力。因此，对工作质量和安全都产生不利的影响。

此外，粉尘还会污染生活环境和生产环境，会使机械设备磨损加快，减少其寿命，增加不安全性等。

心理环境因素。环境可以分为自然环境和心理环境，自然环境包括外部世界和各种组成形态，而心理环境则主要是一个人可以出反应的部分。

人机系统的工作总是在一个具体的、特定的工作环境中进行，这种环境因素不仅对人的心理有着很大的影响，而且直接关系到人操作的准确性。在工作中，影响人们心理环境的因素主要有色彩、噪声与振动、照明和工作压力软环境等因素。

4. 组织管理因素分析

要实现高速公路建设这一个复杂系统的安全高效运转，有效的组织管理体系无疑是重要的因素。上述各种因素的不安全状态，可以说都与管理有关系，也都可以通过良好的管理得以控制和改善。统计显示，一个小的意外、一个简单的原因，很难构成一次灾难。灾难的发生往往是操作失误、机械运转不良、偷工减料等因素综合作用的结果。如前所述，只有灾难黑链上的所有短链都链接上，灾难才能发生。而对人、物、过程、环境等因素的良好管理正是断开链接点的最有效手段。

高速公路的建设管理涉及宏观产业管理和微观的企业管理两个层面。总体上，我国高速公路建设的各级管理相对于其他建筑行业比较规范，建设施工、监理单位等资质较高，因此发生的施工安全和质量事故较少。但这并不意味着没有安全的隐患，具体说明包括以下几点：

（1）就产业层面而言，目前我国高速公路建设过程中存在的对安全不利的主要因素有：

我国高速公路建设的业主是政府交通管理部门，政府部门的管理和协调效率，施工单位的企业化运作模式与业主的政府运作模式之间的协调，以及交通运输部门与当地行政管理部门之间的协调，都将直接关系到施工过程的顺利进行。

建设和监理的招投标过程存在无序竞争，存在恶意竞标，导致竞标价格较低，势必会给后续的施工和管理过程带来较大压力，埋下了事故隐患。

建设征地的赔偿问题突出，导致施工单位进场后无法正常作业，不仅造成较大的经济损失，还会严重干扰施工生产的正常节奏和连续性，同时延误的工期也会因为要赶工期从而给施工单位带来较大的工作压力，这些都将使事故（包括施工安全事故和工程质量事故）发生的概率增加，甚至可能导致恶性事件发生。

物价的较大幅度上涨导致增加的成本，由于暂时得不到业主明确的解决数量及途径，也会给施工企业带来经济压力。

（2）微观层面

施工企业普遍建立完善了三大体系，安全、质量、环境等内部管理制度较为完善。存在的比较突出的问题，集中在做好与当地政府及村民的协调；如何保质保量保安全保成本地把延误的工期赶回来；露天作业环境下如何减少自然灾害对工程的影响等。

（三）高速公路建设的环境灾害致灾机理

在特殊的生态环境区内兴建高速公路，路域内将形成一个人文与自然相互影响的景观生态系统，各环境因子与景观要素（包括灾害）对高速公路施工安全会产生影响，而公路的占地、施工等活动也会对路域生态环境形成很大压力，甚至造成威胁生态环境安全的灾害。环境对公路施工安全的影响因素主要是各种自然灾害和社会环境的影响，这在前面的分析已有所涉及。这里讨论的重点是后者，即高速公路的建设施工对域内自然生态环境及社会环境的灾害影响。

1. 高速公路建设对自然环境的灾害影响

高速公路建设过程中，对沿线一定范围内的生态环境产生的影响主要有：

(1)野生植物、野生动物及栖息地的影响

路基、路面等工程施工区或采石取土区，会在不同路段对森林、草地、湿地、荒漠等产生一定程度的破坏。公路施工还会干扰沿线的野生动物的正常活动，有可能对某些珍稀濒危动植物产生一定的伤害，对生物的多样性造成不利的影响。

(2)水土流失的影响

破坏公路用地范围内的地表植被，产生新的裸露坡面，诱发新增水土流失量。工程建设过程中所产生的大量取土和弃土、弃渣及临时施工便道以及土石渣料，经暴雨或大风不可避免地产生水土流失。

(3)水环境的影响

高速公路建设对水资源的影响包括对地表水质的影响和地下水质的影响。

施工中的生活垃圾和施工废料乱堆乱放，施工中的生活污水、施工污水和施工机械油料的跑、冒、滴、漏，不文明施工抛洒的混凝土拌和料，汽车的尾气等，都会造成公路沿线地表水环境的污染。另一方面，高速公路建设会改变地表径流的自然状态，公路的阻隔作用使地表径流汇水流域发生改变，加快水流速度，导致土壤侵蚀加剧以及下游河道淤塞，甚至会导致洪水的发生。施工过程中，还会使有害物质进入土中，干扰地面水、地下水流向，改变地下水资源埋藏和运动条件，破坏正常的自然规律。水文扰动会导致水流与数量的变化，进而影响沿线的动植物。开挖路基时会影响河流的稳定性。例如，大量弃土倾人河谷、河道，使河床变窄，易引发山洪、泥石流等灾害。如果公路挖方路段位于地下水位线以下，则会导致路基边缘及开挖的山坡渗水，最终导致地下水位的下降，地表植被萎缩或枯死，土地可蚀性增加，导致水土流失，甚至滑坡现象，进而破坏生态平衡。在填方路段，路基会使地下水上游水位抬高，下游水位下降，最终导致类似后果。公路隧道的渗水有时也会产生类似的后果。

(4)破坏重要的生态系统

高速公路施工可能会破坏某些重要的生态系统，如：湿地生态系统、热带雨林生态系统、原始森林生态系统、自然保护区等。这些生态系统孕育的生物种特别丰富，对生态平衡有着不可估量的作用。其实际价值远比我们所认识到的要珍贵的多，如果对这些生态系统的重要性认识不够，公路建设活动会严重影响这些重要的生态系统，甚至会造成无法挽回的损失。

(5)破坏原地形地貌

路基开挖或堆填，会改变局部地貌，产生许多不稳定因素。在地质构造脆弱地带易引起崩塌、滑坡等地质灾害。

2. 高速公路建设对社会环境的灾害影响

高速公路建设施工中对沿线两侧范围内社会的影响重大。所谓社会环境，按《公路建设项目环境影响评价规范》(试行)中规定的内容，主要包括社区发展、居民生活质量、基础设施、矿产资源利用、土地利用、旅游资源、文物资源、城镇发展规划等。具体将主要有：

（1）拆迁再安置

高速公路建设施工对社会环境比较突出的影响，是在主体工程正式开工前，对部分居民的拆迁与再安置。这是由于高速公路建设项目的特点所决定的，高等级公路都存在不同程度的拆迁与再安置问题。这一问题目前在我国尤为突出，其遗留问题甚至会严重制约高速公路的后续正常施工，甚至会埋下事故隐患。

（2）基础设施与资源利用

高速公路建设项目在施工过程中对公路沿线的通讯设施、水利排灌设施、电力设施以及矿产资源、旅游资源、文物资源等都会产生干扰。

（3）现有交通环境的影响

高速公路施工时，大量的公路建筑材料将通过汽车运输来完成。由于新建公路与现有的低等级公路或县、乡公路相距不远，而运送筑路材料多半是通过现有公路来完成，就会造成现有公路上汽车流量的大量增加，明显地干扰了现有公路上的正常交通秩序，导致施工交通事故发生的概率增大。

（4）土地资源

土地资源是指现在和可预计的将来能够产生经济价值的土地。土地是农业生产中最基本的生产资料，也是工业、交通、城市建设等不可缺少的宝贵自然资源。高速公路建设对是用地大户，平均每公里会损毁林草地 3.2 公顷，占用耕地 5.8 公顷。高速公路建设对土地资源的影响主要有以下几个方面：

公路永久性占地：公路永久性占地数量大，会加速本已不多的耕地资源的减少，加剧对剩余耕地的压力。

施工期的临时用地：由于公路施工作业具有极强的流动性，在施工期需要临时用地，包括施工便道、拌和场、施工营地、预制厂、原材料堆放场地等。这些施工活动使土地的农业生产暂时受到影响。

施工期间的环境污染效应使周围的农田肥力下降，降低土地的生产力。

（5）景观的破坏

任何一条高速公路在施工过程中都难免会对自然、人文景观产生一定的影响。高速公路施工中往往注重高速公路的功能因素（安全、迅速），而忽视了环境因素的倾向，加重了对自然和人文景观的破坏。这主要表现在以下几个方面：

高速公路路基的高填、深挖、乱挖、乱弃土石方，破坏了原有地形、地貌。公路等级越高，线形标准要求越高，路基填挖高度越大，对自然地形、地貌的破坏也就越严重。

高速公路穿越森林、农田、水网、村镇等，造成对自然景观的人为分割。

高速公路的结构、造型、色彩设计不合理，造成公路与周围景观比例失调、色彩不

和谐或公路所处的文化氛围不吻合。

高速公路施工造成对沿线自然保护区、历史文化遗迹等的破坏。

3. 环境污染

（1）大气污染

施工期间各种车辆和施工机械会排放大量含有如PM（微粒，碳烟）等、CO（一氧化碳）、NOx、HC+NOx（碳氢化合物和氮氧化物）等有害成份的尾气，对环境造成危害。施工工地装卸、堆放材料及施工过程中由于地面干燥产生的扬尘，不仅严重影响沿线居民的生活和环境卫生，还会增加大气浮尘含量。沥青路面施工现场及沥青拌和厂拌制混合料的过程中，释放大量的沥青烟，对动植物及人体都有很大危害。

（2）噪声污染

高速公路施工中使用的推土机、铲运机等大型机械产生的噪声高达100db以上，施工中土石方的爆破、材料的运输、破碎和拌和、路面的摊铺、碾压等，都不同程度地形成了扰乱附近居民生活的施工噪音。

（3）固体废弃物污染

高速公路建设期间，要废弃大量固体材料，如砂石料、石灰块、水泥块、粉煤灰、石灰、水泥等，其中有相当一部分散失在施工工地的周围，造成土壤或河流污染，施工人员生活和工作产生的垃圾也会对周围的环境造成污染。

第三节　高速公路建设灾害的预警管理体系分析

一、高速公路建设灾害预警管理体系的内容

高速公路建设灾害预警管理的活动，包括预警分析与预控对策两大模块的内容。

高速公路建设灾害预警管理系统由预警分析与预控对策两大任务体系构成。预警分析是对高速公路建设期的各类灾害事故，包括自然灾害、社会灾害、施工中发生的人身伤亡事故、设备损坏事故、施工质量事故等进行识别分析与评价，由此做出警示，并对高速公路建设期灾害现象的早期征兆进行即时矫正与控制的管理活动。

（一）预警分析的内容

管理预警分析包括四个活动阶段：监测、识别、诊断与评价。

1. 监测

监测是针对高速公路建设活动中的重要致灾因子，即对高速公路建设管理中最可能出现灾害或对高速公路建设安全具有举足轻重作用的活动环节与领域的过程监测和信息处理。过程监测是对被监测对象的全过程、全方位的监视；信息处理是对大量的监测信息进行分类、存储、传播，建立共享的信息档案，进行历史的和社会的比较。这个信息档案中的情报是整个预警管理系统共享的，它将监测结果的信息准确及时地传输到下一个预警管理环节。监测的工作手段，是应用科学的监测指标体系并实现程序化、标准化、数据化；监测活动的主要对象，是高速公路建设的设计、施工、监理、决策等管理环节。

2. 识别

通过对监测信息的分析，可确立高速公路建设活动中已发生的灾时（灾害）灾害现象和将要发生的灾时状态活动趋势。识别的主要任务是应用评价指标体系对监测信息进行分析，判断哪个环节已经发生或即将发生灾害现象，必要时准确报警。“灾时状态识别”活动对整个预警系统的活动是至关重要的。

3. 诊断

对已被识别的各种灾害现象，进行成因过程的分析和发展趋势预测，以明确哪些灾害现象是主要的，哪些灾害现象是从属的、附生的。灾时状态诊断的主要任务是在诸多致灾因素中找出主要矛盾，并对其成因背景、发展过程及可能的发展趋势进行准确定量的描述。

4. 评价

对已被确认的主要灾害现象进行损失性评价，以明确高速公路建设活动在这些灾害现象冲击下会继续遭受什么样的打击。灾时状态评价的主要任务有两个：一是进行高速公路建设项目的损失评价，包括直接损失或间接损失；二是进行社会损失的评价，包括环境损失和社会波动后果的评价。灾时状态评价活动的结论，是高速公路建设组织采取“预控对策”系统开展活动的前提。

（二）预控对策的活动内容

高速公路建设灾害预警管理系统的活动目标是实现对各种灾害现象的早期预防与控制，并能在严重的灾害形势下实施危机管理方式。它包括组织准备、日常监控、危机管理三个活动阶段。

1. 组织准备

组织准备指开展预警分析和对策行动的组织保障活动，它包括整个预警系统活动的制度、标准、规章，目的在于为预警活动提供有保障的组织环境。组织准备有两个特定任务，一是规定预警管理系统的组织结构（机构、职能设定）和运行方式，二是为处于灾难状态下的危机管理提供组织训练与对策准备，即对策库。组织准备活动是整个预警

系统的组织准备过程。

2. 日常监控

日常监控指对预警分析活动所确定的主要灾害现象进行特别监视与控制的管理活动。日常监控活动有两个主要任务，一是日常对策，即对灾害现象进行纠正活动，防止该灾害现象的扩展蔓延，逐渐使其恢复到正确状态；二是危机模拟，即在日常对策活动中发现难以有效控制灾害现象时，对可能发生的危机状态进行假设与模拟的活动，以此提出对策方案，为进入“危机管理”阶段做好准备。日常监控的对象主要是在预警活动中确立的各种灾害与事故隐患，这三者既可以被日常对策所控制和矫正，也可以因失控而导致灾害危机状态。

3. 危机管理

当日常监控无法有效制止高速公路建设灾害征兆而陷入灾难性危机时，要采取的一种特别危机管理方式。它是在高速公路建设管理系统已无法控制灾时状态或领导层基本丧失指挥能力的情况下，以特别的危机计划、领导小组、应急措施，介入对高速公路建设灾害的管理过程。一旦灾害局势恢复到正常可控状态，危机管理的任务便告完成，由日常监控环节继续履行预控对策的任务。危机管理是一种“例外”性质的管理，是只有在特殊境况下才采用的特别管理方式。它包括特别危机计划、危机领导小组、紧急救援体系、社会救助方案等。

二、高速公路建设灾害预警管理体系的构建

（一）高速公路建设灾害预警管理体系的结构

高速公路建设灾害的发生与发展是高速公路建设管理部门在环境变动的不良冲击和内部管理不良的诱导下两者相互作用的产物。因此，相关管理部门在考虑预警管理战略时，应当针对前述的高速公路建设灾害成因的基本特点来设计预警管理体系。根据预警管理理论的思想与原理，建设预警管理体系的构成，应当考虑为四个部分（要素）：外部环境变动的预警系统、内部管理不良的预警系统、灾害预警信息管理系统和灾害危机预警系统。

高速公路建设灾害预警管理体系由四个子系统有机构成，它们是高速公路建设管理大系统中的有机部分，即战略管理体系、执行管理体系、预警管理体系、灾害危机管理系统。预警管理体系的内部关系，是外部环境预警系统、内部管理预警系统、预警信息管理系统三者的交互关系，统一归纳于预警体系。高速公路建设灾害的危机管理系统则处于双重管理之下，既受预警管理系统的业务领导，又受战略管理系统（决策层）的策略领导，一旦危机征兆严重或陷入危机，它直接隶属决策层管理。

外部环境预警系统和内部管理预警系统的业务活动是并行的和交互的，所谓“并行”是两个子系统各有独立的监测与预警对象、独立的诊断与报警和独立的方法指标。所谓

“交互”是监测信息的交流与共享以及预警工作流程的统一运作。而预警信息管理系统的业务活动是完全依附于其他三个子系统运作的，它将另三个子系统的所有监测、识别、诊断、警报的信息统一归纳于专题数据库中，然后按照现代信息管理的方法进行处理，再输出至预警系统。预警信息管理系统本身具有分析功能和决策支持功能，这也是它的核心功能，即将各种预警的初始信息，通过预警管理模型的规范分析，提出多方案的对策选择，以供管理人员参考和使用。此外，预警信息管理系统中的对策库，即专家知识库和模拟方案库，将对高速公路建设期上可能发生的重大变化预先提出方案，其中包括建设灾害危机管理策略与方案。

灾害危机管理系统，同其他三个子系统是并行的，它的活动仅限于特别监测对象的预警活动，即只对建设期施工与管理活动在某些时空条件下的某个变化点进行预警，该子系统的主要任务，是当灾难问题难以控制时做出警告和对策建议。因此，它在预警体系中的地位特殊，其平常业务隶属于预警管理系统，一旦出现危机则隶属于建设组织最高层机构，这是它在管理体系中的纵向“交互”关系。而在预警信息管理方面，它同外部环境预警、内部管理预警子系统同预警信息子系统的关系完全一致。

（二）高速公路建设灾害预警管理体系的工作流程

根据高速公路灾害预警管理体系的结构和高速公路建设活动的客观过程，高速公路建设灾害预警管理系统活动的业务流程表现为图 4-1 所示。

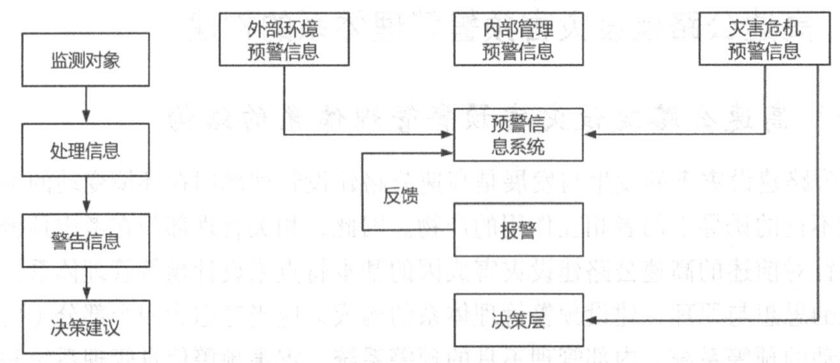

图 4-1　公路预警管理系统的业务流程图

外部环境预警和内部管理预警的各种初始化信息直接流向预警信息系统，经过该信息系统分离处理，提出是否报警以及报警内容的提示。而进入报警程序后，报警系统根据报警准则和高速公路的建设管理状态，做出是否向管理当局报警的决定，并将报警事件的预先对策选择出来。如果决定报警，则界定警级和报告对策方案至高层，如果不决定报警则将此程序的工作结果反馈至预警信息系统加以储存和处理。

高速公路建设灾害危机预警信息的处理流程具有特殊性。由于它的信息点与信息量不多但均是敏感和非常重要的信息，因此它的信息一方面进入预警信息系统进行处理和进行下一步的报警及预案制定，另一方面它的信息直接输出至决策层供高层领导直接处理。换言之，危机预警信息的流程既要遵循外部环境和内部管理预警信息的流程，同时又直接服务于决策层。这样，可以保证重大灾害发生的征兆识别和紧急处理能够在多层管理岗位上实现，帮助高速公路建设管理部门快速反应。

（三）高速公路建设灾害预警管理体系的运转模式

依照预警管理理论所提出的原理，高速公路建设灾害管理的预警预控是对因外部环境或内部管理问题产生的不同致灾因子进行监测识别、诊断、评价、预控等。

高速公路建设灾害预警管理系统的运转应围绕着外部环境、内部管理开展其活动。对建设活动运行状态的预警预控会产生两种结果：正确有效的管理使劣性趋势转变为良性趋势，而错误失败的管理使劣性趋势加剧而产生危机事件，但预警系统可以采取危机管理方式，其预警与预控活动的成功结果是功能恢复正常，呈现良性趋势发展，进入安全状态；失败后果是进入整体的瘫痪状态，造成严重的社会危难。不论建设活动是由灾时状态还是由灾难状态转入安全运营状态，其活动过程和结果的参数，都将反馈输入到预警管理系统中的监测信息系统中，以合理调整和优化下一过程的预警活动。由此，整个预警管理活动形成了一个循环。其运行过程的组织，将由特别设置的预警管理机构来实施。

三、高速公路建设灾害对策

（一）高速公路建设灾害的预控对策

高速公路施工将改变原有地貌自然稳定状态，易于诱发崩塌、滑坡等地质灾害，同时施工现场人员多、环境恶劣，工地上又常常交通不便、缺医少药，一旦发生重大灾情，救灾十分困难。设计阶段深入细致的地质工作可以确保施工时不出现大的地质病害，施工阶段细致的地质工作可以确保运营期间不出现大的地质病害。

1. 施工项目管理

导致许多桥梁垮塌、高速公路塌陷的原因之一是由于在项目前期工作阶段，缺少对现场地质情况的准确掌握给工程设计、施工留下隐患。一些工程建设项目施工时断时续，业主、施工、监理三方相互扯皮，相当一部分就是因为工程实地的地质情况与事先提供的资料之间有较大出入。

在自然条件恶劣，地形、地质条件复杂，地震活动频繁地区修建高速公路，应采用航测、遥感、GPS 等综合勘察设计手段，加强基础资料收集和调查工作；在路线方案选择中要综合考虑生态环境保护、水土保持、地质灾害等影响因素，特别注意设计方案实施的可能性；新建高速公路工程应避免设计高陡边坡、深挖路堑，路堤高度大于 20 米应采用高架桥，路堑深度大于 30 米应采用隧道方案，对岩石破碎、易于发生石块崩落的路段，应及时封闭坡面并设置牢固的坡面防护系统，确保安全。

施工可阶段要贯彻地质选线原则进行初步地质灾害评估，配合路线方案设计，进行必要现场勘察和重点路段调查，设法绕避灾害区，反复对比优选出工程地质条件最好、地质灾害最少、工程建设对地质环境的不利影响最小的路线走廊带，真正贯彻地质选线的原则。

初设阶段重点突出重大地质病害对路线方案的制约，比较优化不同路线方案，对地质较为复杂地段还应注意在设线后诱发并加剧地质病害的可能性，谨慎确定路线线位和采取的工程措施。沿初步拟定的路线线位，进行全线勘察，对重点工点进行地质调查，得出初拟线位沿线的基本工程地质情况，评估路线方案的可行性，发现重大不良地质地段或预测工后会出现难以治理的地质病害的路段要及时反馈信息，以便尽快调整路线线位。基本确定路线方案后，及时委托有资质的单位进行建设用地地质灾害危险性评估工作。当工作中发现仍有重大的地质病害存在或有潜在的重大地质病害时，必须及时调整线位。

施工图设计阶段应详查工点地质条件，贯彻综合设计原则。初步设计阶段的各种地质工作已基本查明高速公路沿线地质条件，本阶段应详查高边坡和不良地质体的勘察和预测。对于筑路材料料场和弃土场的勘察一定要重视，以前山区公路曾出现过取土、弃土场所不合理，乱挖乱弃，破坏环境，导致水土流失的事例。对地质资料要充分利用，桥位、隧道、路线各有一套地质资料，但彼此经常脱节。

建立地质灾害预警防范机制，进行地质灾害危险性评估，做好防灾预案，做好高速公路建设中地质灾害的监测评估、预防和宣传工作，使自然灾害监测成为项目建设管理中的习惯性行为，增强工程建设人员防灾抗灾的意识。在施工期间对复杂场地可以进行补充勘察，把施工期间的勘察工作视作设计期间勘察工作的重要补充。隧道的超前预报、边坡的动态监测都是施工阶段必须要进行的工作。发现边坡、隧道等有失稳的趋势之后要立即反馈业主和设计单位，并及时采取合适的加固措施，避免边坡、隧洞大面积失稳。

设计阶段的勘察工作对地质现象和地质规律的认识往往是不全面的，甚至是错误的，据此进行的设计只能称为预设计。在边坡或隧道断面开挖以后，很多问题才会发现，此时应对照原有勘察设计方案，发现新的问题之后通过合理工序及时调整设计方案。建立地质灾害动态性监测数据库，变被动防范为事前监控，设立地质变动情况定期观测控制点，加强对地质灾害的预控，及时采取措施，加强施工过程中的预加固、截排水等辅助施工措施和监测预警工作，减少突发性灾害和意外发生。要密切配合国土资源行政主管部门编制年度公路沿线地质灾害防灾预案，报批后组织实施。交通行政主管部门应根据防灾预案在汛期前组织有关单位对公路沿线地质灾害隐患点进行排查，并做好监测和预警工作，工程监理应增加预防地质灾害记录。

施工企业依据施工合同有关规定，应及时办理工程保险有关事宜，建立健全工程项目合同管理制度，视情况配备专职或兼职的合同管理人员，随时检查工程项目合同的有关情况，通过工程保险等途径消除或转嫁风险。将防灾、质量、安全生产管理工作制度

化、规范化、标准化。各交通质量监督站、各项目法人单位，对在建工程施工现场容易引发地质灾害、高空坠落、坍塌、触电、爆炸等关键部位和施工工序进行重点安全检查，加大对防灾、质量、安全生产的监督力度；加强对农民工的岗前培训和现场技术指导，加强施工机械、设备的维修保养，防止因机械失灵诱发安全事故；及时发现安全生产隐患和薄弱环节，堵塞漏洞，消除事故隐患。省级公路管理机构，应提前做好公路防汛抢险预案工作和报警制度，做好抢险机械设备和筑路材料等必要的技术和物资储备；当水毁等自然灾害发生后，公路养护部门应立即组织抢修或修筑临时便道、便桥，尽一切可能确保公路运输安全畅通。

2. 施工安全管理对策

坚持安全第一、预防为主，实施安全生产目标管理，确保无工伤死亡事故、无重伤事故，不发生交通死亡事故及壹万元以上交通物损事故，不发生压力容器爆炸事故及机械设备事故和管线损坏事故，安全生产考评达标。

根据安全生产保证体系，项目设专职安全人员负责日常安全管理工作，施工条线设安全监控员负责操作安全监控、及时制止违章，施工队伍设兼职安全员负责施工队伍三上岗工作记录。根据安全生产目标，推行项目安全生产目标管理，制定安全生产责任制，通过目标层层分解实现全员管理和全过程管理。建立健全安全管理制度，严格执行分项工程安全技术交底制度，特殊工种持证上岗制度等。经项目经理授权，项目安全员可独立行使安全否决权，一旦发现安全隐患、违章，立即签发整改单。进场施工队伍必须经过安全三级教育，设立专门安全宣传栏，宣传内容根据工地不同情况做到有针对性，施工现场设立醒目的安全标志、标语、提示，做到警钟长鸣。班组每天进行三上岗工作，即上岗交底、上岗检查、上岗记录，工种安全监护全天候对施工作业进行安全监控，及时制止违章。安全员每天进行安全巡查，及时签发整改通知。每周对班组三上岗进行检查，由项目经理组织的安全员、施工员，全体班组兼职安全员参加的安全大检查。

3. 施工质量管理

实行全面质量管理、进行全员培训、实行质量责任制建立质量保证体系，由项目经理任组长项目工程师任副组长，成立由质检、工长、试验员组成的质量检查小组，制定奖优罚劣制度和各种质检措施。项目工程师明确各部分项工程当中质量控制点，使质检人员、工长在本项工程施工前就明确该项工程中质量重点，提前制定措施，将质量弊病消灭在萌芽状态。班组实行自检、互检、交接检制度，班组长主抓质量，每个班组另设兼职质检员。每个项目开工前工程师做好技术交底。质量小组随施工进行各分项工程质量检查，必须做好外加工、成品「半成品进场材料的抽样检查及外定货开箱检查，收取进场合格证书，做好开箱检查记录。试验员做好全程原料试验，砼试块，砂浆试块及配比试验以及防水、地板砖等各种需检验的材料的试验，严把实验这一关。组织质量控制QC小组，配备足够人员，开展全面质量管理工作，有针对性地解决。施工中出现的质量难题。

4. 施工风险管理

高速公路建设灾害有很多因素导致，高速公路建设灾害影响可通过风险评估测定，风险评估包括灾害发生概率及相应后果分析，后果是所有补救工作的成本以及受影响用户的经济损失成本，补救工作成本可根据灾害程度及补救方案视为定值。每种自然灾害的强度等级都有一定范围，而每年不同强度的各种灾害发生的可能性（概率）是不确定的。因此需对各等级灾害发生的频率及相应的后果进行评估。

（二）高速公路建设期的灾害危机应急对策

高速公路建设灾害预警要明确路线内主要灾害隐患点、隐患区段的分布、威胁对象和范围、重点防范期和防范重点，制定具体可行的灾害监测和防治措施。对灾害隐患点和易发区段进行定期和不定期的检查，加强监测和防范。将当地已查出的自然灾害危险点、隐患点的危险区范围、监测方法、预警方式、撤离路线和防灾任务、要求、责任制成灾害防灾明白卡，发给受灾害威胁的人员。建立自然灾害预报制度，相关部门加强协作，开展自然灾害气象预报预警工作，及时将预警信息报告有关主管部门，并向公众发布，通知当地政府做好防范工作。及时处置灾情、险情报警信息，组织专家进行分析、评估和预测，确定预警级别，提出应采取的预警措施。做好应急准备工作。

成立高速公路建设灾害应急指挥部，下设紧急抢险组、调查监测组、医疗救护与生活保障组、治安维护组、设施修复组、应急资金保障组，其功能包括信息采集、灾害预警、灾害评估、决策指挥、灾害救助、系统管理等。

高速公路建设灾害应急预案主要内容包括：应急机构和有关部门的职责分工；抢险救援人员的组织和应急、救助装备、资金、物资的准备；灾害的等级与影响分析准备；灾害调查、报告和处理程序；发生灾害时的预警信号、应急通信保障；人员财产撤离、转移路线、医疗救治、疾病控制等应急行动方案。实施应急预案时，应对路段险情进行调查、会商，分析灾情发展趋势，及时提出应急对策确定抢险避灾方案。根据灾害成因、类型、规模、影响范围和发展趋势，划定灾害危险区，设置危险区警示标志，进行后续灾情监测和评估；按照当地政府确定的预警信号和撤离路线，组织危险区内人员和重要财产撤离，情况危急时，强制疏散。同时对已经发生或可能引发的各种次生灾害进行抢险和防范。

交通运输部门应主动服从和支持上级和同级人民政府的灾害管理工作，根据突发性灾害的严重性、可控性、影响范围和所需动用的资源等因素，应急工作实行统一领导、分级负责，分级设定和启动应急预案。省级政府负责统一领导、组织指挥和协调省内特大型、大型突发性灾害的应急工作；区市、县级人民政府统一领导、组织、指挥和协调本行政区中型、小型突发性灾害的应急工作。应把预防作为应急工作的中心环节和主要任务，加强建设灾害易发区、危险区的监测预警工作，制定年度防治方案，做好应对突发性灾害的人员、技术、物资储备，完善工作机制，运用信息化手段，提高突发性灾害的应急处置能力。

交通运输部门应同国土资源、建设、水利、铁路、等相关部门，明确突发性灾害应急工作的各自职责、权限，加强相互配合，建立资源整合和信息共享机制。

第四节 高速公路灾害预警体系科学性与完整性

一、预警管理体系的构建

预警组织管理体系是高速公路建设灾害预警管理体系发挥功能的载体，没有有效的组织管理体系，预警功能的实现即是一句空话。本章即从社会管理体系的角度，多角度多层面的设置预警组织管理体系，以全方位的保障高速公路的建设安全。

预警组织的建立，从两个层面进行建立，即外部层面和内部层面，外部层面包括国家、行业和社会群众三个层面，内部层面包括企业层面、中介层面和职工层面三个层面。

对高速公路建设灾害的预警体系应该是国家、行业、企业与外界第三方（包括中介机构、内部职工和社会群众）四位为一体的预警体系。四个方面各自建立预警体系，才能有效防范高速公路建设中灾害的发生和发生后的有效救援。

二、预警组织体系科学性与完整性

预警体系的科学性与完整性主要体现在外部预警体系与内部预警体系两个方面。

（一）外部预警组织层面

1. 国家层面分析

我国政府从事高速公路建设行政管理职能主要是中央和省一级政府中相关职能部门对高速公路建设进行立项审查、方案审批、建设监督、资金调配等。交通行业中央企业的生产安全监督管理由交通运输部负责；交通建筑施工安全监管也由交通运输部负责实施；公路和水路施工安全监督管理由交通运输部基本建设质量监督总站负责。

政府主管部门对建设工程安全生产的监督管理由各级建设行政主管部门对建设工程安全生产的监督管理职责，严格对安全生产情况进行监督检查，依法及时进行纠正和处置，促进建设工程安全生产工作的发展。交通厅主要负责组织高速公路项目前期工作、项目设计和建设过程的具体协调及监督工作。当高速公路项目的预可行性研究、可行性研究、初步设计、施工图设计等工作完成后，省交通厅要及时会同省计委向交通运输部和发展改革委员会上报技术文件，申请组织专家论证。国家发展改革委员会一般委托其直属的中国国际工程咨询公司，交通运输部一般委托其直属的公路规划设计院，组织专家来完成相应技术审查论证工作。得到专家组认可后政府主管部门才能下达有关批准文件。高速公路项目建设开工也要得到国家计委或交通运输部批准命令方可进入具体建设过程，交工验收和建设项目后评价一般由省交通厅会同省级政府有关部门或组织有关单位来完成。

2. 行业层面分析

交通运输部负责组织实施国家重点公路工程建设，指导交通行业体制改革；拟定公路建设和道路运输的行业政策、规章和技术标准；维护公路行业的平等竞争秩序；引导交通运输行业优化结构、协调发展；组织公路及其设施的建设、维护、规费稽征。监督管理重点公路建设项目的实施。

我国高速公路建设过程中的具体组织管理工作以省级地方政府为主进行，由于高速公路建设涉及地方政府中的交通、土地管理、农业、水利、环保、电力、铁道及银行等部门，涉及公路途经地区的地、县、乡、村各级利益主体，必须有省政府协调和指挥调度，地方各级政府大力支持配合，确保高速公路建设顺利展开。因此现阶段我国高速公路建设中省级政府的组织管理机构大都是成立以省政府主管领导为首的建设指挥部或领导小组，统一领导和协调高速公路建设中的环境保障甚至具体的生产指挥及组织过程。

省级重大建设项目的提出、批准和管理一律由省交通运输厅和省发展改革委员会共同负责，但以计划部门为主；资金管理由交通运输厅和财政厅共同负责，以财政部门为主；项目法人的任用和监管由交通运输厅、省国资委共同负责；高速公路建设项目的招标由省建设厅主管；交通厅主要负责对交通运输发展战略的规划管理、工程质量和交通运输的行业管理以及公路建设和运输管理的协调发展。高速公路规划一般由政府交通主管部门负责制定，高速公路项目预可行性研究报告、工程可行性研究报告、初步设计和施工图设计，由政府交通主管部门或其它建设业主，委托具备相应资质的勘察设计单位完成。交通运输主管部门要会同计划、土地、环保、文物等政府有关部门，对各阶段前期工作报告或技术文件进行评审，并按审批权限进行批复。

（二）内部预警组织层面

1. 业主层面

实施项目、资金、市场相互分离、彼此制衡的交通投资体制改革，将属于交通规划的职权，交给规划部门；属于交通建设的任务，交给市场；属于公路质量的监督职权，划归统一的质量监管机构。

高速公路建设坚决实施项目法人制度、招标投标制度、工程监理制度、合同管理制度，确保工程建设符合基本建设程序，公平竞争中优选队伍，降低造价。项目法人分别与施工、监理单位签订共建廉政工程保证合同，严格依合同法管理，规范建设、设计、施工、监理单位的行为，预防职务犯罪。防治腐败灾害应加强对高速公路建设指挥部及其下属分支机构领导班子的同步预防。高速公路征地拆迁、农田占用补偿等费用由市政府授权市指挥部掌管使用。从过去一些高速公路建设情况看，在这个重要环节上易发多发贪污、受贿、挪用等职务犯罪，并由此引发当地一些群众上路阻工闹事，出现治安纠纷甚至刑事犯罪事件。在征地拆迁中要建立健全公开、规范制度，严格监管资金专款专用，保护农民合法权益，防止职务犯罪。高速公路征地拆迁补偿实行公开、规范的制度，把补偿政策和标准公之于众，依法支付，专款专用，确保直接将补偿资金兑付给物权人，即把征用集体土地的补偿直接兑付到经联社或村委会，把青苗和拆迁补偿直接兑付到农户，切实保护物权人的合法权益，预防贪污、挪用、行贿受贿等职务犯罪。

加强对招标投标阶段的同步预防。招标投标是职务犯罪的多发部位，如建设单位暗箱操作，违规分解工程；施工单位行贿项目法人代表和定标评委，违法中标；工程材料和设备采购规避招标等违法违纪行为屡禁不止，营私舞弊、行贿受贿等职务犯罪屡有发生。要严格实施国家和省制定的招投标法规，检察人员切实加强对项目施工、监理、材料采购招标、评标、定标的现场监督，确保招标投标公开、公正、公平地进行。

加强对施工单位项目经理同步预防。在以往某些工程建设中，施工单位项目经理通过拉拢腐蚀手段谋取不合法利益，行贿工程主管人员、监理人员、项目法人、地方官员等违反有关规定的行为屡有发生，在中标后又转包和违法分包工程，成为引发具有行业性的窝案串案源头。要完善合同管理制度及相关法规，严加约束施工单位提高合同履约能力，向强化管理要效益，遏制项目经理职务犯罪。

加强对工程监理人员的同步预防。工程监理是保证工程质量的重要环节之一，要加强预防监理人员与施工单位搞幕后交易，被拉拢腐蚀，遏制监理人员滥用职权、玩忽职守、营私舞弊、收受贿赂。建立监理单位自我约束制度，监理单位必须及时对工程实施全方位、全过程的监理，不得转让监理业务，不得与承包方发生经济关系或有隶属关系，不得与施工单位合伙经营。监理人员要遵守有关的监理条例，遵纪守法，敬业奉献，严格约束自身行为。

加强对工程变更设计环节的同步预防。高速公路线路长，涉及地方多、层面广，加上勘察设计深度不够而存在不少缺陷、遗漏，在工程实施中常发生大量设计变更，增加工程量，提高工程造价，使变更设计成为易发多发职务犯罪的重要环节。要实施严格的工程变更设计管理规定，明确工程变更定性定量的基本原则、具体要求、审批程序、内审规定、工程估价等，有效控制工程规模和投资，预防和遏制由此易发的行贿、受贿等职务犯罪。

加强对划拨工程款环节和竣工结算阶段的同步预防。在以往某些工程建设中，财务人员利用拨款伸手向收款人要好处，施工单位为了及时拿到工程款而行贿财务人员等腐败行为时有发生。要健全内部会计控制制度，严格划拨工程款的规范程序，严控增大工程预算和项目外附加工程的预算及整个工程的决策，确保工程按投标标准验收和款项的正常拨付，加强竣工结算阶段的同步预防。

2. 施工单位层面

高速公路公司部门的设置要合理，一般可设工程部、计划部、财务部、征迁办、办公室、监察室等主要职能部门，根据需要还可设专家组或总工室，根据工程特点专家组可设路基、桥梁、隧道、和地质等专家，各部门职责分工明确。

高速公路建设实行公路建设项目法人责任制、招投标制、合同管理制、工程监理制、质量终身制、党风廉政建设责任制。

3. 监理层面

在国内形成自上而下的完善配套的监理行业体系，包括国家监理法规、管理制度、机构设置、工作程序等，使监理行业系统化、法制化、规范化、标准化和程序化，减少或消除监理市场存在的地区保护、违犯交易、行政干预等干扰监理业正常运转的不良因素。

国际大中型监理咨询公司一般为 25 人 ~ 130 人，小型一般为 5 人 ~ 25 人。在美国小型监理公司约占 75%，大中型者约占 25%。国外监理公司的监理设施较完备，除现场根据需要由业主或承包商免费提供必要的设施外，还有自己的固定设备资产。国际监理费用一般比较高，酬金优厚，通常情况下约占工程总造价的 1% ~ 4%。

国内一般采用三级管理体制，分为总监理工程师代表处、高级驻地监理工程师办公室和驻地监理工程师办公室，三级分工负责，进行质量控制。每一级的监理机构中都有职能部门负责或专门人员负责，每一层次也都有自己的职权范围和责任，各有分工，层层把关。如一项工程，在施工中受驻地监理办公室的驻站监理和检查验收。单项工程完成后要接受高级驻地监理工程师办公室中心试验室的检测，合格后予以验收。在中期支付证书报请总监理工程师代表处审批时，代表处还要派人员到现场，对拟支付的工程项目和路段进行抽查，全部合格者将批准支付，如有一点不合格将得不到该期支付。经过层层检查、层层验收把关，使工程质量有可靠保证。监理人员的结构，从驻地正、副高监到专业工程师到驻地监理。

（1）施工准备阶段的安全监理工作

监理对承包人实施安全资质审查，协助双方拟定安全生产协议书的各项条款，并确保开工之前安全生产协议书的正式签约。熟悉合同文件及审查施工组织设计中的安全技术措施，了解工程现场附近管线与施工安全有关的设施和构造物等，复核相关数据，调查可能导致意外伤害事故发生的原因，接管施工现场。

监理协助执行安全抵押金制度。安全抵押金制度是通过经济手段加强业主与承包人之间的安全生产关系，使安全责任与经济措施密切挂钩。一般在工程预付款中按安全管理协议中规定的比例扣除安全抵押金，并以安全专项资金的科目存入银行。在施工过程中根据安全生产奖惩条例，在安全活动或安全事故处理中进行奖优罚劣，当工程竣工后对无安全事故的承包人，全额退还安全抵押金及存款利息。一般安全活动经费及安全生产优胜单位的奖励可在事故单位的罚款中支付。监理在执行安全抵押制度中主要履行以下职责：根据安全抵押金提取比例及工程承包合同中的总价提出扣款金额；对安全生产的奖惩单位提出奖惩意见，供业主决定；参与安全活动并提出活动经费的初步意见。

审查承包人的安全组织系统及安全教育活动；检验安全设施，检查承包人进场的施工机械，检查主要岗位人员及操作工人的到位情况。主要岗位人员中包括项目经理、技术负责人、安全员等是否到位，名单与投标书是否一致，特殊工种的名单与证书是否一致等。当以上检查均符合要求时，各专业监理工程师可向高监汇报，在安全生产方面已具备正式开工条件，由高监综合各方面因素后确定开工日期，批复开工。

（2）施工阶段的安全监理工作

监理根据安全监理程序和实施细则对工程项目全过程实行全面的动态监督，并从以下几个方面进行安全监控：施工单位内部的安全监理包括安全生产目标管理，施工组织设计中的安全技术措施，分部（分项）工程安全技术交底，施工现场安全生产检查，安全生产教育，施工班组班前安全活动，特种作业人员持证上岗，事故报表、档案，现场安全标志布置总平面图及安全生产责任制。施工企业和施工现场各级部门安全生产责任制是否做到纵向到底、横向到边；是否填写了现场安全责任人会签表，责任落实到人；工程项目中的各项经济承包责任制中的安全指标和奖惩办法以及安全保证措施是否落实；工程项目主承包与分包之间是否签订具有双方权利义务、责任相一致的安全生产协议书；现场是否制订了各工种的安全技术操作规程；是否按规定配备专（兼）职安全员。

施工现场的安全监理在各分部、分项工程施工中，必须遵循已批准的施工组织设计及合同规定的规范进行，并根据规范要求制订相应安全技术措施，首先在确保工程质量同时确保工程安全，同时由于制订了相应原安全技术措施，也确保了在施工过程中的人的安全以及环境的安全。这些安全技术措施既作为承包人安排施工、进行安全交底的依据，也可作为监理检查、督促的依据。

施工阶段的安全监理根据国家标准和行业规范，主要采用抽检、巡视、旁站和全面检查等形式，对工程实施全面的、动态的安全监控，并采用“安全监理月报表”“安全监理工作指令”“工程事故报告单”等方式及时报告业主，以实现施工全过程的安全生产。

（3）工程变更

工程开工后发生一定数量的变更设计是不可避免的，也只有通过工程变更才能使工程结构或设计方案更符合实际地形、地质条件，纠正和补充设计中的差错和遗漏，使最终设计更趋完善。能优化设计的要尽量挖潜以节省工程造价，或缩短工期。变更设计是否及时处理，处理是否恰当对工程建设进展和造价影响很大。必须有一套科学的变更设计管理程序和办法，业主要设计统一的变更设计报告格式和各种审批用表。

变更设计根据其发生的种类和造价增减情况常分为一般变更、重要变更、和重大变更三类，并据此划分为三级审批权限。一般变更原则上由监理审批，重要变更由路段公司审批，重大变更需报省高指审批。为了及时处理工程变更事宜，一般情况下可由四方代表经现场察看后，开会研究确定变更方案，形成变更会议纪要，施工单位按纪要精神先实施。但后续的变更设计申请与审批手续仍需完善并尽快完成。一般情况下由施工单位提出变更申请报告，变更申请报告应说明拟变更的项目内容、桩号，变更原因，原设计方案、建议的变更方案，变更数量增减情况和估计工程造价增减情况，报监理驻地办审批，或提出审查意见后报业主审批，如为重大变更则需由业主报省高指审批。

三、预警组织结构的运转模式

高速公路建设管理运转模式是建设过程中各管理部门相互协调使资源、信息及时有效流动的程式。在高速公路施工管理过程中，业主与承包人、业主与监理单位之间的经济关系要通过合同方式明确双方的权、责、利；同时在征地拆迁、建筑材料供应等方面采用合同方式来规范供求双方的责任与义务。

高速公路建设管理中，监理机构一般分多个层级，每个层级又根据职责与工作内容可分设多个专业部门，如合同管理、桥梁、隧道、道路、测量、材料和试验中心等，并根据各种专业监理的实际需求配备相应的专业技术人员。各专业部门相互配合，依据合同文件对高速公路建设的施工准备过程、具体施工过程，进行全过程监理，达到对高速公路建设质量、工期和工程费用的有效控制。

施工监理包含监理依据、监理阶段划分、监理的人员组成、监理工程师的主要职责等；施工准备阶段监理包含监理准备工作，对承包人质量保证体系的要求及该阶段监理的主要工作内容；工程质量监理包含工程质量监理的依据和任务、质量控制程序、现场质量控制及质量缺陷与事故处理；工程进度监理包含进度计划的编制、审批、检查及调整等内容；工程费用监理包含工程量清单及说明、工程计量、支付和支付程序；合同管理包含工程变更、延期、合同分包、转让以及指定分包、保险、违约、索赔、合同争端的解决与仲裁等；交工及缺陷责任期监理包含交工与交工证书、缺陷责任期监理检查、评价及《工程缺陷责任终止证书》等内容；工地会议制度包含第一次工地会议、日常监理工地会议及现场协调等；监理记录与报告包含监理的记录、监理月报、监理报告与监理档案等。

质量监督是高速公路建设过程中政府主管部门、工程质量监理单位及施工企业对工程质量的检查、检测，并及时纠正质量差错的行为。高速公路建设工程实行政府管理、业主负责、委托监督、监理控制、企业保证的质量管理体系。交通主管部门及其所属的质量监督机构对工程质量负监督责任，项目法人对工程质量负管理责任，勘察设计单位对勘察设计质量负责，施工单位对施工质量负责，监理单位对工程质量负现场管理责任，试验检测单位对试验检测结果负责，其他从业单位和从业人员按照有关规定对其产品或者服务质量负相应责任。

目前我国高速公路可持续发展战略的实施重点逐渐由污染防治转移到了生态环境保护，高速公路建设、生态环境保护和经济发展三者之间是和谐发展的辨证统一关系。建立高速公路建设重大事件报告制度及编制高速公路建设工程安全事故的应急救援预案保证重大事件信息反馈渠道的畅通，使事件得到及时、妥善处理，减少人员伤亡和财产损失。

重大事件是指：在工程建设活动中造成人身重伤、死亡的事故；严重工程质量事故；施工现场（驻地）发生重大火灾、爆炸、化学污染、急性中毒及其它恶性事故；人员发生食物中毒事件；炸药、剧毒化学品等危险品丢失；群众集体闹事、集体上访事件及其他造成经济损失严重或社会影响恶劣的事件。

各驻地办、承包人都有责任将重大事件上报建设办、总监办及有关安全生产管理部门。项目部应配置专职安全员，定期或不定期对生产作业人员进行经常性的安全生产教育培训，并每周进行 1 次安全生产巡检，驻地办应每月至少开展 1 次安全生产巡检。巡检完后应保存巡检记录，对发现的安全隐患应迅速排除，否则不得继续施工。施工高峰期和雨季应加大巡检密度，重点检查高空作业、爆破、涉水作业、用火、用电及交通运输等。危险作业场所应设立明显的警示标志。

事件发生后，各单位要快速反应，高效运转，在紧急处置的同时按规定时限和程序向上级部门和当地安全生产监督管理部门报告事件发生的真实情况。建设办、总监办在接到事件报告后应迅速作出事件临时处理决定，组织抢险救援工作，并向有关方面通报情况。组织抢险救援工作应服从最高领导统一指挥的原则。

发生死亡 3 人及以上重大事故时，驻地办、项目经理部必须以最快速度，最迟不超过 2 小时电话报告、6 小时书面报告建设办、总监办，并及时续报抢救和处理过程，直到事故处理完毕。建设办、总监办接报后，于 4 小时内报告上级主管部门。发生死亡 1 至 2 人或重伤 3 人或直接经济损失达 3 万元及其他重大事件时，驻地办、项目经理部最迟不得超过 4 小时电话报告、8 小时书面报告建设办、总监办，并及时续报抢救和处理过程，直到事故处理完毕，建设办、总监办接报后，于 6 小时内报告上级主管部门。发生死亡 3 人及以上事故时，建设办、总监办负责人、驻地高监、项目部经理必须亲临现场指挥抢险救援工作。发生死亡 2 人以下及其他重大事件时，驻地高监、项目部经理必须亲临现场指挥抢险救援、处理工作。

事件发生后的首次报告内容：事件发生时间、地点、单位；报告人姓名、单位、联系电话及报告时间；事件发生简要经过、伤亡人数、直接经济损失的初步估计；事件原因、性质的初步分析判断；事件发生后采取的措施及事件控制情况。

事件处理过程中的报告内容：伤亡情况及伤亡人员姓名、性别、年龄、工作关系；事件处理的进展情况；对事件原因的分析；有关方面的反映和要求；其他需要请示或报告的事项。

事件处理结束后，事件单位需认真总结事故发生和处理的情况，并做出书面报告，报送建设办、总监办，内容包括事件经过及处理；事件原因及责任；事件教训及今后防范措施；善后处理过程及赔偿情况；有关方面及伤亡家属的反映；事件遗留问题及其他。

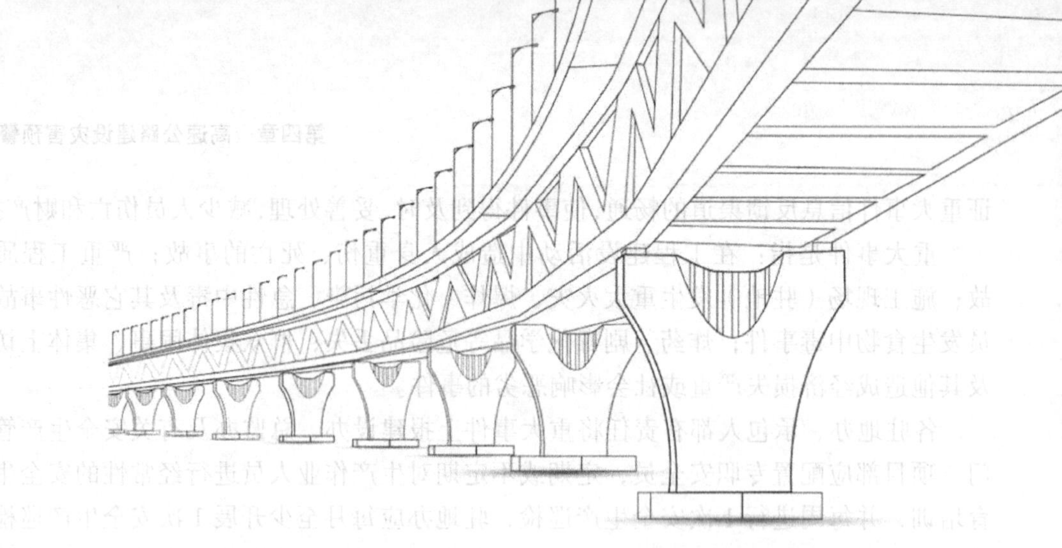

第五章　高速公路平面、纵断面及横断面设计

第一节　高速公路平面设计

公路是一个三维空间的实体，它的中线是一条由直线、圆曲线及回旋线相互连接组合而成的空间曲线。在空间上，它是由长度、高度和宽度共同确定的三维立体线形；如果考虑时间因素，则是与行驶速度密切相关的四维线形。三维立体线形的中线在水平面上的投影就是路线的平面。

高速公路的线形设计与传统的公路设计类似，也是先从平面线形设计开始，接着进行纵断面和横断面设计，然后对平、纵、横线形的组合进行统一协调，反复进行修正，最后达到行车安全、线形连续、视觉舒适、形态优美的目的。

路线设计者应该掌握甚至深谙驾驶技术。车辆在公路上行驶，驾驶人是根据自己对车辆性能的了解、对前方公路线形和路况等的直觉判断来进行操作，他们不清楚设计者的意图。他们只需知道（在匀速行驶时）：

①遇到直线，保持方向盘归位不动；

②遇到圆曲线，保持方向盘角度基本固定，并随时调整；

③遇到回旋线，保持方向盘匀速转动，并随时调整。

也就是说，对于驾驶人而言，在路上行驶的过程是将基于数学的平面线形转变为基于自己直觉的驾驶操作的过程；对于设计人员而言，线形设计过程是对驾驶人在理想操作情况下的汽车行驶轨迹的最大化模拟过程。实际上，车辆在路上行驶，车辆行驶速度在不断变化，所以，抛开运行速度谈线形意义不大。

驾驶人根据所接收的视觉信息做出判断，并采取相应操作。从驾驶人看到信号（线形变化、危险出现等）到开始进行操作（转向、制动等），存在一个反应时间，这一反

应时间由四部分组成：

①察觉——驾驶人发现一个直观的视觉输入信息；

②鉴别——驾驶人鉴定输入信息，并识别此信息；

③激动——驾驶人对信息做出反应，决定应采取什么操作（如制动、打方向盘）；

④决断——驾驶人实施其选定的动作。

以上四个时段之和即为反应时间。国外的研究资料表明平均反应时间为 2.5s，但反应时间的分布差别较大。有记录的反应时间最高值达 7s，在强制性停车情况下测出的最低值是 1s。变化如此大的原因是反应时间主要取决于一名驾驶人在当时的警觉程度，如对某一事件的预料和预报、对多种选择有把握、对任务熟悉程度(即符合驾驶人期望)等，每一个因素都能缩短反应时间；而另一些因素，如疲劳、缺乏技巧或经验以及酒精的作用等会延长反应时间。有资料显示，在紧急情况下，大多数没有戒备的驾驶人完全能在 2.5s 内对明确的信息做出反应。因此，驾驶人的反应时间可选用 2.5s 作为理想最低值；2.0s 作为警觉状态下的最低值；在特殊情况下，也应允许考虑 1.5s 的绝对最低值。以此为基础，可以理解我国对各线元取 3s 行程长度的规定。

道路的平面线形受地形、地物等障碍的影响而发生转折时，在转折处就需要设置曲线或组合的曲线。曲线一般为圆曲线。为保证行车的舒顺与安全，在直线与圆曲线之间或不同半径的两圆曲线之间要插入回旋线。因此，直线、圆曲线、回旋线是平面线形的三个基本要素。除此之外，为保证汽车在弯道上行驶的横向稳定性，需要设置超高和加宽。

一、直线

高速公路平面线形的曲线与直线如何取舍是一个争论较多的问题。从原则上讲，高速公路线形的布设在满足各项技术标准的前提下主要应考虑安全问题和美观问题。

在地形平坦的平原地区和微丘陵地区，没有地形地物的障碍，往往认为采用直线距离最短，方向明确，视野宽广，可以节省行车时间，降低道路造价。但是，直线过长，往往使人厌倦，引起驾驶员疲劳麻痹，或是急于驶出该路段，容易超速；加上缺乏警觉，目测车距往往出现误差；同时会增加夜间眩光危险，因而，长直线段反而成为事故多发路段，严重影响安全。再者，长直线景色单调，线形呆板，灵活性差，难以适应地形的变化并做到与周围环境的协调。如果路段在平面上是长直线，在纵断面上却是几度起伏变化的，则车窗前景将是间断、突变的，难以满足美观的要求。因而，对于高速公路的线形，宜尽量避免采用长直线，甚至倾向于全部设在曲线上。

当然，在平原地区或两山之间的宽阔谷地，或是遇到长大桥梁及隧道区段，也未尝不可设置一些直线区段。但在确定直线长度时应根据当地具体情况（地形、地物、土地利用等），结合驾驶者的视觉心理状态及保证行车安全等合理布设与慎重选定。对于丘陵地区，包括微丘陵地区，高速公路的线形尽可以顺着地形走向，设置成优美的空间曲线。

对直线区段，过长和过短，对行车都是不安全的。我国国土辽阔、地形与自然条件各异，因而规范未对最大直线长度做出具体规定，但《公路路线设计规范》（JTG D20-2006）也指出："直线的最大长度应有所限制；当采用长的直线线形时，为弥补景观单调之缺陷，应结合沿线具体情况采取相应的技术措施"。

（一）最小直线长度

为保证行车安全，让驾驶员从直线进入曲线有足够的反应时间，也应有最小直线长度的要求。《公路路线设计规范》（JTG D20-2006）规定：

两圆曲线间以直线径相连接时，直线的长度不宜过短。

①设计速度大于或等于 60km/h 时，同向曲线间最小直线长度（以 m 计）以不小于设计速度（以 km/h 计）的 6 倍为宜；反向圆曲线间的最小直线长度（以 m 计）以不小于设计速度（以 km/h 计）的 2 倍为宜；

②设计速度小于或等于 60km/h 时，可参照上述规定执行。

最小直线长度详见表 5-1 所示。

表 5-1　最小直线长度

设计速度 v/（km/h）	120	100	80	60
同向曲线（6v）/m	720	600	480	360
同向曲线（2v）/m	240	200	160	120

直线最小长度 6v（同向曲线）以及 2v（反向曲线间）分别相当于按计算车速行使 21.6s 及 7.2s 的距离。同向曲线由于连续同向转弯，驾驶员难于掌握惯性作用，导致离心力不断增大，所以规定比反向曲线之间直线长度大。在同向曲线之间插入短直线的情况，应尽量避免，最好采用卵型曲线设计，不得已插入直线时，应按照表 5-1 规定。在保证行车安全条件下，为避免曲线间长直线可能带来的高填深挖及造成的昂贵工程费用，建议可补充限定"两同向曲线间最小直线长度一般应不小于 4.5v（m）；在地形复杂、工程艰巨段可不小于 3v（m）"。

（二）直线的最大长度

关于直线的极限长度（最大与最小长度），从理论上求解是非常困难的，主要应根据驾驶人员的视觉效果和心理上的承受能力来确定，目前尚在研究中。各国都从经验出发，通过调查确定限制最大直线长度。我国已建成的位于平原微丘区的十多条高速公路的直线长不超过 3 200m；沈大高速公路多处出现 5 ~ 8km 的长直线，最大 13km。据国内外调查研究结果，最大直线长度为以汽车按计算行车速行驶 70s 左右的距离控制为宜。

经过对不同路段，按 100m/h 的行驶车速对驾驶人员和乘客调查其心理反应和感受，有如下结果：

①位于城市附近的道路，作为城市干道的一部分，由于路旁高大建筑和多彩的城市风光，无论路基高低均被纳入视线范围，驾驶员和乘客没有因为直线过长而希望驶出的不良反应；

②位于乡间平原区的公路，随季节和地区不同，驾驶人员有不同反应。北方的冬季，绿色枯萎，景色单调，太长的直线影响人的情绪。夏天稍许改善一些，但驾驶人员加速行驶希望尽快驶出直线的心理普遍存在；

③位于大戈壁，大草原的公路，直线长度可达数十千米，司乘人员极度疲劳。车速超过设计速度很多。但在这种特殊的地形条件下，除了直线别无其他选择，人为设置弯道不但不能改善其单调，反而增加路线长度。

由此看来，直线的最大长度，在城镇附近或其他景色有变化的地点大于 20〃是可以接受的；在景色单调的地点最好控制在 200 以内；而在特殊的地理条件下应特殊处理，若作某种限制看来是不现实的。直线的最大长度应与地形相适应，与景观相协调，不强定长直线，不硬性设置不必要的曲线。

当采用长直线时，为弥补景观单调之缺陷，应结合沿线具体情况采取相应的技术措施并注意下述问题：

①在长直线上纵坡不宜过大，因长直线再加下陡坡行驶更易导致高速度；

②长直线与大半径，凹形竖曲线组合为宜，这样可以使生硬呆板的直线得到一些缓和；

③道路两侧地形过于空旷时，宜采取植不同树或设置一定建筑、雕塑、广告牌等措施，以改善单调的景观。

④长直线或长下坡尽头的平曲线，除曲线半径、超高、视距等必须符合规定外，还必须采取设置标志、增加路面抗滑能力等安全措施。

二、圆曲线

在高速公路平面定线中，大半径的圆曲线往往是首选的要素。

（一）圆曲线半径确定

在一般传统的公路定线中，圆曲线是平面线形设计中在遇到障碍或地形需要改变方向时设置，在选线时定为导线的转点。在高速公路的定线中，既然要以曲线为基本线形进行布线，因而可以不用设导线转点的方法，而是在适宜于改变方向的地方（不仅是遇到地形地物障碍物时），顺着地形选定一段具有某一半径的圆弧，然后用回旋线与下一段圆弧相连，当然也不完全否定用一些直线。

曲线具有柔和的几何线形。长而平缓的曲线线形能够较好地适应地形，并可获得匀顺圆滑的线形，灵活变换方向，自然诱导视线，使公路沿线景色随汽车行驶角度逐渐呈现美丽画面。由于曲线本身具备的特点，其使用范围和适应地方十分广泛。但曲线会增长距离，车辆在曲线上行驶受力比较复杂，会增加轮胎的磨损和路面的破坏。因此，在适应地形的条件下圆曲线应尽量选用较大的半径，以改善车辆在曲线上的行驶条件。

平曲线半径不能过小，平曲线半径值的限定主要根据汽车行驶横向稳定性（滑移、倾覆）而定，并以滑移稳定控制。

（二）圆曲线的运用

1. 极限最小半径

应避免极限最小半径与较大甚至最大纵坡组合使用。当不得已采用时，应注意与前后线形的协调，应根据周围环境和路线纵、横断面指标以及行驶车辆类型，分析行驶的安全性。从运行实践看，设计速度较低的高速公路，采用极限最小半径时，因运行速度较高容易出现交通事故。

但是，如果前后线形衔接较好，驾驶人高速或超速行驶倾向较小，在工程特别艰巨或者部分利用的改建工程路段，采用极限最小半径也无大碍（辅以必要的交通工程安全设施）。

2. 一般最小半径

规范中规定的一般最小半径，横向力系数取值为极限最小半径相应值的 1/2。在高速公路设计中，平曲线最小半径控制值（在一般情况下）应采用规范中规定的“一般最小半径”值。

3. 安全适用半径

在没有特殊的建设条件限制时，采用多大的半径较为合适？这个问题很难给出一组明确的数据，因为即使建设条件属于“一般”的情况，也有平原、丘陵、山岭等不同地貌的差别，此外还有不同的纵面要素组合，不应孤立地评价一个曲线，而应综合考虑前后线形的连续均衡，具体情况具体分析。

如果将规范中提出的“一般最小半径”作为一般情况下设计应采用的半径值，很多人认为该值偏小，主要因为计算该值取用的超高值偏大，作为一般情况下推荐设计采用的半径，可按 2% 超高（有观点提出 2% ~ 4% 超高）对应的半径选用。

对于我国高速公路，特别是山区高速公路，一般情况下，采用 1 000 ~ 3 000m 半径比较合适。在山岭区，纵面起伏变化大，平面指标过高，尤其是偏角较大时，曲线较长，不利于与地形协调，也不利于平纵组合设计，反而不如有意识地采用小一些的平面指标，以使平纵线形达到均衡。对于平原区，控制条件较少、地形起伏不大、曲线偏角不大的路段，连续采用不设超高的平曲线半径也是可行的。

以往经常提出：“在不过大增加工程数量的前提下，尽量采用较大的技术指标”。这一原则不宜作为一个独立平曲线半径取用的指导原则。平曲线半径的取用，最重要的考虑因素是曲线附近的运行速度及其与前后衔接线形指标的均衡性和连续性。

（三）最大半径

过大的曲线半径往往导致曲线较长，从而不利于平纵组合设计；过大的曲线半径，如半径在 7000 ~ 9000m，视线集中的 300 ~ 600m 范围的视觉效果近乎直线，在驾驶人视野受限和不兴奋状态时，不利于准确判断前方路段路线线形；在大半径、长曲线上行驶，驾驶人会出现与在长直线上行驶类似的单调、疲劳感。因此，平曲线半径超过 7 000m 的意义不大。

（四）视觉要求半径

选用平面圆曲线半径时，在与地形等条件相适应的前提下从道路路线线形视觉舒适与美感考虑，应尽量采用大半径的曲线，但最大半径以不超过 10 000m 为宜。同时注意与前后线形要素间的协调与相互关系。

三、回旋线

缓和曲线系直线与圆曲线或者半径不同的圆曲线相互连接时，为适应汽车行驶轨迹曲率变化所采用的半径逐渐变化的过渡曲线。

缓和曲线的作用为：①曲率的逐渐变化,便于驾驶与路线顺畅,以构成最佳的线形；②离心加速度的逐渐变化,使汽车不致产生侧向滑移；③作为行车道横坡变化的过渡段,以减少行车震荡。它是协调平面线形的主要线形要素。

高速公路上行车速度高，希望线形能适应汽车在曲线上行驶时曲率渐变的轨迹，所以在直线与圆曲线间以及不同半径的两圆曲线之间，一般都宜设置缓和曲线。

（一）回旋线的形式

为适应曲率渐变要求，可以选用多种数学曲线。我国高速公路测设中的缓和曲线按传统选用回旋线。其他可以考虑选用的回旋线有三次抛物线、双纽线、正弦曲线等，但实际应用极少。

回旋线的特点是曲率半径随曲线长度的增长而减小，即半径与长度成反比。

（二）回旋线的长度

高速公路上的回旋线必须有足够的长度，以便驾驶操纵从容，旅客感觉舒适。为此，可以考虑由离心加速度变化率及驾驶员操作需用时间两个因素来控制。

1. 按照离心加速度变化率确定回旋线最小长度

离心加速变化率在回旋线上应控制在一定范围内，它主要根据驾驶上的要求，使驾驶员能从容不迫地操纵汽车，使它比较准确地行驶在应占的车道内。实验表明，高速公路的离心加速度变化率宜控制为 p=0.35 ～ 0.5m/s^3，如取用 p=0.5m/s^3，则可以推导出回旋线的最小长度为：

$$L_s = 0.043\frac{v^3}{R}$$

式中 v——计算车速，km/h；

R——圆曲线半径，m；

2. 依驾驶员操作反应时间确定回旋线最小长度值

在回旋线段上行驶时间过短，会使驾驶操纵来不及调整，旅客感觉不适。试验研究表明，在高速公路上适宜采用最短行程时间为 t=3s，则可得

$$L_s = \frac{v}{1.2} = 0.83v$$

除此之外，回旋线长度应能满足视觉方面的要求，使线形舒顺协调。研究得出 $L_s = \frac{v}{1.2} = 0.83v$ ～ R 范围内可取得曲率匀顺变化的适宜视觉线形。为在视觉上获得美观圆滑的线形，回旋线长度应随圆曲线半径增大而增长；当采用回旋线一圆曲线一回旋线连接的线形时，曲线长最好设计成 1∶1∶1。

当圆曲线部分按规定需要设置超高时，回旋线长度还应满足超高过渡段的需要。回旋线长度应随曲线半径的增大而增长。

四、平曲线长度确定

（一）最小平曲线长度

规范中规定的极限最小平曲线长度取用 2 倍最小回旋线长，这是考虑凸型线的极端情况。一般情况下，特别是高速公路设计，很少采用凸型线，如果考虑不小于 3s 行程的圆曲线长度，平曲线的极限长度采用 3 倍最小回旋线长度较合适。

小偏角曲线的曲线长度有特别要求，是因为小偏角曲线容易形成视觉曲率比实际曲线曲率大，甚至出现扭折的错觉，从而破坏线形的连续性和美观，对驾驶行为也有一定影响。为改善这种错觉，规范针对小偏角曲线的曲线最小长度提出了特别要求。一般认为，按规范设置了满足最小长度要求的曲线以后，小偏角曲线对于运行安全并无大碍，因此，在受各种条件限制，采用正常偏角比较困难时，可以采用小偏角曲线。《公路路线规范》规定，当路线转角等于或小于 7° 时，应设置较长的平曲线。

（二）最大平曲线长度

规范中并未明确限制最大平曲线长度，但曲线长度较大时，不利于平纵组合设计，

也不利于空间线形的连续、美观，实际运用中应根据具体情况，对平曲线长度有所限制。

①由于建设条件千变万化，规范中没有规定最大偏角，但过大的偏角除了易于形成长曲线外，还导致线形过于弯曲，增加了路线绕行里程和总体线形的平顺；

②对于山区起伏较大的公路，与其设置不利于平纵组合的大半径长曲线，不如采用能更好配合纵面设计的多个不同曲线半径和曲线长度的平曲线；

③大半径长曲线，如果纵面指标也很平缓，则与长直线一样，也会引起驾驶员单调、疲劳、注意力涣散，这种情况下，曲线的长度应参考长直线有所控制。

（三）适宜的平曲线长度

平曲线半径和长度不是孤立的指标，应综合考虑前后衔接路段的指标、纵段面设计情况等多种影响因素后确定。对于高速公路，就一般情况而言，采用 1 ~ 2km 曲线长度比较合适，当曲线半径较小、纵断面起伏较大时，再短一些的曲线长度也是可以接受的。

五、曲线段上的超高与加宽

（一）超高

曲线段超高（单向横坡）的设置，在于防止车轮在路面上的横向滑移，并使路面在利于排水的前提下，把行车引起的横向力影响减少到最低的程度。

超高横坡变化的旋转轴根据横断面形式的不同，分三种，即有中间带、无中间带以及分离式路基。为详细起见，对不属于高速公路的无中间带的情况一并列出。

1. 无中间带公路

超高横坡度等于路拱坡度时，将外侧车道绕路中心线旋转，直至超高横坡值。

超高横坡度大于路拱坡度时，分别采用下面三种过渡方式：

①绕内侧车道边缘旋转：新建工程采用此种方式；

②绕路中线旋转：改建工程可采用此种方式；

③绕外侧车道边缘旋转：路基外缘标高受限制或者路容美观有特殊要求时可采用此种方式。

2. 有中间带公路

①绕中间带的中心线旋转：先将外侧行车道绕中间带的中心线旋转，待达到与内侧行车道构成单向横坡后，整个断面一同绕中心线旋转，直至超高横坡值。此时，中央分隔带呈倾斜状。中间带宽度小于或等于 4.5m 的公路可采用；

②绕中央分隔带边缘旋转：将两侧行车道分别绕中央分隔带边缘旋转，使之各自成为独立的单向超高断面，此时中央分隔带维持原水平状态。各种宽度中间带的公路均可采用；

③分别绕行车道中心线旋转：将两侧行车道分别绕各自的中心线旋转，使之各自成为独立的单向超高断面，此时，中央分隔带两边缘分别升高与降低而成为倾斜断面。车道数大于 4 条的公路可采用。

3. 分离式路基公路

分离式路基公路的超高过渡方式，宜按无中间带公路分别予以过渡。

超高过渡应在回旋线全长范围内进行。当回旋线较长时，其超高的过渡可采用以下方式：

超高过渡段可设在回旋线的某一区段内，其超高过渡段的纵向渐变率不得小于 1/330，全超高断面宜设在缓圆点或圆缓点处。

六车道以及以上的公路宜增设路拱线。高速公路、一级公路，当采用中央分隔带外缘为旋转轴时，即便超高渐变率大于 1/330，在纵坡平缓的情况下，行车道排水也会因断面较宽而难以达到满意的效果。为避免这种不良现象，除采取减小超高过渡段长度加大超高渐变率，在回旋线的某一区段内设置超高等措施外，还可以采用在行车道中间增设路拱线以减少流水形成，从而减轻路面积水的方法。国外多车道公路多采用增设 1、2 个路拱线以加速排水。故本规范规定：“六车道及其以上的公路宜增设路拱线”，以改善排水条件。

对于硬路肩超高其主要的处理方式有：

①硬路肩超高值与相邻车道超高值相同时，其超高过渡段应与车道相同，且采用与车道相同的超高渐变率；

②硬路肩超高值比相邻车道超高值小时，应将硬路肩横坡过渡到与车道路拱坡度相同，再与车道一起过渡，直至硬路肩达到其最大超高坡值。

超高的过渡原则上是在回旋线全长范围内进行，一般情况下，回旋线长度是能满足超高过渡段的要求的，但当采用最小曲线半径又用回旋线最小值连接时，则需对超高渐变率进行复核。

（二）加宽

汽车在曲线上行驶时，所有车轮沿不同半径轨迹行驶，后轴内侧车轮所行驶曲线半径最小，前轴外侧车轮所行驶曲线半径最大。因此，在曲线上行驶的汽车占有较大的宽度，必须将车道宽度加宽。

《公路路线设计规范》规定，当平曲线半径等于或小于 250m 时，应在曲线内侧加宽。高速公路一般不需要加宽。如果特殊情况，满足加宽要求，也需要进行加宽。

高速公路在山区小半径弯道上才有加宽的必要，此时必然设置超高缓和段和回旋线，则加宽缓和段长度采用与回旋线或超高缓和段长度相同的数值，即当圆曲线路段需设置回旋线，并需加宽、超高时，超高加宽缓和段长度与回旋线长度相一致，三者选取大者，并取值为 5m 的倍数，作为统一的设计值。

第二节　高速公路纵断面设计

一、纵坡设计

（一）纵坡设计的一般要求

为使纵坡设计经济合理，必须在全面掌握勘测资料的基础上，结合选（定）线的纵坡安排意图，经过综合分析、反复比较定出设计纵坡。纵坡设计的一般要求为：

纵坡设计必须满足《标准》的各项规定。

为保证车辆能以一定速度安全顺适的行驶，纵坡应具有一定的平顺性、起伏不宜过大、过于频繁。尽量避免采用极限纵坡值，合理安排缓和坡段，不宜连续采用极限长度的陡坡夹最短长度的缓坡。连续上坡或下坡路段，应避免设置反坡段。越岭线碰口附近的纵坡应尽量缓些。

纵坡设计应对沿线地形、地下管线、地质、水文、气候和排水等综合考虑，视具体情况加以处理，以保证道路的稳定与通畅。

一般情况下纵坡设计应考虑填挖平衡，尽量使挖方运作就近路段填方，以减少借方和废方，降低造价和节省用地。

平原微丘区地下水埋深较浅，或池塘、湖泊分布较广，纵坡除应满足最小纵坡要求外，还应满足最小填土高度要求，保证路基稳定。

对连接段纵坡，如大、中桥引道及隧道两端接线等，纵坡应和缓，避免产生突变。交叉处前后的纵坡应平缓一些。

在实地调查基础上，充分考虑通道、农田水利等方面的要求。

（二）最大纵坡

最大纵坡是指在纵坡设计时各级道路允许采用的最大坡度值，是依据汽车的动力特性、自然条件及工程运营经济等因素，通过综合分析，全面考虑，合理确定的。

确定高速公路上的最大纵坡，就需要了解高速公路上的代表性车型及其动力特性。高速公路上往往小客车居多，靠近中央分隔带的车道原则上为小客车占有。小客车的行驶速度高，爬坡性能好，受纵坡的影响较小。调查表明，在计算行车速度为 120km/h 的高速公路上，当小客车在 3% 的坡道上行驶时，同在水平路段上比较，只是在保持自由速度方面有轻微的影响。因此，在平原微丘区如能按最大纵坡 3% 设置线形，就可以保持以较高的行驶速度匀速前进。

载重汽车随纵坡坡度的增加车速显著下降，对于正常高速行驶的车流会造成影响，使快车受阻，直接影响高速公路的通行能力和行车安全。因此，在确定最大纵坡时，也应从实际出发，注意在高速公路上行驶的代表性载重汽车车型。一般认为，在国产载重汽车中，适宜采用解放 CA140 和东风 EQ140 两种车型来作为研究确定纵坡的依据。

按照国外研究经验，提出在确定最大纵坡的标准值时，应使小客车能以相当于平坦路段上的平均行驶速度上坡，载重汽车则大致以计算行车速度的 50% 的速度上坡。

在制定最大纵坡时不能只从设计车型的爬坡能力考虑，还应考虑汽车在纵坡上行驶的安全性和经济性等。

高速公路上行车速度快、密度大，安全性要求高，为此，设计时应尽可能选用小于最大纵坡值。当受地形条件或其他特殊情况限制时，经技术经济论证，最大纵坡也可按上表增加 1%. 桥梁及其引道的平、纵、横技术指标应与路线总体布设相协调，各项技术指标应符合路线布设的规定。大桥的纵坡不宜大于 4%，桥头引道纵坡不宜大于 5%，引道紧接桥头部分的线形应与桥上线形相配合。对于隧道内的纵坡，考虑到安全，一般不应大于 3%，但高速公路的中、短隧道，当条件受到限制时，经技术经济论证后最大纵坡可适当加大，但不宜大于 4%。

在高原地区，海拔高程对汽车的动力性能影响较大，为此，设计车速小于或等于 80km/h 位于海拔 3 000m 以上的高原地区的公路，最大纵坡应根据海拔高程进行折减。最大纵坡折减后若小于 4%，则仍采用 4%。

（三）最小纵坡

为保证高速公路上行车快速、安全、通畅，希望尽可能采用小些的纵坡，但对长路堑路段、设置边沟的低填方路段以及其他横向排水不畅的路段，为满足排水要求，应采用不小于 0.3% 的最小纵坡。当必须采用平坡或小于 0.3% 的纵坡时，其边沟应作纵向排水设计。在弯道超高横坡渐变段上，为使行车道外侧边缘不出现反坡，设计最小纵坡不宜小于超高允许渐变率。

在干旱少雨地区，最小纵坡可不受上述限制。

（四）坡长限制

坡长是指变坡点间的水平直线距离。

最短坡长的限制主要是从汽车行驶平顺性的要求考虑的。如果坡长过短，使变坡点增多，汽车行驶在连续起伏地段产生的增重与减重的变化频繁，导致乘客感觉不舒适，车速越高越突出。为保证行车的安全与平顺，坡长不宜过短，最短以不小于计算车速行驶 9s 的行程为宜，即 $v\times1000/3600\times9=2.5v$。

在平原地区设计高速公路，常须跨越很多河道和通道，在跨越处需要较高的设计标高和填土高度。如果采用过小的设计间距，使纵坡频繁起伏，则显得路线不够平顺，但也不宜强调采用过长的设计间距（即坡长），以致造成长距离的高路堤。此时应当根据纵断面设计的原则妥善处理。

在山岭和丘陵地区地形上设计高速公路，就会遇到陡坡路段。陡坡路段因汽车发动机功率而可能影响行车安全，同时，过长、过陡的下坡也危及行车的安全。为保证行车安全，应将坡长控制在汽车车速下降到不低于最低限速时所能行驶的距离内。

最大坡长限制在理论上是以汽车上坡的减速行程来核算的。如以载重汽车东风 EQ140 为设计车型，通过理论推算，按照汽车从理想速度 v_1 下降到容许速度 v_2 的减速行程计算，并参照国外的经验，可以得到高速公路的坡长限制如表 5-2 所示。

表 5-2　不同纵坡最大坡长 /m

纵坡坡度（%）	设计速度 /（km/h）			
	120	100	80	60
	最大坡长			
3	900	1 000	1 100	1 200
4	700	800	900	1 000
5		600	700	800
6			500	600

当公路连续上坡或下坡时，应在不大于表 5-2 所规定的最大坡长之间设置缓和坡段，缓和坡段的纵坡不大于 3%，其长度应符合规定的最短坡长。缓和坡段的具体位置应结合纵向地形的起伏情况，尽量减少填挖方工程数量，同时应考虑路线的平面线形要素。

（五）合成坡度

汽车在有纵坡的小半径曲线上行驶时，除受坡度阻力外，还受曲线阻力的作用。由于曲线阻力的存在，当汽车上坡时，消耗的功率增加，行驶速度降低。当汽车下坡时，有沿合成坡度方向倾斜和滑移的倾向，增加了行车的危险性。当纵坡大而曲线半径小时，为防止车速降得过低，以及防止汽车沿纵坡与超高组合的斜向坡度方向滑移，应将其组合的坡度限定在适当的范围内，目的在于保证曲线段的汽车行驶状况与直线段相同。

在设有超高的平曲线坡段上，由路线纵坡与曲线超高横坡所组成的斜向坡度，即是合成坡度。合成坡度按式（5-1）计算：

$$I=\sqrt{i_{\mathrm{h}}^{2}+i^{2}} \tag{5-1}$$

式中：I—— 合成坡度，%；

i_h—— 超高横坡度或路拱横坡度，%；

i—— 路线设计纵坡坡度，%。

在高速公路设计中，为保证行车安全，合成坡度应控制在适当范围内。《公路路线设计规范》（JTG D20—2006）规定：合成坡度不得超过 10%（120km/h 及 100km/h 时）

及10.5%（80kin/h及60km/h时）。

当陡坡处于小半径曲线段上时，在条件许可情况下，以采用较小的合成坡度为宜，特别在下述情况下，合成坡度必须小于8%：①冬季路面有积雪、结冰地区；②自然横坡较陡峻的傍山路段。

除上述最大容许合成坡度外，相反，合成坡度也不能过小，以防导致路面排水不畅，从而影响到行车的安全。因此，我国《公路路线设计规范》（JTG D20—2006）规定最小合成坡度不宜小于0.5%，在超高过度段尤应注意。在不得已当合成坡度小于0.5%时，应采用综合排水措施，以保证路面排水畅通。

（六）缓坡区长度

山岭、重丘区的公路，由于汽车连续行驶在较大陡坡上，将影响汽车发动机的正常使用，并危及行车安全，故当连续纵坡大于5%时，应在期间设置纵坡不大于3%的缓和路段，其长度不应小于100m。

在必须设置缓和坡段的范围内，可以利用不大于3%的路段作为缓和段。较长连续上坡路段，可按底部纵坡较陡顶部纵坡适当放缓的原则设置纵坡。

二、爬坡车道

爬坡车道是在陡坡路段正线行车道外侧增设的供载重汽车行驶的专用车道。

在道路纵坡较大的路段上，载重车爬坡时需克服较大的坡度阻力，使输出功率与车重之比值降低，车速下降，大型车与小汽车的速度差变大，超车频率增加，对行车安全不利。

一般讲，最理想的是路线纵断面本身就应按不需设置爬坡车道来设计纵坡，但这样往往会造成路线迂回或路基高填深挖增大工程费用。在多数情况下采用稍大的坡度值而增设爬坡车道会产生既经济又安全的效果。不过设置爬坡车道也并非最好措施，解决问题的根本途径还在于精选路线，定出纵坡值较小而又经济实用的路线。

（一）爬坡车道的设置条件

四车道高速公路连续上坡路段，符合下列情况之一者，宜在上坡方向行车道右侧设置爬坡车道：

①当连续上坡方向载重汽车的行驶速度降低到表5-3的容许最低速度以下时；

②上坡路段的设计小时交通量超过设计通行能力时；

③经设置爬坡车道与改善主线纵坡不设爬坡车道技术经济比较论证，设置爬坡车道的效益费用比、行车安全性较优时，对六车道及六车道以上高速公路可不设爬坡车道，因正线外侧车道可作为爬坡车道使用。

表 5-3 上坡方向容许最低速度

设计车速 /（km/h）	120	100	80	60
容许最低车速 /（km/h）	60	55	50	40

（二）爬坡车道设计

1. 爬坡车道的横断面组成

爬坡车道设置在正线车行道右侧，一般宽 3.50m，其与正线车行道之间设以路缘带。当爬坡车道旁路肩较窄，不能提供紧急停车时，应在连续很长的爬坡车道路段，根据需要设置紧急停车带。

2. 爬坡车道的横坡度

爬坡车道上的行车速度较小，为保证行车安全，在需要设置超高时，与正线相应的超高坡度规定值见表 5-4，超高坡度的旋转轴为爬坡车道内侧边缘。爬坡车道的曲线加宽按行车道曲线加宽的有关规定。

表 5-4 爬坡车道的超高值

正线超高值	10	9	8	7	6	5	4	3	2
爬坡车道超高值	5		4					3	2

三、纵断面线形设计和绘图

高速公路线形标准高，车道多，路幅宽，在跨越其他道路时须全部采用立体交叉，因而在纵断面设计时，有其独特之处。在平原地区，跨越的河流、道路和其他通道很多，在纵断面布局上就会产生很多矛盾。在山岭和重丘陵地区，由于地形切割，地面起伏大，如何安排宽幅的多个车道，如何设置隧道，在纵断面设计上也有不少困难。下面将就平原区和山区高速公路的纵断面布局特点做详细介绍：

（一）平原区和山区高速公路的纵断面布局特点

1. 平原地区高速公路的填土高度

我国近年来修建的高速公路，多数分布在沿海的平原地区。这里水网密布，地方交通发达，修建高速公路，就要跨越很多水道和地方道路。为了满足农村和地方上大量频繁的通道和小河航道下穿净高的要求，大多采用了高路堤的方案，将路基填土的一般高度做到 3 ~ 4m 以上。这种做法造成了以下不良的后果：①土方量大；②占地多；③噪声波及远；④破坏景观和环境中的生态平衡；⑤土基施工压实难度大，特别当遇到软土地基时造成过大和不均匀的沉降。

国外在平原地区修筑高速公路时，大多采用浅路堑或低路堤方案。低等级道路横穿高速公路时一般采用上跨的分离式立体交叉，称为跨线桥。跨线桥的间距也比较稀疏，地方通道较多采用侧道连通跨线桥迂回穿越高速公路。采用浅路堑或低路堤方案的突出优点是：①可使土石方横向平衡，不需远距离取土或弃土；②将挖出的土在两侧修筑成缓坡土堤，可将噪声阻隔在道路通道之中；③方便上跨跨线桥的修筑；④侧面缓坡土堤外侧修成 1∶10 的缓坡，可归还农村种植庄稼；⑤土坡上也可植树绿化，美化环境。

上述的浅路堑、低路堤方案与国内常用的高路堤方案相比较，具有明显的优点。但国内难于采用的主要原因在于不能满足大量地方交通的要求，特别是农用拖拉机和非机动车（兽力车、人力车、自行车等）难于上坡走上跨立交，也不愿迂回走侧道，他们往往要求每隔 300m 左右就要建设一条下穿高速公路的通道。此外，沿海平原地区地下水位较高，也是原因之一。

由于采用了高路堤方案，从国内已建高速公路的概算中可以看出，路基、土地征用和通道修筑三项费用之和为总造价的 50%；路基的造价甚至大于路面的造价，这在高级路面的道路中也是反常的。如果把一条 100km 的高速公路的路堤高度降低 1m，可以节省造价几个亿。从长远来看，高路堤对环境和生态破坏的影响，就更难估算了。

鉴于以上原因，建议努力探索、研究和实践，把我国平原地区高速公路纵断面从高路堤方案中解脱出来。现提供以下几种方法；

①多做宣传，与高速公路所经地区的各级地方政府进行协商，对高速公路修建后局部地区土地的归属进行重新划分，以减少两侧居民的往来量；

②加速地方交通的现代化，采用农用汽车代替现有的兽力车和人力车；

③积极探索减少下穿式通道的方法，在高速公路的一侧或两侧建筑必要的侧道，贯通和归并要求穿越高速公路的通道；

④对过多的小河航道也可挖掘侧向人工渠道适当归并，有些地段可以考虑通道与水道合用同一个孔道；

⑤积极采用降低通道底标高的措施，对适当下挖的通道底面的浸水问题可以考虑设井抽水、处理地面水、隔断地下水等措施。

2. 山区高速公路纵断面设计的特点

在山区和丘陵地区修筑高速公路时，选定路线后，在纵断面布局中可能遇到以下两个问题：一是由于高速公路占用路幅较宽，为节省土石方而不得不采用双向分离式路基；二是由于高速公路的技术标准高，在越岭区段和沿溪切山嘴区段将出现较多的隧道路段。

对于采用分离式路基的区段，上行线和下行线应分别绘制纵断面地面线进行拉坡。如在路基尚未分岔地段，按常规以道路中央分隔带中线的地面标高当作地面标高，以中央分隔带外侧边缘（左侧路缘带的左边缘）的标高作为设计标高。在分设上下行路基后，

则分别采用车道中心处的地面标高以及采用车道中心处路面标高作为设计标高。在设计时必须加以注意，并在纵断面图纸上注明。

对设置隧道的路段一般应设计为上下行两座独立隧道，也就是应分上下行道绘制纵断面图，分别进行拉坡。注意隧道内的纵坡应不小于0.3%，并不大于3%；但独立的明洞和短于50m的隧道，其纵坡不受此限。长隧道内的纵坡宜更缓些，纵坡最大宜为2%（特殊的为3%）。隧道内的纵坡，一般可设置成单面坡或人字坡；对地下水发育的隧道及特长和长隧道宜采用双向出水的人字坡。隧道内纵坡变化处均应设置竖曲线。

（二）纵断面线形设计

1. 纵断面设计的一般原则

在纵断面设计中，主要是选定纵坡度，确定纵坡线以及设置竖曲线两项，其目的是要求把纵断面线形诸要素组合成汽车行驶平顺舒适、视觉连续、路表圆滑的线形。

在选取纵坡时，除考虑地形条件控制外，在给定设计车速范围内，应尽量选取缓坡。对陡坡的选用，不仅要满足规范要求，而且要从工程经济、行车安全、通行能力等多方面综合考虑，慎重对待。

纵断面线形设计要求在整条路线上紧密配合平曲线，使路线能适应各种不同车辆的要求，力求采用缓和的纵坡度维持均衡的营运速度，尽量使载重汽车能经常保持较高的速度行驶。

在设置竖曲线时，应特别注意行车时的视觉要求。为此，竖曲线半径应尽量大，务使视觉舒畅，路容美观。

除上面所述之外，纵断面线形组合设计中尚应注意的一般原则如下：

①在安排各个坡段和设置竖曲线时应前后反复审核和调整，务必使线形适应地形和环境，保证行车安全，全线运营车速均衡；

②在较长的直线路段，应避免在短距离内出现凹凸反复起伏或中间暗凹的线形。此时凸起部分易遮住视线，凹下部分可能看不见，使驾驶人员产生茫然的感觉，不利于行车的安全；

③在较长且连续上坡路段，宜将较陡的坡段放在底部，接近坡顶的纵坡宜适当放缓一些，这样的线形行车比较舒顺；

④两相邻路段纵坡变化小时，竖曲线半径要尽可能大些，避免竖曲线长度过短。竖曲线短而半径小的纵面线形，视觉不舒适，行车时影响驾驶员的安全感。在长的纵坡线端部也不要设计小半径的竖曲线；

⑤避免在同向竖曲线间插入短的直线坡段，特别是凹形竖曲线。为改善视觉效果，宜把两竖曲线包络为一个大的单竖曲线或改成复竖曲线。反向竖曲线间最好设置一段不小于以计算车速行驶3s的距离的直线坡段；

⑥加、减速道进出口处前后的纵坡宜平缓些。在积雪冰冻地区，应避免采用陡坡。

2. 纵断面图的设计方法

纵断面图是公路路线设计中的一项重要文件，它的设计主要是指在图纸上明确而合理地选定纵坡的组合并安置好竖曲线。设计的方法是：在路线位置拟定（包括实地定线和纸上定线）后，先依中桩及高程记录绘出纵断面的地面线，在纵断面图的最下面一栏标明平曲线（包括回旋线）的正确位置以及半径、长度等要素值；然后按选线意图确定控制点的位置及高程，考虑填挖等工程经济及与周围地形景观的协调，综合考虑平、纵、横三个面，试定坡度线；再对照横断面检查核对，确定纵坡值；在每一个纵坡转折处，设置竖曲线，选定半径，计算设计标高，填写图下的所有栏目，完成纵断面图。对公路地质复杂路段，为清楚表示沿线土壤地质变化情况，可在地面线以下 2cm 处给出土壤地质断面图。

纵断面图的设计可按如下步骤进行：

①根据中桩及水准记录，绘出纵断面图的地面线；

②了解该路设计要求，熟悉全线有关勘测设计资料（如交叉口、桥涵、居民区等情况）；

③根据中线测设资料，绘出全线的交角点、平曲线及其要素（偏角、半径等）；

④确定纵面控制点，初试拉坡。所谓纵断面 " 控制点，是指高速公路的起点和终点标高、出口、重要桥梁、涵洞和隧道的要求标高、路线交叉点的标高、路基最小填土标高、沿溪（河）线的洪水位标高，以及其他有关建筑物的高度和竖向设计要求等等，这些都应作为控制纵坡线的依据。在纵断面图上标明纵面控制点，对设计高程起到局部或总体的控制作用，然后即可进行初步拉坡；

⑤调整坡度线。在初试拉坡并确定坡度线后，即可检查最大纵坡、坡段长度以及坡长限制等是否符合规定，以及平竖曲线的组合、桥头接坡等是否合理。同时，可适当调整坡度线，一般把变坡点设在整 10m 桩上，以便于计算；

⑥根据横断面进行核对。按已调整后的纵坡可得出填挖高度，对重要控制点、填挖较大路段、挡土墙等重要断面进行检查；若有填挖过多、坡脚交不上地面、挡土墙工程过大等情况时，则须进行调整纵坡；

⑦确定纵坡度。经调整无问题后，即可确定纵坡度，取至小数点后一位，即千分之一，然后，确定变坡点标高；

⑧确定和计算竖曲线。根据高速公路的设计车速和地形情况，确定竖曲线半径，并计算竖曲线要素。

3. 纵断面图的绘制

路线纵断面图应示出地面线和设计线的高程，注明竖曲线的位置、半径及其要素，注明桥梁、路线交叉、涵洞等的位置，列出桥涵结构类型、孔数及跨径，写明水准点编号、位置和高程，如有断链、设计洪水位、影响路基设计的地下水位等也应注明。

纵断面图的水平比例尺一般应与平面图一致，一般为1：2 000，垂直比例尺相应

地用1 ∶ 200。对高速公路也可用水平比例尺1 ∶ 1 000，垂直比例尺相应地用1 ∶ 100，图的下部各栏注明土壤地质说明、地面高程、设计高程、坡度及坡长、直线及平曲线（包括回旋线）、里程桩号等。下部栏目中还应增加超高过渡方式一栏。

山前坡洪积地貌，地势自西向东倾斜，坡度较缓，地形起伏。地层上覆坡洪积卵石土、漂石、砂砾石层6.0 ~ 16m，下伏辽河群大石桥组大理岩、白垩纪梨树沟组砂岩。地下

第三节　高速公路横断面设计

横断面是由横断面地面线与设计线构成的闭合图形。高速公路横断面上的车道多（车道数≥ 4），路幅宽。在平原地区横断面上各个车道一般都放在同一个平面上，做成整体式的路基断面形式。但在山岭和丘陵地形，由于横断面地面线坡度较大，为节省土石方，一般须做成分离式断面形式。

为保证行车的快速和安全，除采用封闭式的断面设计外，在高速公路的横断面上，还需采用不少特殊设施。

高速公路横断面的设计主要是根据交通性质、交通量、行车速度，结合地形、地物、气候、土壤等条件，充分考虑安全要求，进行道路行车道、中央分隔带、紧急停车带、路肩等的布置，确定其几何尺寸，并进行必要的结构设计以保证通路的强度和稳定性。

一、高速公路用地与建筑限界

（一）高速公路用地

通常，公路两侧排水沟外边缘（无排水沟时为路堤式护坡道坡脚），或路堑顶截水沟外边缘（无截水沟时为挖方坡顶），加上一定的附加宽度后的土地为公路用地。附加宽度通常不小于1m，对于高速公路、一级公路，附加宽度宜大于等于3m。在风沙雪害等特殊地质地带，设置防护林、安装固沙网、防沙或防雪栅栏等防护设施时，应根据实际需要确定用地范围。除了道路路基范围内的建筑物外，高速公路用地还要考虑桥梁、隧道、互通式立体交叉、分离式立体交叉、平面交叉、交通安全设施、服务设施、管理设施、绿化、料场及苗圃等用地。在上述的高速公路用地范围内，不得修建非路用的构筑物。

（二）高速公路建筑限界

高速公路的建筑限界是在保证路上汽车交通正常运行的安全条件下所规定的空间限界。空间限界包括宽度和高度，在此空间限界内不得有任何部件侵入。例如，在净空范

围内不得设置桥墩、照明灯杆、交通标志防护栏等。

二、高速公路横断面图式

（一）横断面的基本组成

高速公路横断面就其整体而言，它是包括行车道、中间带、路肩、边坡、边沟以及用地范围内的护栏、标志、照明、防护栅、植树绿化、取土坑等由设计线与地面线所围成的整个断面。它的宽度决定用地和造价，并影响通行能力和行车安全。

与一般公路相比较，高速公路横断面的突出之点在于：

（1）为保证高速安全行车，高速公路的双向行车必须严格分开，为此必须设置中央分隔带。采用分离式路基者除外；

（2）为保证高速公路上车流的连续性，没有到达规定车速的车辆不准驶上行车道。为防止产生突然事故的车辆扰乱车流，必须在横断面的左右两边硬路肩上设置规定宽度的应急停车带，供临时停车之用；

（3）为使高速行车有足够的安全性，在双向每幅行车道的两边都须设置宽为 0.5m 的路缘带；

（4）在中央分隔带两侧和两边路肩上一般需设置安全护栏；

（5）为使路幅全封闭，禁止非机动车和行人进入车道，路基两边都必须设置防止进入的防护栅或其他隔断设施。

（二）高速公路的路基横断面设计

做路基横断面设计时，要求在各桩位的横断面地面线基线上，确定横断面设计线的形状、尺寸和结构，其主要作用是：①为计算路基土石方提供资料；②确定用地范围；③为路基施工提供依据。

在横断面设计中，首先应确定路基宽度。路基宽度为行车道、中间带与路肩宽度之总和。

当没有应急停车带、爬坡车道、变速车道时，尚应包括这些部分的宽度。

当地形条件适宜时，特别是在原地面横坡较大的山区和重丘陵区，亦可做成分离式路基，此时上下行断面各自独立，并分别由行车道和路肩等部分组成。

国外高速公路采用的横断面标准根据该国的国情、土地政策、行车速度、舒适和安全程度等而各异，其差别主要在于中央分隔带的宽度、路缘带和应急带的宽度。美国和德国的标准较宽，日本则与我国相近。

在横断面设计中应绘出标准横断面图和逐桩的路基横断面图。如遇到特殊地形和地质情况，应绘制特殊路基设计图。

绘制标准横断面图时，应在整条高速公路全线范围内选择有代表性的典型横断面，

作出路基标准横断面图。图中应注明用地界、安全护栏、防护栅、绿化等的位置，绘出路堤和路堑边坡以及横断面各组成部分的详细尺寸和布置，作为施工的标准图式。

绘制路基横断面图时，应对路线的每一个中桩绘出横断面设计图，它反映了每个桩位处横断面的尺寸和结构，是路基施工、占地边界、土石方计算的依据，图中应绘出地面线和设计线（包括边沟、边坡、开挖台阶、视距台等）。挡土墙、护坡、护脚等构造物均可绘上，并注明其起讫桩号、圬工种类及断面尺寸。一般需采用 1 ∶ 200 的比例尺。绘制横断面图的工作量大且繁琐，一般都用计算机来完成。

对特殊情况下的路基，如高填深挖路基、不良地质地段路基等，应单独设计，并绘出特殊路基设计图，图中应示出地质、各种防护工程设施和构造物布置大样等。

高速公路遇到较大桥梁时，宜采用两座分离式桥梁、一座用于上行交通，另一座用于下行交通。对大型和特大型桥梁的横断面侧向余宽可以适当减少。高速公路的隧道一般应设计为上下行两座独立隧道。桥梁和隧道两端接线的横断面都应分别单独设计。

高速公路各车道的平面线形常以中央分隔带的中心线为基准向左右分别展开，做成整体式的路基横断面。但中央分隔带的宽度在特殊情况下不一定都是等宽的，特别是由于地形等条件，来往两向车道的设计线不一定在同一平面上，就会过渡到分离式的路基断面。此时，平面线和纵断面线都分别按上下车道独立设计。但此时上下车道的横断面往往相互有影响的。上行车道的边坡坡脚或挡土墙的布置都直接与下行车道的位置相干扰，因此就宜于绘制贯通上下行车道的大横断面，把上行车道和下行车道的相对位置（水平距离和相对高差）清楚地绘制在路基横断面图上。

三、各组成部分的细部构造

高速公路横断面包含不少内容。现将它们各组成部分的细部构造、功用及设计要求分别叙述。

（一）行车道与车道

行车道是高速公路横断面中最主要的组成部分，它至少由双向四个车道组成，可以是六个车道或八个车道。最靠近中间带（即最左边）的车道车速最高，又可称为超车车道，主要由高速的轿车行驶；最右边的车道为慢车道，其车速仅在 60km/h 以上，载重车和大客车较多。行车道中的车道数主要根据远景年的设计交通量、每一车道的通行能力和服务水平确定。

单一车道的宽度则依设计车速及大型车混入率而定。各国由于设计车速的差异及大型车所占的比例不同而采用不同的车道宽度标准，但一般为 3.5 ~ 3.75m。研究认为，在考虑车道的宽度时，除考虑汽车的横向宽度外，还应考虑随着车速而变化的汽车横向动态净空。影响汽车横向运动的因素有：驾驶员的驾驶能力、在曲线段增加车道宽度的要求、曲线段汽车的动态横移、反光镜位置、超宽装载、横向风的影响等。很明显，上述因素均与汽车车速有关。

由于车道过宽容易形成一个车道中两列小车并行行驶，因此，不推荐采用大于4m的车道宽度。

我国《公路路线设计规范》（JTG D20—2006）规定高速公路每一车道除山岭区v=60km/h）采用3.50m，其余均采用3.75m。对各种高速公路行车道宽度的规定值见表5-5。这些规定与国外的一些研究基本相符。

表5-5 行车道宽度

<table>
<tr><td>设计速度 / (km/h)</td><td>120</td><td>100</td><td>80</td><td>60</td><td>40</td><td>30</td><td>20</td></tr>
<tr><td>车道宽度 /m</td><td colspan="2">3.75
3.75</td><td colspan="5">3.75
3.50
3.50
3.25
3.00</td></tr>
</table>

（二）中间带

中间带由中央分隔带和两侧路缘带组成。

中间带的宽度根据设计车速、周围环境及用地条件等因素确定。对于用地条件宽裕、环境设计要求高的国家（如美国和德国），采用了较宽的中间带，这样对于布置优美的景观，减小噪声及空气污染的影响，降低夜间行车眩光的影响等都会起到良好的作用。对于用地紧张的国家和地区多采用较窄的中间带，同时采用了防撞护栏和防眩板等措施来起到防眩作用。我国用地紧张，设计规范规定采用较窄的中间带。

中间带的功能是：分隔对向车流，防止对向车辆碰撞；减少干扰，保证车速；减轻夜间对向车灯的眩光；清晰显示内侧边缘、引导驾驶员视线；防止行车任意转弯调头；并可作为设置安全护栏、标志、绿化及其他交通设施之用。路缘带则起着诱导视线及增加侧向余宽的作用。

中间带宽度应等于设施带宽度和两边侧向余宽之和。如果采用较窄中间带的设计方式，设施带的宽度应考虑到植树与设置防撞护栏的需要，一般为0.8m；侧向余宽应考虑到弯道视距、养护人员安全操作宽度、埋设地下管线等因素，以上这些需要1.0m的宽度；路缘带作为中间带的一部分与行车道相连接而设置，以显示行车道边缘，宽度为0.50～0.75m。因此，侧向余宽总计应为每边1.75m，中间带的全宽应为4.5m。其中中央分隔带的宽度以不小于3m为宜。

高速公路受到地形限制时，当设计车速为120km/h时，中央分隔带可减至1m，两侧路缘带宽度仍每边为0.75m，这样中间带宽度可以为2.5m；对设计速度为80km/h、60km/h的山岭区高速公路，中央分隔带宽度可减至1.0m，当受地形或特殊情况限制时，两侧路缘带宽度仍每边为0.5m，这样中间带总宽为2.0m，但从中央分隔带的作用考虑，其宽度不宜任意缩减。有足够的理由采用低限值时，从宽过渡到窄应设计过渡段，防止突变对行车安全造成不利影响。

当高速公路、一级公路采用分离式断面时，两相邻路基边缘之间的距离在边远人烟稀少、土地荒漠地区宜采用大于 4.50m 宽的中间带，宽中间带一般为 6 ~ 15m。该宽中间带可随地形变化而改变宽度，不必等宽。地面较为平坦的宽中间带范围内宜种植草皮，两侧车道亦不必等高，应与地形、景观相配合。中间带内采用 4 : 1 ~ 6 : 1 向中央倾斜的斜坡以利于排水。各分离式路基的左侧应设置包括硬路肩与土路肩的左路肩。

中间带宽度应在相当长的路段范围内保持不变。当中间带宽度变化时应设置过渡段。窄中间带过渡段以设在回旋线范围内为宜，其长度与回旋线相等；宽中间带过渡段以设在半径较大的平曲线路段为宜。

中央分隔带每隔一定距离需设开口，以解决高速公路维修时的交通，使车辆在必要时可到反向车道行驶。开口间距应不小于 2km 为宜。中央分隔带开口长度不宜大于 40m，八车道高速公路开口长度可适当增长，但不应大于 50m。在开口处应设置活动护栏、严禁车辆 U 型转弯（掉头）。开口位置应设在通视良好的路段，若位于曲线路段，该圆曲线的超高值不宜大于 3%。在互通式立体交叉、隧道、特大桥、服务区设施前后以及整体式路基、分离式路基的分离（汇合）处，应该设置中央分隔带开口。

中央分隔带表面可分凹形和凸形两种形状。前者用于宽度大于 4.5m 的中间带；后者用于宽度小于 4.5m 的中间带。

中央分隔带缘石形状分平齐式、斜式和立式三种。第一种适用于宽度 > 5m 的中间带和公路路肩，第二种和第三者适用于宽度 W4.5m 的中间带。中央分隔带原则上不应设凸起缘石。出于排水或其他原因而需设置时，应采用具有低而圆滑、外形不会引起车辆弹起的斜式缘石。另外，还可以把缘石做成曲线型。

中央分隔带表面处理可采用植草皮或采用铺面封闭等方式。一般情况下，宽度 > 4.5m 的中间带植草皮，栽灌木，宽度 ≤ 4.5m 的中间带采用铺面封闭。

分离式路基为供维修、养护、应急抢险之需，每隔适当距离应设置横向连接道。

（三）路肩

高速公路的路肩是指从行车道外缘至路基边缘的地带。它由外侧路缘带、硬路肩和保护性土路肩组成。

高速公路路肩的功能是：保护和支撑路面，并作为侧向余宽的组成部分；临时停放产生故障或发生事故的车辆；养护和维修工作人员和应急车辆的临时通行；显示行车道外侧边缘，引导视线，增加行车的安全性；为设置路上设施或埋置地下设施及养护作业提供场地。高速公路应在硬路肩宽度内设右侧路缘带，其宽度一般为 0.50m。对于分离式的高速公路路基应设置左侧硬路肩，同时左侧硬路肩内含有左侧路缘带，其宽度为 0.50m。

设计速度为 120km/h 的四车道高速公路的整体式路基，右侧宜采用 3.50m 的硬路肩；六车道、八车道高速公路，宜采用 3.00m（考虑到车道数越多，故障车辆对交通的影响越小）。对于分离式路基，还需设置左侧硬路肩，其具体的宽度和设计速度有关，高速公路采用分离式断面时，行车道左侧应设置路肩，其宽度一般为：计算车速为120km/h时，采用1.25m；计算车速100km/h时采用1.00m；计算车速小于或等于80km/h时采用0.75m。

高速公路右侧的硬路肩一般应贯通，形成应急停车道，可供产生特殊交通事故临时停车或紧急通车使用，一般应，3m（包括路缘带），保护性土路肩为0.5m和0.75m。在山岭和重丘区，地形条件比较复杂，硬路肩宽度可减至3.0～1.5m。无论在什么地形，高速公路土路肩宽度保持0.75m不变。当高速公路右侧硬路肩宽度小于2.50m时，无法形成贯通的应急停车道，为保证行车的安全，应设具有一定长度的港湾式应急停车带以供临时停车使用。港湾式应急停车带间距不宜大于2km，其宽度一般为5m，有效长度，50m。港湾式应急停车带原则上左、右对称设置。高速公路、一级公路的特长桥梁、隧道，根据需要可设置紧急停车带，其间距不宜大于750m，但其宽度最小可减至2.5m，其长度最小可减至25m，其过渡段最小值可采用5m；当采用最小值的过渡段时，为使过渡段外形圆滑，可采用反向圆曲线连接的线形。

对控制进入的高速公路，在能提供消防、急救、道路养护及处理交通事故等条件的地点可设置紧急出口，其位置应选在通视良好、与外部一般公路连接方便的地点。

（四）路拱坡度

1. 行车道横坡

高速公路均使用高级路面，其横坡度为2%（沥青混凝土）～1.5%（水泥混凝土）。应急停车道和港湾式应急停车带采用与行车道路面相同的横坡度。六车道、八车道的高速公路宜采用较大的路面横坡。位于严重降雨地区时，为利于排水，路面横坡可适当增大。

高速公路整体式路基的路拱宜采用双向路拱坡度，由路中央向两侧倾斜。位于中等强度降雨地区时，路拱坡度宜为2%；位于降雨强度较大地区时，路拱坡度可适当增大。高速公路分离式路基的路拱宜采用单向横坡，并向路基外侧倾斜，也可采用双向路拱坡度。积雪、冰冻地区，宜采用双向路拱坡度。对于六车道、八车道高速公路、六车道一级公路，当超高过渡段的路拱坡度过于平缓时，可设置两个路拱。

2. 路肩的横坡

为保证排水，高速公路的直线路段上的硬路肩应设置向外倾斜的横坡，其坡度值与车道横坡相同，路线纵坡平缓，且设置拦水带时，其横坡值宜采用3%～4%。曲线段内，外侧硬路肩横坡的横坡值及其方向与超高有关，当曲线超高小于或等于5%时，其横坡值和方向应与相邻车道相同，当曲线超高大于5%时，其横坡值应不大于5%，其方向相同。硬路肩的横坡应随相邻车道的横坡一同过渡，其过渡段的纵向渐变率应控制在小于1/150至大于1/330之间。大中桥梁和隧道的硬路肩的横坡值与车道保持一致。

位于直线段或曲线路段内侧，且车道或硬路肩的横坡值大于或等于3%时，土路肩

的横坡应与车道或硬路肩横坡值相同；小于 3% 时，土路肩的横坡应比车道或硬路肩的横坡值大 1% 或者 2%。位于曲线路段外侧的土路肩横坡，应采用 3% 或者 4% 的反向横坡值。

高速公路路拱可采用曲线形，如双曲线 $y=Ax^2+By+C$ 型的路拱公式，使用公式为：

$$y=\frac{h}{16}\left[-7+\sqrt{49+480\left(\frac{x}{l}\right)^2}\right] \tag{5-2}$$

式中 x—— 距路中心的横向距离，m；

y—— 相应于距路拱顶点水平线为 x 处的竖向高度，m；

h—— 路拱高度，m；

l—— 路幅半宽，m。

此种形式路幅 1/4 宽处为 3/%，1/2 宽处为 £，但中心部分较缓。

四、行车视距

（一）行车视距及其分类

为了行车安全，驾驶人员应能随时看到汽车前面相当远的一段路程，一旦发现前方路面上有障碍物或迎面来车，能及时采取措施，避免相撞，这一必须的最短距离称为行车视距。行车视距是否充分，直接关系到行车的安全与迅速，它是公路使用质量的重要指标之一。在平面上的暗弯（处于挖方路段的弯道和内侧有障碍物的弯道）以及纵断面上的凸形变坡处有可能存在视距不足的问题。

计算视距首先应明确司机的目高和前方障碍物的高度。目高以车体低的小客车为标准，据实测可采用 1.2m。物高是个有争论的问题，如果偏于安全方面的考虑。物高应该为零，即司机应该随时看到前方一定距离的路表面，但要保证这样的视距，在纵断面上的凸形竖曲线就要相应地增大半径，在工程上是不经济的。如果取一辆汽车顶部的高度，则又偏于危险。公路上出人意料的障碍物，可能是前面车辆上掉下来的货物，路旁滚下的石头或突然窜到公路上来的牲畜，这些东西都应该被司机很快看到并立即减速停车以免碰上。根据这样的假定和分析，在设计中采用的物高可为 0.10m。

行车视距按照汽车在公路行驶中可能遇到的不同情况，可以分为停车视距、会车视距、超车视距等三类。由于公路等级不同，对行车视距的要求也就不同。例如，在高速公路上行驶的车辆，就不会遇到会车的问题，因为高速公路是设有中央分隔带、分向行驶的公路设施，故无需保证会车视距，这就是所谓的设计视距问题。设计视距就是某条公路或其中一定长度的设计路段在设计中所采用的行驶视距，它是平面与纵断面设计中应通过验算给予保证的行车视距。

《公路工程技术标准》（JTG B01—2003）规定，高速公路、一级公路的设计视距采用停车视距。二、三、四级公路的设计视距应满足会车视距的要求，其长度应不小于停车视距的两倍。工程特殊困难或受其他条件限制的地段，可采用停车视距，但必须采取分道行驶措施。

此外，二、三、四级公路应在适当间隔内设置满足超车视距的超车路段。二、三级公路中，宜在3min的行驶时间里，提供一次满足超车视距要求的超车路段。一般情况下，不小于路线总长度的10% ~ 30%。超车路段的设置应结合地形并力求均匀。

（二）停车视距

停车视距是指驾驶人员发现前方有障碍物到汽车在障碍物前停住所需要的最短距离。停车视距可分解为反应距离、制动距离和安全距离等三部分来研究。

1. 反应距离

反应距离是指当驾驶人员发现前方的障碍物，经过判断决定采取制动措施的那一瞬间到制动器真正开始起作用的那一瞬间汽车所行驶的距离。在这段时间过程中，也可分为“感觉时间”和“反应时间”来分析并可用实验测定。感觉时间在很大程度上取决于物体的外形、颜色、司机的视力和机敏度，以及大气的可见度等。在高速行车时的感觉时间要比低速时短一些，这是由于高速行驶时警惕性会更高的缘故。根据测定的资料，设计上采用感觉时间为1.5s，制动反应时间取1.0s是较适当的。感觉和制动反应的总时间为2.5s，在这个时间内汽车行驶的距离为

$$S_1 = \frac{V}{3.6} \cdot t$$

2. 制动距离

制动距离是指汽车从制动生效到汽车完全停住，这段时间内所走的距离。它可以按功能转换原理求得。汽车制动时，给车轮施加以制动力P，以阻止车轮前进。在急刹车时，取P的最大值，而最大的P取决于轮胎与路面之间的摩阻力。在摩擦系数较小的路面上，若制动力大于摩阻力，车轮将在路面上滑移，使行车方向失去控制，这是要避免的，所以P的极限值为：

$$P = \varphi \cdot G$$

式中 φ——路面与轮胎之间的纵向摩擦系数，因轮胎条件（材料、花纹、内压、尺寸等）、路面条件（路面种类、路面的粗糙度、清洁度、干湿程度、温度等）及制动条件（制动时的速度、有无驱动力或制动力）的不同而异，其变化范围较大。在干燥清洁的高级和次高级路面上，为0.5 ~ 0.7，潮湿时为0.3 ~ 0.5，泥泞、冰滑时为0.1 ~ 0.2；

G——分配到制动轮上的汽车重力，若全部车轮均为制动轮，则等于车重，单位为N。制动距离S_2与制动力的乘积决定了制动过程所做的功，它是消耗在汽车的动能上，

使车速由 v_1 减到 v_2，即

$$(\psi+\varphi)G\cdot S_2=\frac{G\left(v_1^2-v_2^2\right)}{2g}$$

由此得到

$$S_2=\frac{\left(v_1^2-v_2^2\right)}{2g(\psi+\varphi)}$$

式中：$(\psi+\varphi)G\cdot S_2$—— 制动距离为 S_2 时，制动过程所做的功，N · m；

ψ—— 道路阻力系数，包括滚动阻力系数 f 和纵坡度 i，f 值较小，i 值是变量，制定标准时取 i=0，分析具体问题时可按实际值代入。

将 g=9.81m/s^2 代人，并将 v（m/s）换算为 V（km/h），得

$$S_2=\frac{\left(V_1^2-V_2^2\right)}{254\varphi}$$

汽车停止时，V_2=0，则

$$S_2=\frac{V_1^2}{254\varphi}$$

3. 安全距离

汽车完全停止后与障碍物间应保持的最小安全距离。一般为 5 ~ 10m。因数值较小，计算时已考虑在反应距离中，不另计。故停车视距为

$$S_{瞧}=S_1+S_2=\frac{V\cdot t}{3.6}+\frac{V^2}{254\varphi}$$

计算停车视距所采用的应是能充分保证行车安全的数值，一般按路面在潮湿状态下的 φ 值计算。行驶速度的取值：设计速度为 80 ~ 120km/h 时，采用设计速度的 85%；40 ~ 60km/h 时，采用计算行车速度的 90%；20 ~ 30km/h 时采用原设计速度。这样计算的结果见表 5-6，我国《标准》对停车视距的规定相当于表列计算值取整后的数值。

高速公路、一级公路以及大型车比例高的二、三级公路，应采用货车停车视距对相关路段进行检验。积雪冰冻地区的停车视距宜适当增长。

表 5-6　高速公路、一级公路停车视距

设计速度 /（km/h）	120	100	80	60
停车视距 /m	210	160	110	75
货车停车视距 /m	245	180	125	85

（三）平面视距的保证

汽车在弯道上行驶时，弯道内侧行车视线可能被树木、建筑物、路堑边坡或其他障碍物所遮挡。因此，在路线设计时必须检查平曲线上的视距是否能得到保证，如有遮挡时，则必须清除视距区段内侧适当横净距内的障碍物。

假设驾驶员的视线距离路面1.2m，驾驶员座位距末加宽时路面内边缘的水平距离为1.5m。检查平面视距时应以视点为起算点。车辆在弯道上行驶时视点的运动轨迹半径为：

$$R_s=R-\frac{B}{2}+1.5$$

式中 R—— 弯道圆曲线半径，m；

B—— 弯道路面宽度，m。

对平面视距的检查，首先应计算出保证设计视距所需的最大横净距Z，其次是计算实际条件下所提供的能通视的横净距 Z_0，若 $Z \leqslant Z_0$，设计视距可以得到保证，若 $Z > Z_0$，则应清除障碍物以满足 $Z \leqslant Z_0$ 的要求。

最大横净距Z的计算应根据是否设置回旋线以及曲线长度是否大于视距长度等条件分别进行。

第六章　高速公路路基设计

第一节　既有路基利用与处治

一、高速公路路基概述

高速公路路基拓宽改建设计前，应搜集原有道路的设计、竣工图和养护等方面的资料，应对既有路基和拓宽场地进行调查、勘探和测试，查明既有路基的填料性质、含水率、密度、压实度、强度，以及路基的稳定情况，查明原有路堑边坡地质情况、现有防护排水措施及边坡稳定状态，查明拟拓宽场地的水文地质、工程地质条件。分析评价新拼接路基或增建路基对既有路基沉降变形和边坡稳定的影响程度。高速公路路基拓宽改建，应根据公路沿线的地形地貌和地质特点、既有路基现状及拓宽后的交通组成，综合比较确定既有路基的利用与拓宽拼接方案，采取合理的工程措施，保证拓宽改建路基的强度和稳定性。

对于整体式扩建的路基设计，应在既有路基调查和评价的基础上，合理处治既有路基病害，分析路基改扩建对既有路基变形、稳定性、防护和排水设施的影响，并采取合理的技术方案及工程措施，保证高速公路路基改扩建后的整体使用性能。应合理利用既有路基强度，并根据既有路基的回弹模量、含水率和密实状态，综合确定既有路基的处理措施。整体式扩建拼接部分的路基回弹模量应大于 40MPa，且应不小于既有路基原设计回弹模量。整体式扩建应做好路基路面的协调设计，应采取合理的工程措施，保证拼宽路基与既有路基之间衔接良好，并采取必要的工程措施减小新老路基之间的差异沉降，防止产生纵向裂缝。应对既有路基的防护及排水设施充分利用，不满足要求的应按改扩建的要求进行修复或拆除重建。

对于分离式扩建路基设计应符合现行《公路路基设计规范》JTGD30—2015（以下简称《路基设计规范》）的相关规定，应合理控制分离增建路基的总沉降及工后沉降，避免对既有路基产生不利影响。既有路基可按现行《公路养护规范》的规定进行养护，对于既有路基的病害应进行处治。

鉴于我国高速公路路基改扩建在软土地区的经验比较多，高速公路的改扩建工程也主要位于软土地区，下面重点就软土地区的路基改扩建工程进行论述，也总结了其他地区的高速公路路基改扩建的要点。

二、既有路基利用与处治分析

路基是路面的支撑结构物，其性能状态对路面结构性能的优劣极为重要。由于施工过程中局部路基土压实度不够，或地下水位升高以及地表水的渗入导致的路基整体强度降低，从而导致路面结构出现不均匀沉降、沉陷和结构性车辙病害。一般而言，在高速公路拓宽工程中，考虑施工工期、经济成本以及对环境造成的不利影响，除对路基承载能力明显不足导致严重病害的路段外，通过刨除上部路面结构再处治路基是困难的，易造成极大的资源浪费。因此，应针对既有路基的实际状态和问题根源进行分析评估；应根据既有路基病害的类型、特征、成因及危害程度，结合气象、水文地质、工程地质等因素，选择合理、有效、经济的处治方案，避免路基的病害反映到改建后的路面结构上来。

既有路基结构物的利用及处理应符合下列规定：

（1）既有结构物的处理及利用应满足路基改扩建的技术要求。

（2）查明既有结构物无明显损害，且强度及稳定性满足改扩建要求时，应全部利用；若部分损坏或不满足改扩建要求时，可加固利用或拆除重建。

（3）加固利用的既有结构物，新、旧混凝土或砌体结构应紧密连接，形成整体。

既有路基的利用应与既有路面的利用及加铺设计相结合，根据路基病害或拼宽结构的影响程度，采取针对性的处治措施，包括以下主要措施：

（1）当既有路基回弹模量满足新建路基的要求，既有路面未出现破损，且拼宽后，通过加铺设计可满足路面设计要求时，宜充分利用既有路基。

（2）当既有路基回弹模量不满足新建路基的要求，且路面出现严重破损时，可分别采取改善排水、补充碾压、换填处治等工程措施。

（3）当条件受限不能翻挖既有路基时，可采取路基补强措施，如注浆等。注浆材料通过高压注入软弱土基进行加固，灌浆材料可长期与土发生化学反应，可使土体固结，逐渐达到土基稳定的目的。注浆加固技术对道路进行养护，不必进行开挖，具有节约资源、施工方便快速、对交通影响小的优点。

（4）当既有路基处于中湿状态以下时，应增设排水垫层或布设地下排水设施等措施。

第二节　软土地基处理

一、总体要求

新建公路，对路面结构产生影响的变形主要是路面结构铺筑以后所产生的工后变形。因此，软土地基上高速公路一般路段的地基处理大多以提高稳定性和减小路基工后不均匀沉降为目标。

在路基拓宽工程中，为消除新、老路面的高程差，或对既有路面进行补强，一般需加铺一定厚度的结构层，但只要既有基层的结构强度尚可，仍作为拓宽后整体路面的主要承力层之一。对于老路路面结构，影响其结构性能的路基变形不仅包括拓宽公路引起的工后沉降，还包括既有路面结构在运营过程中产生的工后沉降和拓宽路基施工产生的瞬时沉降。另外，高速公路拓宽工程中老路一直承担交通荷载，拓宽公路引起的瞬时沉降必然会对老路面服务性能产生不利影响，严重时甚至影响交通的正常运营。

因此，对于软土地区高速公路拓宽工程而言，不仅需要减小拓宽路基的工后沉降，还要尽量减小老路的附加沉降和新老路基的不均匀沉降。整体式扩建路基沉降控制宜满足下列要求：

（1）工后沉降计算年限宜不小于 15 年；

（2）拼宽部分路基总沉降应不大于 20cm，工后沉降桥头应不大于 5cm、通道及涵洞应不大于 10cm，其他一般路段应不大于 15cm，既有路基中央分隔带附加沉降不宜大于 3cm；

（3）既有路基的路拱横坡度增大值不应大于 0.5%，相邻路段路基差异沉降引起的纵坡变化不应大于 0.4%；

（4）施工期和运营期的路基整体稳定性应符合现行行业规范《路基设计规范》关于路基稳定的相关规定；

（5）路基填筑速率垂直位移宜小于 5mm/d、侧向位移宜小于 3mm/d；

（6）采用堆载预压时，预压卸载前，推算的工后沉降应小于设计容许值，且连续两个月沉降速率小于 3mm/ 月；

（7）路面铺筑应在沉降稳定后进行，要求根据观测沉降量推算的工后沉降量小于设计容许值，且连续两个月沉降速率应小于 2mm/ 月。

二、地基处理方法的选择

软土地基处理方法有堆载预压法、垫层与浅层处治、排水固结法、强夯法、复合桩基法、轻质路堤法等。

堆载预压法是把相当于或者超过设计的荷载增加作用于地基上，加速固结沉降，同时提高地基强度的方法。在压缩性大、透水性好的泥炭土地基上，最适用采用堆载预压法。在压缩性大、透水性差的软土地基上，单独采用堆载预压法一般需要有较长的预压时间，为缩短施工期，则需与排水固结法结合运用，以加速地基固结沉降。

垫层及浅层处理技术适用于处理拓宽路基地表下 0.5 ~ 3m 的含水量较高的软弱不良土地基，且不良土易于挖出，拓宽路基填筑高度较低。垫层施工一般应分层铺填、分层压实、分层质量检验。施工时严格控制最优含水量、铺设与压实厚度、压实遍数等，具体控制指标应根据各类施工机具与设计要求通过现场试验确定。在垫层与浅层处理新老结合部的基底时，常用的换填材料主要有砂（砾）、石渣、石灰土等。

排水固结法是在软土地基中，设置一定数量竖向排水通道（砂井或塑料板），利用上部荷载的作用，加速软土的排水固结，从而提高地基整体强度。当软土层较厚、路堤较高，特别是当天然地基土层的水平排水性能较垂直向大，或软土层中有薄层粉细砂夹层时，采用排水固结法效果较好。一般软土均可使用该法，但次固结占很大比例土类，如泥炭土有机质黏土和高压缩黏土等，则不宜采用。

强夯是冲击能量以波的形式改变土体物理力学性质，施工速度快，工期短，无须添加特殊材料，费用低，但该处理方法对周围环境和既有路基影响大，同时加固深度受到限制。如果工程改扩建过程既有道路仍维持通行，该方法应慎用。

复合地基法是通过设置高强度竖向桩柱体，对深层软土起到置换或增强作用，加固的桩柱体与桩柱间土体组成复合地基，共同承受上部荷载的作用。根据桩柱体材料和施工工艺的不同，复合桩基加固机理和作用也不尽相同，典型案例主要有水泥搅拌桩、粒料桩、CFG 桩、预应力管桩等。

水泥搅拌桩法，一般适用于加固淤泥、淤泥质土、粉土和含水量较高的黏性土，加固深度一般不超过 18m。粒料桩法由于施工时使用震动沉管机或水振冲器，对周围环境影响较大，一般适用于对环境要求不高的情况。CFG 桩目前处理深度在 24m 以内，震动施工过程对周围环境影响较大，桩体在施工过程中容易出现断桩、缩颈现象，施工技术要求高，成桩质量不宜检查。预应力管桩属于刚性复合地基处理方法，一般适用于填土较高，处理深度较大的情况，其处理效果好，能有效提高地基承载力，但随着处理深度的增加，工程造价上升较多。

轻质路堤法是利用轻质材料作为路堤填料，减轻路堤重量，以减少路基对地基的压力，保证路基稳定性。轻质路堤法是近年国内新兴的处理方法，目前主要有 EPS 路堤（发泡聚苯乙烯）、SLS 路堤（土、砂、EPS 颗粒）、FCB（气泡轻质土）。轻质路堤法施工进度要求快，但市场供应量有限，工程造价较高，且质量不稳定。目前轻质路堤法多作为补救措施、施工条件受限路段或地质条件特别差的桥头路段，大规模运用的成功案例较少，这种路堤长期使用后其残余变形情况和使用寿命，以及对路面结构的协同作用还有待观测和研究。

改扩建工程的软土地基处理应符合以下要求：

（1）地基处理措施的选取和设计，应综合考虑软土层厚度和埋深、既有地基的固结度和剩余沉降情况、路基高度和拼接形式等因素，控制拓宽路基的沉降并尽量减小对既有路基的影响。

（2）浅层软土地基，可采用垫层和浅层处理措施减小拓宽路基的沉降。

（3）深厚软土地基，优先采用复合地基，其次采用轻质路堤等处理措施，不宜采用对既有路基产生严重影响的排水固结法或强夯法，轻质路堤宜采用现浇泡沫混凝土或EPS。对于鱼（水）塘、河流、水库等路段，需要排水清淤时，应采取防渗和隔水措施后方可降水。

（4）新老路基分离设置，且距离小于20m时，可采用设置隔离措施或对新建路基地基予以处理，减小新建路基对既有路基的沉降影响。

三、桩承式路堤

桩承式路堤所采用的桩体主要是刚性桩（方桩、管桩等），不同于水泥搅拌桩、碎石桩等柔性桩，也不同于CFG等半刚性桩，但是和常规结构桩基础相比，桩承式路堤的桩基取消了桩顶承台，而以桩帽代替。同时水平加筋体和砂垫层共同工作，起到了调节路堤沉降、约束路堤侧向变形，将路堤荷载分配于桩及桩间土的作用。

（一）工作原理

桩承式加筋路基的荷载传递机理包括以下几个分量：路基的土拱效应、土工格栅的拉膜效应或加筋垫层的刚性垫层效应、桩土间刚度差异引起的应力集中。

1. 土拱效应

路堤中桩间土和桩顶土体的差异沉降，会使桩顶一定范围内路堤填料产生应力重分布，大主应力方向发生偏转，大致平行于相邻两桩帽之间的圆拱形连线，从而将此拱形区域内的路堤填料压实，形成一个拱状的压密壳体，将一部分桩间土路堤荷载传递于桩帽之上。这一过程即是桩承式路堤土拱（soil arching）效应。

土拱形成后，路堤荷载向桩顶转移的大小，与路堤填料的性质、填料的高度、桩间距和桩帽的大小有关。桩间距过大，桩帽过小，土拱效应不足，桩间土承受荷载太大，桩顶和桩间土差异沉降超出允许范围，则达不到桩承式路堤应有的经济效果，路堤顶面产生“蘑菇”状突起。

2. 土工格栅拉膜效应

在桩承式路堤系统中，高强度土工格栅出现以前，为了充分利用桩的承载能力，并防止由于桩间距过大而造成路堤顶面出现不均匀沉降，普遍做法是增大桩帽。

所需的置换率和路堤填料的性能有密切关系，当桩间土沉降较大时，桩帽下面容易形成空洞，大桩帽受力不均，产生倾斜，上部路堤填料下漏，造成路堤破坏。

高强度土工格栅出现后，可以在桩帽上铺设一层或多层土工格栅，对上部路堤填料起到提拉作用，由此可以采用较大的桩间距和较小的桩帽。在上部荷载作用下，加筋垫层发生弯曲，土工格栅变形后的形状近似于圆弧形或悬链线。随着土工格栅产生一定的拉伸变形，土工格栅呈现"拉膜效应"，即可以承受一定的法向荷载，一部分荷载通过土工格栅拉力的垂直分量传递到桩体上，减少了软土顶面沉降及传递到堤坝顶面的不均匀沉降。同时，土工格栅与碎石一起形成一个刚性垫层，起到一个横跨桩间软土的作用。Han通过对13个GRPS路堤的设计置换率进行调研，其数据显示，采用土工格栅加筋后，所需置换率远低于Rathmayer所提出的传统桩承式设计标准，且多低于20%。

3. 桩土应力集中

在理想情况下，如果土工格栅加固层为绝对刚性，就不会产生不均匀沉降，加筋材料也不会有拉伸，这时候就没有土拱效应和拉膜效应，但这时候由于桩体材料和土体材料之间的刚度差异，仍然有荷载向桩头集中，即"应力集中效应"。

桩土应力比定义为桩头平均竖向应力与桩间软土表面平均竖向应力之比。桩土应力比是拱效应、拉膜效应、应力集中效应的综合体现，是反映路堤填土、土工格栅加筋垫层、桩、软土共同工作性状的一个重要参数，它的变化直接体现出复合地基承载力和变形的变化。

桩侧阻力与桩端阻力的发挥过程就是桩土体系荷载的传递过程。在桩端平面处，由于附加应力引起下卧层土体压缩，桩端土体发生了变形，从而桩端相对于地基产生刺入变形，该刺入变形是桩端阻力以及桩身下部正摩擦力得以发挥的原因。现场实测也证明了桩端刺入的存在。在桩帽顶平面处，由于桩间土的压缩量远远大于桩身的压缩量，因此，桩帽顶的沉降小于桩间土的沉降，桩土之间存在沉降差。桩身范围内，桩土相对沉降大小的变化导致桩侧摩阻力方向的变化。

（二）拓宽路堤设计

应用三维非线性有限元分析平台，通过分析桩土应力比、桩土摩擦、地基沉降、桩土差异沉降、格栅应力、路基顶面变形和路面应力等工程响应，对路堤高度、横断面布桩方式、桩长、纵向桩间距等主要设计参数进行敏感性分析，为桩承式路堤实体工程的设计提供依据。

1. 桩承式路堤模型建立

桩长、桩间距、外排桩位置与长度的变参数分析桩承式加筋路堤是一个真三维问题，在三维分析中的拱效应显示为一个支撑在四个桩上的穹，而在轴对称分析中，拱效应会表现为支撑在一根桩上的伞状，轴对称分析并不能真实反映其受力特征。考虑到路堤拓宽荷载的非轴对称性，以及桩处理平面简化处理的局限性，应进行三维有限元分析。

2. 荷载（路基高度）

桩顶荷载，可直观地认为路基填筑高度，是影响软土地基高速公路拓宽工程性状、决定处理措施力度最为重要的因素之一。结合沪宁高速公路（上海段）拓宽工程实际，取路基高度为 2.0、3.0、4.0、5.0m 等 4 种典型工况。

（1）桩土应力比

不同路堤高度下的横断面桩土应力比变化趋势基本相同，即内侧桩的桩土应力比最大，向外逐渐减小，至最外侧基本上趋近于 1。但是，对于路基拓宽这一特殊工程条件，上覆荷载并非均布荷载，且老路坡脚以内并未布桩，并未出现明显的桩土应力比随路基高度增加而增大的特征。说明内侧桩对于承担上覆荷载、减小地基沉降的贡献较大，而外侧桩的贡献较小，至拓宽路基坡脚桩时，其主要作用是限制侧向位移。因此，横断面布桩时，可考虑选择“内密外疏”的桩间距设计。

（2）地表沉降

随着路堤高度的提升，公路拓宽所产生的地表总沉降在逐渐增大，其不均匀沉降也逐渐增大；对于老路地表以及新老路基结合部地表，这一趋势在施工阶段以及运营阶段均较明显；对于拓宽部分的地表，由于采取桩承式加筋路堤处理，这一趋势仅在施工阶段较为明显，而运营阶段则不甚显著，其工后沉降大多控制在 2cm 以内，说明其沉降大多在施工期间完成。

（3）路基顶面变形

不均匀沉降随着路基高度的增加而急剧减小，直至趋近于 0，这是由于随着路基高度的增加，桩顶以上的土拱效应逐渐增强。应用“等沉面”的概念，在进行桩承式路堤的设计时，应尽量保证等沉面在路基顶面以下。分析中仅考虑了路基路面自身荷载产生的不均匀沉降，尚未考虑行车荷载作用对不均匀沉降的进一步加剧。因此就案例中的桩间距、桩帽尺寸及填土材料而言，在设计中桩顶上覆路基高度不宜小于 2.0m。

由于在老路边坡内侧位置未进行地基处理，随着路基高度的增加，老路边坡上的上覆拓宽荷载逐渐增加，故靠近老路边坡一侧的不均匀沉降逐渐增大。并且当路堤高度由 2.0m 增加到 3.0m 时，不均匀沉降的增幅最大；路堤高度 4.0m 和 5.0m 时的不均匀沉降量变化不大。

3. 路面应力

对于桩承式加筋路堤处理拓宽工程而言，损坏模式为拓宽路面基层底面的弯拉开裂，故提取不同路基高度下拓宽基层底面的最大弯拉应力。当路基高度由 2.0m 增加到 4.0m 时，弯拉应力逐渐增大，达到 0.398MPa。基层结构在行车荷载作用下的底部弯拉应力为 0.1MPa 左右，因此当变形附加应力达到 0.4MPa 时，基层底面弯拉应力已超过结构的弯拉强度。

由于拓宽路面对不均匀沉降较为敏感，而老路边坡位置以及新、老地基交接处易导致较大的不均匀变形，故应对该位置进行合理的地基处理设计。就桩承式加筋路堤而言，应在路堤高度大于 3.0m 时，在老路边坡位置增设布桩。

四、轻质路堤拓宽技术

如何减小新、老路基间的不协调变形是拓宽工程的技术难点。而在软土地区，不协调变形主要来源于拓宽公路的自重荷载。因此，采用轻质路堤以减小拓宽路基的自重，也已成为软土地区高速公路拓宽工程的一种处理途径。EPS 路堤、轻质泡沫混凝土作为典型的轻质路堤，在桥头引道、土方工程处理等方面已得到较为广泛的应用。

（一）EPS路堤

EPS（Expanded Polystyrene）是发泡聚苯乙烯的简称。它是采用聚苯乙烯树脂加入发泡剂，同时进行加热软化，产生气体的发泡树脂，故亦称泡沫塑料，属超轻质高分子材料。

1. 路堤设计

EPS 路堤设计要点是做好坡面防护。应防止有害物质和明火侵入，遮断日光紫外线的直接照射，防止啮齿动物对 EPS 块体的损害；更应避免 EPS 块体在水中浸泡，防止块体受浮力作用而将路堤抬起，引起路面的破坏。一般用三种方法来进行防护：斜坡式 EPS 路堤、重力式挡土墙、板柱式支挡结构。

（1）斜坡式 EPS 路堤

斜坡式 EPS 轻质路堤，即在路堤的两侧进行覆土护坡。阶梯状堆砌的 EPS 必须至少用 1.0m（垂直于斜坡面）厚的土层进行覆盖，在较陡坡度时，为防止土体的滑坡，可采用土工加筋土的形式来进行防护。

斜坡式路堤特点是有利于道路绿化的进行，同时防撞护栏可选择柔性护栏进行设计。该种结构形式需要解决包边土的压实难题以及包边土与 EPS 的连接问题，这将直接影响到 EPS 路堤的使用质量，可通过将包边土拓宽，然后进行削坡的方法来进行包边土的碾压。

另外，包边土在拼接部分的荷载中，占有相当的重量，因此仍会有较大的地基压力，有一定的变形量，在包边土的形心处，相对于 EPS 块体部分，将产生较大的差异沉降量。

当包边土厚度由 150cm 减小到 50cm 时，地表沉降最大值由 33.6cm 减小为 30.2cm，减小量达 9.96%；出于比较目的，同时计算了包边土厚度为 0 的极端情况，其地表沉降最大值为 28.6%，较 150cm 时减小了 14.9%。说明两点：第一，适当减小包边土的厚度有利于控制沉降，缓解桥头跳车现象；第二，由于本算例中土质条件较为软弱，路面结构自重荷载所导致的沉降比重较大，其产生的地基沉降不可忽视，这一点在地质条件极差时应用 EPS 轻质路堤时尤为重要。

为进一步减小或消除路面结构层荷载对地基的附加应力，可采用在原地基向下、用EPS块体置换开挖的土体自重的方法，进一步减轻路面结合荷载的形式。若EPS块体已处于地下水位以下，则必须进行抗浮稳定性验算。抗浮验算的稳定系数等于路堤顶层上覆荷载总和与地下水位产生的EPS上浮力的比值。出于安全考虑，验算中可忽略车辆活载、包边土及EPS的自重。但在复核沉降时，应考虑EPS可能吸水引起的增重，密度可采用1.0kN/m^3。

（2）重力式挡土墙结构

为了解决包边土的压实度和自重问题，考虑采用直立重力式的挡土墙结构。

对于直立结构，虽可在EPS底部设置20 ~ 30cm的砂垫层与原路砂垫层接通以设置排水通道，但无法与外界连通，因此需要预埋PVC管或塑料盲沟来排水；为防止排水沟的雨水倒灌，其底部高程应在排水沟底面以上10 ~ 20cm。

重力式挡墙结构能最大限度地利用EPS块体来减小路堤的重量，并且一定程度上能减小EPS块体用量。但重力式挡土墙的荷载对于地基来说仍有相当大的比重，挡土墙还会受到EPS的侧压力和上部荷载传递的垂直压力，其断面除自重大外，还需要配置一定数量的钢筋；施工周期长，埋深大，施工较为不便。

（3）柱板式支挡结构

为了克服以上两种方案的弱点，简化施工，防止光的直接照射，加快施工进度，根据EPS块体在垂直荷载作用下，侧向变形和压力小的特点，宁沪高速江苏昆山段提出了一种预留间隙的柱板式结构。即在EPS路堤的侧边采用预制板的方案，为了提高板的整体性能，在预制板块的中间设置加筋肋。通过现浇将预制板与EPS上部的钢筋混凝土板直接连接，基础专设立板支座。

柱板所承受的荷载主要有两个：一是路面结构层等上部结构分配的垂直力；二是EPS块体由于变形产生的侧压力。为了防止由于EPS的侧向变形，而使预制板产生较大的侧压力，因此必须在预制板与EPS间留有一定的间隙（5cm），使预制板处于不受或少受侧压力的状态，从而简化设计，消除隐患。为了能最大限度地使EPS在垂直荷载的作用下的垂直和水平向的变形充分发生，进一步减少垂直分配作用力，预制板和水平向的现浇混凝土板间的二次浇筑时间应尽量安排在路面结构层施工后期。另外，为防止雨水对EPS块体的损坏，以及由于EPS吸水而导致的增重，可在板与EPS块体之间铺设一层防渗土工布。

2. 材料要求

（1）抗压强度要求：技术指标为无侧限抗压强度，试件尺寸采用50mm×50mm×50mm（容许误差 ±1mm），加载速度为10mm/min。当试件压缩变形为5%时，要求一般部位EPS块体的平均抗压强度不小于80kPa，特殊部位块体的平均抗压强度不应小于100kPa。

（2）抗压强度试件的取样与准备：在一个EPS块体上，从角隅和侧边上画线取出三个柱体，其尺寸为100mm×100mm×块体高度，然后从三个柱体上分别在中部和端部各取一个试件，即每个块体 6 个试件。试件应在 EPS 块体出模至少 24h 以后用电热丝切割而成，在压缩试验前须将试件放入 60℃烘箱内烘 24 小时，以保证试件干燥。

（3）应对 EPS 块体的密度进行测定。试件尺寸为 100mm × 100mm × 50mm，密度测定前须放在 60℃烘箱内烘 24h，要求一般部位 EPS 块体密度不低于 $25kg/m^3$，特殊部位 EPS 块体密度不低于 $30kg/m^3$。

（4）EPS 块体应具有一致的几何尺寸和平整的表面。用卷尺分别在长、宽、高测量 4 点、6 点、6 点，求其平均值。

（5）从 EPS 标准块体上切割下来的零星块件，其尺寸测量的最大容许偏差为 ±1%；可用块体的最小尺寸（长、宽、高）为 0.5m（有特殊规定和要求除外）。

（6）施工过程中，对进场的 EPS 块体必须进行抽样检查，检查内容包括形状尺寸、密度、抗压强度、燃烧自灭性和平整度。

（二）轻质泡沫混凝土路堤

泡沫轻质混凝土，是在水泥、掺合料、骨料、外加剂和水等制成的料浆中引入气泡，经混合搅拌、浇筑成型、养护而成的轻质多孔混凝土，具有自重轻（400 ~ $1500kN/m^3$ 之间）、性能稳定、自立性好、耐久性好、施工便捷、保温隔热等特性，其填筑工程以降低荷重或土压力为目的，能够缩短施工工期，节约土地资源，已经广泛应用于软基路堤、基础处理等实际工程中。

路堤设计内容包括结构设计和附属工程设计；其中结构计算包括：强度验算，抗滑动、抗倾覆稳定性验算，抗浮稳定性验算。

1. 结构设计

结构设计包括断面设计和衔接设计。断面设计包括填筑高度、填筑宽度，衔接设计包括衔接形式和细部尺寸。填筑体与路基或斜坡体间的衔接应该采用台阶形式，当填筑高度不超过 2m 时，可以不设置台阶。当填筑体顶面有坡度要求时，应该在填筑体顶层分级设置台阶。

用于一般地区填筑时，填筑体顶部的荷载可以只计算永久荷载和基本可变荷载。用于浸水地区、冻胀地区、地震动峰值加速度值为 0.2g 及以上的地区填筑时，还要计算其他可变荷载和偶然荷载。用于软土地基路段填筑时，需要进行沉降计算。

2. 附属工程设计

当面板采用挡板砌筑时，面板由基础、挡板拉筋及立柱组成。挡板应满足安全、耐久和美观要求，宜采用水泥混凝土预制板，强度等级不低于 C20；挡板通过拉筋与立柱焊接固定，拉筋可以采用 HPB235 钢筋，直径不宜小于 6mm，立柱采用等边角钢，边宽不宜小于 50mm；面板基础采用水泥混凝土，强度等级不低于 C15；基础和挡板按 10 ~ 15m 间距设沉降缝，位置宜与填筑体沉降缝对应。

填筑体长度超过 15m 时，每隔 10 ~ 15m 设置一条沉降缝，缝宽不宜小于 10mm；

填筑体底面有突变时，在突变位置增设沉降缝；沉降缝填缝材料采用 20 ~ 30mm 厚的聚苯乙烯板或 10 ~ 20mm 厚的夹板；

为增强填筑体与衔接体的联结，提高其抗滑动性能，填筑体高宽比大于 2、衔接面坡率大于 1∶0.75 时，在衔接面设置锚固设施，锚固件可采用 HRB335 钢筋，钢筋直径宜为 25 ~ 32mm。为了抑制裂缝的产生，在填筑体底部、顶部及其他有补强要求的部位设置钢丝网补强。填筑体与相邻结构物间宜设置缓冲层，可采用 20 ~ 30mm 厚的聚苯乙烯板。

为排除路面以下渗水和减少地基不均匀沉降，在填筑体底层宜设置碎石垫层，厚度不宜小于 15cm。填筑体位于计算水位以下部位时，其接触面需要采取防水措施。

3. 材料要求

轻质泡沫混凝土的水泥以 42.5 级及以上的通用硅酸盐水泥或硫铝酸盐水泥为宜；通用硅酸盐水泥和硫铝酸盐水泥分别需要符合现行《通用硅酸盐水泥》GB 175-2007 和《硫铝酸盐水泥》GB 20472—2006 的规定。水应该符合现行《混凝土用水标准》JGJ 63-2006 的规定。发泡剂应对环境无影响，发泡剂性能试验需要符合《气泡混合轻质土填筑工程技术规程》CJJ/T 177-2012 的规定，经稀释发泡后产生的气泡群还需符合下列规定：①气泡群密度约为 $50kg/m^3 \pm 2kg/m^3$；②标准气泡柱的沉降距小于 5mm；③标准气泡柱的泌水量小于 25mL。细集料、掺合料、外加剂等材料粒径以小于 4.75mm 为宜。

第三节　路基拼宽

路基改扩建设计必须是在既有路基调查和评价的基础上，合理处置既有路基病害，分析路基改扩建对既有路基变形、稳定性、防护和排水设施的影响。做好地基处理、路基填料、边坡稳定、防护排水设施的综合设计，并与交通工程、路面排水系统设计相协调。采取合理的技术方案及工程措施进行路基改扩建设计，以保证路基改扩建后的整体使用性能。

做好新老路基间的协调设计，采取合理的工程措施，保证拓宽路基与既有路基之间衔接良好，控制拓宽路基与既有路基之间的差异沉降。路基改扩建应控制拓宽部分路基的质量，防止因新老路基结合部不协调变形造成路面结构开裂、滑移等病害的发生。

一、填方路基拼宽

（一）设计要求

（1）拓宽路堤的填筑与压实应满足现行《路基设计规范》的技术要求，也可根据需要适当提高压实度标准。拓宽路堤的填料宜选用与既有路堤相同，且符合要求的填料或较既有路堤渗水性强的填料。对于高路堤也可采用轻质填料、同时提高材料的强度与刚度，能有效地减小沉降或变形。当采用细粒土填筑时，应做好新老路基之间排水设计；必要时可设置排水渗沟，排除路基内部积水。

（2）拓宽既有路堤时，清除旧路堤边坡一定深度的表层压实度不足的土，在既有路堤坡面开挖台阶，台阶宽度不应小于1.0m，台阶可采用竖倾式台阶；当加宽拼接宽度小于0.75m时，可采取超宽填筑或翻挖既有路堤等工程措施。

（3）拓宽路堤边坡形式和坡度应满足现行《路基设计规范》的技术要求。

（4）路基结合部位应增强补压，确保拼接密实。当受既有高速公路渗水影响，强度不足时，可采用换填、掺灰处治或改善排水等措施进行处理。

（5）当路堤高度超过3m时，可在新老路基间横向铺设土工合成材料（土工格栅或土工格室）等增强措施，提高路基的整体性，减小不均匀沉降。

（6）高路堤拓宽，应进行路堤堤身稳定性、路堤和地基的整体稳定性、路堤沿斜坡地基或软弱层滑动的稳定性进行验算，还应对沿新老路堤结合面滑动的稳定性进行验算，验算方法宜采用不平衡推力法，安全系数不应小于1.3。还应进行变形与稳定的动态监测，确保既有路基稳定，以及相邻构筑物的安全。

（7）原路肩式挡土墙路基拼接时，上部支挡结构物应予以拆除，拆除高度不宜小于路床底面以上，剩余未拆除的部分不应对新的路面结构层受力变形产生不利影响。陡斜坡路堤的既有坡脚支挡结构物不宜拆除，确保路基稳定。

（8）填砂路基、粉土路基、填石路基、粉煤灰路基、膨胀土路基拼接时，宜去除外包土再进行拼接，台阶法拼接困难时可采用单坡填筑拼接，并设置必要的防、排水措施。

（9）因抬高或降低路基、改移中线而引起既有构造物改动地段，当既有支挡建筑物使用良好时，宜保留。

（二）实施要求

（1）拼宽部分的地基需要处理的路段，应按要求进行地基处理。

（2）路基填筑前，应对边坡表面进行处理，应对路基拓宽范围内的地基进行处理和表面清理，清表后如果地面横坡陡于1 ∶ 5，原地面还应挖成台阶，台阶的宽度不小于1m，高度宜小于50cm，并用压实机具加以压实。

（3）当拓宽路堤受地下水影响时，应在新路基底部填以水稳定性优良、不易风化的砂、砂砾、碎石等材料或采用无机结合料（石灰、水泥等）进行加固处治，使基底形成水稳定性好、厚约30cm的稳定层，或设置隔离层。

（4）路基填筑时应遵循分层填筑、分层压实的原则，还应考虑老路基所挖台阶高度。填筑应由最低一层台阶填起，并分层夯实，然后逐台向上填筑。边坡及地表清理物不能作为路堤填料。

（5）为保证路基的压实度，当拓宽路基的宽度不足机械最小压实宽度时，应采用超宽填筑或翻挖原有路基等措施，在路基填筑、压实施工完毕后，进行削坡处理，形成最终的路基断面，严禁出现贴坡现象。

（6）填土路基的压实首先应分段确定路堤的其最佳含水量和最大干密度，然后按土质类别、压实度要求、压实机具功能、碾压遍数等经过试验确定每层的最大松铺厚度。经压实度检验合格后方可转入下道工序，不合格处应进行补压后再做检验，一直达到合格为止。对于含水量过大的土，可进行掺石灰处理，以降低其含水量，达到最佳含水量，以取得最佳的压实效果。

（7）填石路堤的压实，应采用重量较大振动压实机分层碾压，碾压遍数按碾压下沉值等于零稳定不变时为止。对于块石路堤由于块石粒径较大，经振动压实机分层碾压至下沉值为零后，再用冲击压实机进行检验性补压 20 遍，如下沉量在 5 ~ 7cm，表明原来的碾压合格。

（8）桥台或挡土墙的砌体砂浆强度达 70% 以上时，才可以回填墙背填料，优先选用渗水性较好的砂砾土填筑，严禁使用膨胀土和高塑性土，如有困难采用不透水土壤填筑时，应在土中掺加石灰、水泥进行处治。浸水挡墙背应全部用水稳定性和透水性较好的材料填筑。墙背回填要均匀摊铺平整，并设不小于 3% 的横坡填筑，逐层夯实，不允许向着墙背斜坡填筑。每层压实厚度不宜超过 20cm，碾压机具和填料性质应进行压实试验，确定填料分层厚度及碾压遍数。压实时应注意勿使墙身受较大的冲击影响，应采用小型压实机具碾压。

（9）路堤与桥台、横向构筑造物（涵洞、通道）连接处应设置过渡段，路基压实度不应小于 96%，并注意填料强度、地基处理、台背防排系统等综合设计。过渡段长度宜按 2 ~ 3 倍路基填土高度确定。

（10）高路堤、陡坡路堤及不良地质、特殊岩土路段的路堤，应作为独立工点进行设计。首先应对既有高路堤或陡坡路堤进行分析评价，并在掌握场地水文地质条件、填料来源及其性质的基础上，进行地基处理、结构形式、排水设施、边坡防护等综合设计。路基拼接的施工过程中应根据实际情况变化，及时调整设计，保证新老路基的稳定。

二、挖方路基拼宽

对于改扩建路堑边坡，其拓宽方式主要有以下三种：

大面积分级开挖、分级支护方式，采用这种方式对路基景观效果好，有利于边坡稳定和植物防护，减少防护的圬工数量，但同时占地数量大、土方数量大，如果原边坡有支护结构，还需要先对支护结构进行大面积拆除。

小面积放坡开挖，避免了大面积开挖的不利因素，但需要在坡脚设置挡土墙结构来增强边坡的整体稳定性，如果坡度较陡时，还需在放坡部位增加锚杆（索）框格加固支护结构。

在拓宽边线处先增加坡脚强支护措施，如抗滑桩、排架桩、预应力锚索桩等，然后再开挖拓宽部位岩土体，这种方式占地数量小、开挖方量小，避免了大面积开挖对边坡的扰动，但路基效果景观较差、防护的圬工数量大，而且施工技术要求高，工程造价高。

三种方案各有优缺点，具体采取哪种方案要在确保边坡稳定的前提下，根据沿线土方平衡、减少圬工防护、环保景观、施工难易程度、施工经济性等因素综合考虑。

（一）设计要求

（1）挖方路基的挖方边坡形式和坡度应满足现行《路基设计规范》的技术要求，还应满足保证既有边坡稳定的要求，既有挖方边坡病害经整治已趋稳定的路段，改扩建时应减少拆除工程，不宜触动既有边坡。

（2）应综合边坡地质条件、交通组织、运营与施工安全、施工机具、土方调运等因素，在满足边坡稳定及运营安全的前提下，合理确定边坡坡率、平台宽度及防护方案。

（3）深挖路基及滑坡路基等应进行专项的开挖设计，分析计算各种工况条件下的边坡稳定及防护措施，并应配备合理的监测方案。

（4）由于用地限制，可缩小土路肩、碎落台等宽度，还可以调陡边坡坡率；为确保边坡稳定性和施工期间行车的安全，可采用加强支护、增设棚洞结构等技术措施。

（5）对于挖方路堑，路床深度范围内的原地面土应予以换填，并按路床的填方要求施工。

（6）对于采用静态爆破开挖的路段，爆破前后短时应采取封闭交通，迅速清理飞石及时恢复交通。

（二）实施要求

1. 放坡卸荷、分级开挖

为了保证边坡在施工过程中的稳定性，可以采用分级开挖的方法，将每级边坡按该地层中的稳定边坡坡率放坡，该方法适用于具备开挖地形、边坡高度不超过 30m 且放坡稳定的边坡，当坡表存一些浅层小块体或松散土层时，可以辅之一些坡面防护措施，如挂网、浆砌片石骨架护坡等。对于一些软岩边坡，还可以在坡脚采用类似挡土墙的加固措施。

2. 分级开挖、分级锚固

当边坡过高，且无较大的放坡条件时，可以采用分级设置预应力锚杆（索）方法。施工时可以待边坡全部分级开挖完成后再施工锚杆（索），也可以采用“开挖一级、支护一级”的方法，具体采用哪种情况视边坡稳定性及施工条件而定。这种方法适用于边坡较陡的情况，也可与一些坡面防护结合使用。

3. 坡脚支护桩预加固

对于一些地质条件较差的高边坡，坡脚会产生较大的应力集中，极易造成失稳，这时可以在坡脚采用支护桩预加固的方法，这种方法不会由于坡脚开挖时边坡应力释放而引起的过大变形。具体施工中可以在整体开挖前施工预应力支护桩，然后再进行大面积开挖；也可以在开挖边坡上部土体后，对坡脚进行预加固，待桩达到一定强度后，再开挖坡脚土体。对于地质条件极差的岩土体，也可采用预应力锚索桩结构。

4. 分级开挖、分级加固、坡脚预加固

对于软质岩土体边坡，或边坡体强度低、岩体有碎裂状节理裂隙发育，开挖造成了边坡原始应力状态发生改变，从而导致边坡局部出现应力集中，使其应力值大于土体自身强度，以上情况均需通过预加固支挡技术进行边坡防护。边坡开挖过程采用分级边开挖边加固、同时坡脚桩预加固的防护施工方法。

5. 分级稳定、坡脚桩预加固

边坡开挖顺序为由外向内分层开挖，刷坡过程，边坡坡度按照设计的稳定边坡坡率一次完成，不留陡坎；完成边坡开挖后，马上进行护墙或护坡施工，护墙或护坡施工前首先应去掉边坡松土、反滤层、伸缩缝沥青木板。坡脚桩预加固的施工时间为边坡开挖至桩顶标高后，停止土方开挖，进行施工锚固桩，最后进行桩间挡土墙、护面墙或挂板等工程的施工。

6. 支撑渗沟疏干渗水

在雨水较多的地区，为防止岩土体强度因水而降低，可以采用支撑渗沟疏干边坡内部渗入的水；对于一些风化严重的边坡，可以采用拱形骨架护坡对坡面进行防护，防止边坡土体浅层溜坍；有时为了增加边坡的整体稳定性，还可以在坡脚设片石混凝土挡土墙加固，坡面采用拱形骨架草皮护坡等。

7. 及时防护

对于开挖完成后的边坡，原则上应该及时作好坡面的防护工作，以防在边坡开挖后，气候变化及雨水作用下，长期暴露于干湿循环状态下，边坡土体强度减小，从而产生冲蚀、浅层坍滑等破坏现象。因此，为尽量减小外界因素对边坡产生的不利条件，就应及时做好坡面防护工程。

8. 临时排水措施

由于边坡在雨水冲刷下，坍滑、坡面冲蚀等边坡病害会随之出现，因此边坡开挖设计中应对临时排水系统给予重视，尽量减少雨水渗入边坡土体或冲刷边坡。

三、新老路基结合部设计

新老路基结合部是拓宽拼接工程中的薄弱环节，老路边坡开挖台阶的作用主要体现在三个方面：

（1）新老路基结合部始终是拼接工程中的薄弱环节，开挖台阶可以改善新老路基交界面的结合状况，使结合部有更大的接触面积，增强新老路基结合面的摩阻力和抗剪强度，保证新老路基之间结合的有效性和整体性。

（2）新老路交界的坡面由于长期暴露在大气中，受到干湿循环、水流冲刷等不利因素的影响，加之该处老路施工时压实机具无法压到，外侧没有侧限效应，路基压实度明显低于其他部位，所以应该挖除换填交界面一定范围内的路基土。老路在削坡和开挖台阶的同时，将去除边坡一定深度内的表层土和压实不足的填土，随后填筑新路堤并重新压实，这将起到提高路基整体抗变形能力的作用。

（3）在新老路基结合部铺设土工格栅可以利用筋材的抗拉特性，而开挖形成的横向台阶面正为土工格栅等加筋材料的布设提供一个锚固长度。

（一）结合面预处理

改扩建路基填筑前应对结合面内侧的老路基边坡坡面和部分地基表面进行预处理，主要内容包括：

1. 拓宽区域的原地面处理。要彻底清除拓宽范围内淤泥、腐殖土、树根及杂草等，当拓宽路基位于水塘、水沟等局部低洼积水地段，应先抽干积水，彻底清除淤泥，换填透水性好的砂砾、碎石等材料，换填深度应不小于30cm，并予以分层碾压至基底标高，压实度不应低于90%。

2. 拆除老路路缘石、边坡防护以及影响到的结构物（如部分挡土墙、标志牌基础等），挖除老路土路肩、边坡表土，硬路肩则根据具体情况酌情处理。

3. 填筑前应截断流向改扩建作业区的水源，并在设计边沟的位置上开挖临时排水沟，保证施工期间的排水。

4. 老路与新路交界的边坡坡面0.3m左右厚度内以及外侧路肩0.5m范围内应挖除换填，然后与新路基土一起碾压密实。

（二）结合部的台阶设计

既有高速公路边坡开挖台阶的基本形式包括标准式台阶、内倾式台阶、竖倾式台阶和内挖式台阶。从已有的一些公路拓宽工程来看，台阶开挖的高度、宽度、倾角等几何形状存在很大差异。关于台阶面上的内倾角，国内高速公路扩建工程中大多采用2%～4%的内倾角，出发点是利用内倾角的嵌锁作用增强新老路基的衔接，但是部分省市高速公路建议不设置内倾角，理由是内倾角的存在影响台阶面的压实效果，且不利于排水，故采用竖倾式台阶。

工程实际中常采用台阶进行新老路基拼接，这有利于结合紧密，减少差异沉降；开挖一般采用直接开挖形式，由下至上，开挖与拼宽填筑应相互交替进行；开挖台阶应保证路基稳定；鉴于既有路基存在边部压实施工不到位、行车荷载作用不到等工程情况，开挖台阶应消除相应隐患；台阶过小起不到拼接的作用。

当改扩建宽度小于压实机械最小施工宽度时，可采取超宽填筑或翻挖原有路基等工程措施。如果开挖后老路台阶上的路基土强度达不到要求时，需将表面强度不足的土层晾晒和掺灰后，再与新路基土一起碾压至规定的密实度。

对于拓宽路基的填土高度不到2.0m时，也可利用老路边坡直接铺筑新路基。即先用挖掘机放缓老路边坡，然后再进行新路基的填筑。

（三）结合部的加筋处治

为提高新老路基之间的结合强度，在沉降差异最明显的路基基底和拉应力最大的路床拼接部位，可采用路基加筋技术。加筋作用主要体现是增加新老路基的整体刚度，缓解不协调变形的程度，防范拓宽后新建路面结构在应力集中作用下开裂。

目前应用较多的加筋材料为土工格栅和土工格室。其加筋机理包括3个方面：①加筋材料的表面与被加固材料产生摩擦；②加筋材料肋条和结点产生被动抗阻作用；③由于加筋材料网孔的存在，网格上层的填料与下层的填料可以相互作用，对加固材料产生锁定作用。已建项目采用土工格栅加筋较多。

土工格栅应水平铺至新老路基结合部两侧一定范围内，一端应伸入老路基整个台阶宽度，另一端在拓宽路基中的铺设长度应达到足够的嵌固长度．拓宽范围内，竖向应铺设在沉降差异最明显的路基基底和拉应力最大的路床拼接部位。土工隔栅应水平铺至新老路基结合部两侧一定范围，路基基底建议满铺布置；路基顶部路床拼接部加筋材料进入既有路基不应小于2.5m，总宽应大于5.0m。每个部位的加筋土工格栅设置竖向不宜少于2层。为防止土工格栅产生蠕变，其设计应变（延伸率）应控制在10%以下。

新老路基结合部的台阶加筋土工隔栅推荐采用节点强度高、整体性能较好的双向拉伸土工格栅，该类型隔栅的嵌锁作用可以有效地增大结合部的整体强度。基底部位的加筋土工隔栅推荐一般采用双向拉伸土工格栅和钢塑格栅，如果地基采用了刚性桩，为了发挥桩承式路堤的整体性能，则应采用强度更高的钢塑格栅。

路堤高度大于2.0m时，台阶设计采用横向铺设土工合成材料等增强措施，路堤高度低时，则不推荐使用，仅设置基底垫层的格栅即可。

（四）土工格栅铺设

当施工场地开阔平坦、坡脚无冲刷时，除清除地表杂草及植物根茎外，低洼积水地段还应进行排水清淤，然后整平老路坡脚地面。

土工格栅铺于垫层中，垫层应整平，土工格栅需紧贴垫层，并使土工格栅强度高的方向垂直于路基轴线方向，且应一次铺设足够的长度，减少缝接和搭接。土工格栅的铺设过程中不得使其出现扭曲、折皱、重叠，并要特别注意避免过量拉伸，以避免超过其强度和变形极限而产生破坏或撕裂、局部破顶等。

沿路基轴线方向，土工格栅之间采用搭接法时搭接宽度一般为0.3 ~ 0.5m，若周边用U形柱钉控制时，搭接长度可为0.1m；当采用尼龙线或涤纶线缝合时，一般采用工业缝纫机，缝接宽度应大于10cm，且缝线的强度不低于土工格栅的设计容许抗拉强度。

土工格栅必须埋置于拓宽路基填料中，为防止土工格栅的土层表面坚硬凸出物穿破土工格栅，在距土工格栅层8cm以内的路基填料，其最大粒径不得大于6cm，现场施工中发现土工格栅有损时必须立即修补好。

为防止土工格栅受阳光紫外线的照射而老化，材料铺设好后应立即用土料填盖，时间间隔不得超过两天。且土工格栅的存放以及铺设过程应尽量避免长时间曝晒或暴露。

四、路基拼宽结构设计方法

（一）设计状态

新老路基结合部常见的损坏模式及机理：

1. 新老路基结合部剪切开裂

其形成机理通常与各种原因引起的新老路基结合面滑移有关，其破坏受力状态为：结合面上的剪应力，结合面抗剪强度。对这类损坏主要涉及滑动稳定，需要在稳定性分析中考虑。

2. 新老路面结合部弯拉开裂

其形成机理为新老路基顶面不协调变形呈“~”形，在新老路面结合部产生不协调变形变坡率的变化，从而在新老路面结合部的基层顶面或底面产生附加弯拉应力，当附加应力超过基层弯拉强度时，即造成结合部基层顶面或底面的拉裂。与这类损坏模式相对应的受力状态为：不协调变形引起的结合部路面基层顶面结构附加应力，结合部路面基层弯拉强度（基层顶面受拉）；不协调变形引起的结构底面附加应力+结构底面荷载应力、基层弯拉强度（基层底面受拉）。

3. 老路基层顶面开裂

其形成机理为拓宽路基在老路基顶面形成上凸形不协调变形，从而在老路基层顶面产生附加弯拉应力，当附加应力超过基层弯拉强度时，即造成基层顶面的拉裂。与这类损坏模式相对应的受力状态为：路基变形引起的老路基层顶面结构附加应力、老路基层弯拉强度。

（二）分析方法

拓宽路基的损坏主要是新路基稳定性不足和新老路基不协调变形造成的。拓宽路基的稳定性问题采取与新建路基相似的方法分析，通过设计验算加以考虑。新老路基的不协调变形使得新、老路面结构在行车荷载作用下既承受荷载应力，同时还承受结构附加应力，新老路基不协调变形是路基拓宽工程产生病害最重要的、最根本的原因，有别于新建道路。因此，新老路基结合部各种处治技术的设计思想是基于控制不协调变形为设计理论的。

目前研究手段主要是采用有限元法（采用 Drucker-Prager 模型）对新老路堤的相互作用机理进行研究，分析老路边坡开挖和加宽部分路堤填筑对既有老路基的影响，以及不同地基处理方法下加宽部分路堤填筑对老路基沉降和侧向位移的影响，同时从路面功能性要求和结构性要求两方面分析拓宽工程中路基容许的不均匀沉降。

（三）控制标准

路面结构附加应力是由新老路基不协调变形引起的，而表征这种不协调变形的指标则是新老路基顶面的“变坡率”，即指设计使用年限内，路基顶面单位宽度内的横向坡度改变量。变坡率可以通过不协调变形进行计算，而且控制了路基顶面的变坡率即控制了路面结构的附加应力，因此，可以选择“变坡率”作为路基拓宽设计的指标。

以基层开裂为控制状态时，路基顶面变坡率的控制标准与老路路面结构是否利用以及新老路面结合状态有关。既有路基的路拱横坡度增大值不应大于 0.5%，相邻路段路基差异沉降引起的纵坡变化不应大于 0.4%。

第四节　特殊路基改扩建

特殊路基包括特殊土（岩）路基、不良地质路基和特殊条件下路基。特殊路段路基拓宽前应采取综合地质勘查，查明特殊路基拟拓宽范围内的地质情况和既有路基的稳定状况。特殊路基拓宽设计所需要的物理力学参数，宜采用原位测试的数据，并结合室内试验资料综合分析确定。存在多种特殊土（岩）或特殊地质条件路基的工点应进行综合设计。

既有路基病害整治应遵循以防为主、防治结合、力求根治的原则，通过综合技术经济比较，因地制宜，采取合理的整治方案和有效的工程措施。

特殊路基路段改扩建工程应满足现行《路基设计规范》第 7 章特殊路基的相关要求；同时应保证既有路基和新老路基结合的整体稳定性。

一、滑坡地段

滑坡地段路基改扩建设计前应查明滑坡性质及滑坡体附近的地形地貌、水文地质和工程地质条件，以及滑坡的成因类型与滑坡规模特征等，分析评价滑坡稳定状况、发展趋势和对路基的危害程度，及时采取有效措施，保证路基稳定。滑坡防治应根据滑坡类型、规模、稳定性，并结合滑坡区工程地质条件、施工条件及其他要求，采取排水、减载、反压与支挡工程的综合治理措施。高边坡、特殊岩土和存在不利结构面的边坡，应采取必要的预防措施，避免产生工程滑坡。

滑坡路段路基改扩建必须进行稳定性分析，评价标准和计算方法可遵循现行《路基设计规范》的相关规定。滑坡地段的主要防治措施有排水工程、减载与反压措施、抗滑支挡工程。

滑坡防治应进行滑坡监测与动态设计。滑坡防治监测包括施工安全监测、防治效果监测和营运期监测，应以施工安全监测和防治效果监测为主。在施工期间，监测结果应作为判断滑坡稳定状态、指导施工、反馈设计和防治效果检验的重要依据。防治效果监测应结合施工安全和营运期监测进行，防治效果监测时间应在整治工程完工后不少于一年，施工期监测数据采集时间宜为每天一次，营运期监测数据采集时间间隔宜为 7 ~ 15 天，在外界扰动较大时，如暴雨期间，应加密观测次数。应及时分析滑坡监测资料，预测滑坡位移、变形的发展趋势和整治工程的效果，适时调整滑坡整治工程设计和施工方案，保证工程施工安全和路基稳定。

二、岩溶地区

岩溶地区路基改扩建设计，应采用遥感、物探、钻探及其他有效方法进行勘察，取得岩溶地貌、岩溶发育程度、发展规律、溶洞围岩分级以及地面水、地下水活动规律等方面的资料。位于岩溶地段路基，应结合工程实际判别岩溶对路基工程的危害程度，选择合理的方法进行处治。

当溶洞顶板岩层未被节理裂隙切割或虽被切割但胶结良好的完整顶板时，其溶洞顶板的安全厚度可按厚跨比法确定。当顶板的厚度与路基跨越溶洞的长度之比大于 0.8 时，溶洞的顶板岩层可不作处理。

当岩溶地貌位于既有路基两侧时，应判定岩溶对路基的影响。对于开口的岩溶地貌可参照自然边坡来判别其稳定性及其对路基的影响；对于地下溶洞可按坍塌时的扩散角计算其影响范围，计算方法见现行《路基设计规范》第 7.6.3 条的规定。

一般岩溶地区路基改扩建的主要防治措施有排水工程、干砌片石填塞或回填夯实、注浆加固、复合地基、构造物跨越等。

如果通过溶洞围岩分级判断或计算判断下伏溶洞有坍塌可能时，宜采用以下方法进行加固：

1. 洞径大、洞内施工条件好的无充填溶洞，宜采用干砌片石、浆砌片石或钢筋混凝土的支撑垛、支撑墙、支撑柱进行加固。

2. 深而小的溶洞不便于洞内加固时，宜采用石盖板或钢筋混凝土盖板跨越可能的破坏区。

3. 对于顶板较薄的溶洞，当采取地表构造物跨越有困难或不经济时，可炸除顶板，按明洞的方式进行处理。

4. 对于有充填物的溶洞，宜优先采用注浆法、旋喷法等进行加固，不能满足设计要求时宜采用构造物跨越。

5. 如需保持洞内流水通畅时，应设置排水通道。

三、膨胀土地区

膨胀土地区路基改扩建设计前应查明膨胀土分布范围、成因类型、土体的结构层次、地下水分布及埋藏条件和膨胀土的矿物成分、物理、力学性质及膨胀特性等资料。应综合考虑膨胀土类型、土体结构与工程特性、环境地质条件与风化深度等因素，避免大填、大挖，保证路基稳定，满足路用要求。路基设计应以防水、保湿、防风化为主，结合坡面防护，降低边坡高度，连续施工、及时封闭路床和坡面。

拓宽路基基底为膨胀土时，宜挖除地表 0.30 ~ 0.60m 的膨胀土，并将路床换填非膨胀土或掺灰处理。若为强膨胀土，挖除深度应达到大气影响深度。强膨胀土不应作为路堤填料。采用中等膨胀土作为路堤填料时应经改性处理后方可填筑。弱膨胀土作为路堤填料时，若胀缩总率不超过 0.7%，可直接填筑，并采用防水、保温、封闭、坡面防护等措施；否则，应按公路等级、气候、水文特点、填土层位等具体情况，结合实践经验采用不同的处置方法。

若采用弱膨胀土及中等膨胀土作为路床填料时应经改性处理后方可填筑，改性后的胀缩总率不得超过 0 ~ 7%，且其边坡坡率应根据路堤边坡的高度、填料重塑后的性质、区域气候特点，并参照既有路基的成熟经验综合确定。膨胀土填筑的路基，应及时碾压密实，在确定路堤填筑的最佳含水量和最大干密度时，宜采用湿土法重型击实试验。取土坑开挖深度宜控制在当地大气影响深度之内。大气影响深度可参照国家标准《膨胀土地区建筑技术规范》GB 50112-2013 规定办理。

膨胀土路堑边坡坡率应根据土质的性质、软弱层和裂隙的组合关系、气候特点、水文地质条件，以及自然山坡、人工边坡的稳定坡度等综合确定。边坡设计应遵循："缓坡率、宽平台、固坡脚"的原则。边坡坡率及平台宽度可参考现行《路基设计规范》规定，边坡高度大于 10m 时应进行专题设计。边坡开挖后应及时防护封闭。边坡应设置完善排水系统，及时引排地面水（包括坡面积水）和地下水。

应对路堑路床 0.80m 范围内膨胀土进行超挖，换填为符合要求的填料，或者进行土质改良或采取其他适宜的加固措施。对强膨胀土、地下水发育、运营中处理困难的路堑，路床的换填深度应加深至 1.0-1.5m，并应采取地下排水措施。

四、多年冻土地区

多年冻土地区路基改拓设计前应查明沿线多年冻土的分布、类型、冻土层上限及水文地质等情况。在冻土沼泽、冰丘、冰椎、热融湖（塘）地段修筑路基，应详细调查其范围、规模、发生原因及发展趋势等。按工程环境特点和工程建设不同阶段采用区段设计和场地设计相结合的原则。根据冻土的类型及年平均地温采用保护、一般保护和一般路基的设计原则。

路基填料设计应考虑冻结层上水的发育情况及填料的冻胀敏感性，有条件时应优先采用卵石土或碎石土做填料。严禁使用塑性指数大于12，液限大于32%的细粒土，富含腐殖质的土及冻土。保温护道填料，应就地取材，采用泥炭、草皮、塔头草或用细粒土。

路基位于少冰冻土、多冰冻土地段，可按一般路基设计；位于富冰冻土、饱冰冻土、含土冰层地段，以及冰丘、冰椎、多年冻土沼泽、热融湖（塘）、地下水路堑地段，应进行特殊设计。

路基改扩建设计应与路面结构设计综合考虑，减少其路基过大变形或不均沉降而引起路面结构性破坏。

应根据地下水类型、水量、积水和地层情况，采用冻结沟、积冰坑、挡冰堤、挡冰墙或渗沟等措施，排除路基有危害的地下水。采用渗沟排除地下水时，渗沟及检查井均应采取保温措施。出水口的位置应选在地势开阔、高差较大、纵坡较陡、向阳、避风处，并采用掩埋式椎体或其他形式的保温措施。路堑边坡有地下水出露时，必须将水引排，并应在边坡上采取保温措施。

取土坑（场）应符合多年冻土地区环境保护要求，适当远离改扩建后的路基，分段集中取土。取土坑（场）的设置应考虑减少取土后取土坑对周围地层的热平衡影响，避免造成天然上限下降，引起热融沉陷与滑坍等新的不良地质病害，影响路基稳定。

五、滨海地区

滨海路基改扩建设计前应根据路基所处的地理环境及特点，考虑地形、地貌、地质、水文、气象等因素，结合施工条件及材料供应情况，复核既有路基设计高程。路基高程应不低于高潮水位频率的设计潮水位加波浪侵袭高，以及0.5m的安全高度。不能满足要求时，应设置防浪墙等。

选择适宜的路基改扩建总体方案及路基防护形式，保证路基的整体稳定性、耐久性、耐腐蚀性。路堤两侧有较大的水头差时，宜检查并接长既有过水构造物，经过验算可适当增设过水设施。当堤身或地基可能发生管涌潜蚀时，应在低水位一侧边坡下部设置排水设施、放缓边坡或设护坡道以及在路堤中心设置防渗墙等防渗加固措施。

路堤填料应选择渗水性好的材料，有困难时，可采用细粒土，并应采取适当的防护和加固措施。

滨海路基宜采用斜坡式，特殊情况下也可采用直墙式。滨海路堤边坡坡率应根据填料性质、路堤高度、浸水深度、防护形式及海洋水文条件等确定，边坡坡率不宜陡于1∶1.5。滨海路堤边坡坡面防护应根据水深、波浪特点、施工条件及材料情况等采用条石、块石、混凝土异型块体、土工合成材料等护坡；为减弱波浪对路堤的破坏作用，提高路堤边坡的稳定性，可在堤前采取防浪凌台、顺坝及潜坝等措施。各种防护工程应能抗海水及生物侵蚀，在寒冷地区还应具有耐冻和承受冰凌撞击的能力。外海侧护坡底部应设抛石棱体，其顶面高程应高于施工水位，顶宽不应小于1.0m。外海侧坡脚应根据最大冲刷深度、地形、基础形式等采取妥善的护底措施，护底石厚度不应小于1.0m，宽度不应小于5m。

第五节　路基排水

路基排水设施应与高速公路改扩建工程同步设计、同步实施。路基拼接设计中须拆除部分既有排水设施时，应设计相应的临时排水设施，并保证施工期间排水系统畅通。拼宽路基排水设计应采取排、疏、防相结合的原则，与路面排水系统、边坡防护、地基处理等其他措施相互协调，保证路基稳定，避免高速公路水损害。当采用细粒土填筑时，应注意新老路基间的排水设计，必要时可增设盲沟，以排除路基内部积水。

应验算既有高速公路超高路段排水设施功能，当不满足改扩建后的排水需求时，应进行改造或重建。对改扩建后仍需利用的既有排水设施，应进行全面修复。

结合部的排水主要包括下列几方面：①中央分隔带的排水；②结合部设分隔带的排水；③新老路基结合部内部排水；④路界表面排水。

各项排水设施的设计和施工应注意对老路基原有排水设施的衔接和改造。拓宽路基排水设施的设计步骤：

（1）调查拓宽侧老路路基和路面原有排水设施的设置情况；

（2）分析拓宽路基路堤的填筑或路堑的开挖对原地表水的流向、流速，地下水水位、流向以及出露位置和流量的影响，确定排水设施的设置位置；

（3）选择合适的排水设施，通过水文和水力计算，确定各项排水设施所需的设计断面；

（4）各项排水设施的材料选用和结构设计；

（5）冲刷防护措施的设计；

（6）中央分隔带的横向排水设施的加长设计。

一、中央分隔带排水

从路面的防水考虑，为防止中央分隔带中的绿化浇水、雨水渗入到路面中去，是改绿化带为表面用水泥混凝土或者沥青层封住，将水排到路面上去。但是为了景观的需要而要保留绿化时，则应考虑中央分隔带的排水设计。

为排除中央分隔带填土内的积水，在通信管道下设置纵向碎石盲沟，盲沟设于路床顶面以下，采用梯形或者矩形尺寸。渗沟周围包裹反滤织物，反滤织物选用由聚酯类、尼龙或聚丙烯材料制成的具有渗滤功能的无纺织物，能透水，但细粒土不能随水一起透过，以免水携带的细粒将渗沟堵塞。渗沟上的回填料与路面结构的交界面处铺设涂双层沥青的土工织物隔渗层或者直接采用不透水土工膜，纵向盲沟顶面铺透水土工布。纵向集水管可采用软式透水管、PVC 管或者塑料渗沟，间隔 40 ~ 80m 设置横向排水管，横向排水管为 PVC 管时为避免被压碎，可包裹混凝土或者直接浇注在混凝土槽中设置，管伸出加宽的路基边坡，用涂沥青网布包裹以防堵塞，出水口下方铺设防冲刷混凝土垫板。

二、分隔带排水

新老路基结合部上方设置分隔带时，需在分隔带设置排水设施。分隔带由纵向集水沟和排水管组成，下方铺设不透水土工布。渗入分隔带的水分，先流入由透水性材料组成的纵向集水沟，并汇流入沟中的带孔（或槽口）排水管内，再由间隔一定距离布设的横向出水管排引出路界。

集水沟的断面形状多设置成梯形或碟形，梯形坡度为 1 ： 1 ~ 1 ： 1.5，深度通常与垫层底面齐平或略低些，在冰冻地区，集水管应尽可能在冰冻深度以下。集水沟中的不透水材料可由不含细料的开级配碎石、砾石等组成，集水管两侧各有至少 10cm 宽的透水性填料。透水性填料的底面和外侧铺设防水土工布，集水沟的顶面以反滤织物覆盖。

集水沟和集水管的纵向坡度不低于路线纵坡。集水管设在集水沟的底部，沿纵向集水管，间隔适当的距离设置不带孔的横向出水管，纵向集水管上游起端与横向出水管相接。

出水管的横坡为 3% ~ 5% 以上，视出口处的路基排水情况选定。埋设出水管和通气管所挖的沟须回填低透水性材料。出水口的下方应对泄水坡面进行浆砌抹面防护，且出水水流尽可能排引至涵洞、边沟或排水沟中。

三、新老路基内部排水

排除路基地下水的方法宜用拦截、汇集、隔离和导流等形式，在某些情况下，还需降低地下水位。

常用的方法有：①用土工布作隔离层排除路基地下水；②利用天然砂砾排除路基地下水；③用盲沟排除地下水；④暗沟排水；⑤渗沟排水；⑥深边沟排水等。

四、路界表面排水设施

在拓宽路基的外侧，往往需要重新设置路界表面的排水设施。首先应拆除清理老路原有的边沟、截水沟，急流槽等表面排水设施，然后换填砂、碎石等性能好的材料整平压实，再重新设置拓宽路基的地表排水设施，各地表排水设施的设计和施工与新建路界表面排水相同，其沟顶均应高出设计水位 0.2m 以上。

拓宽路基为填方路堤时，拓宽路基外侧需重新设置边沟；拓宽路基为挖方路堑时，拓宽路基外侧需重新设置边沟及截水沟。

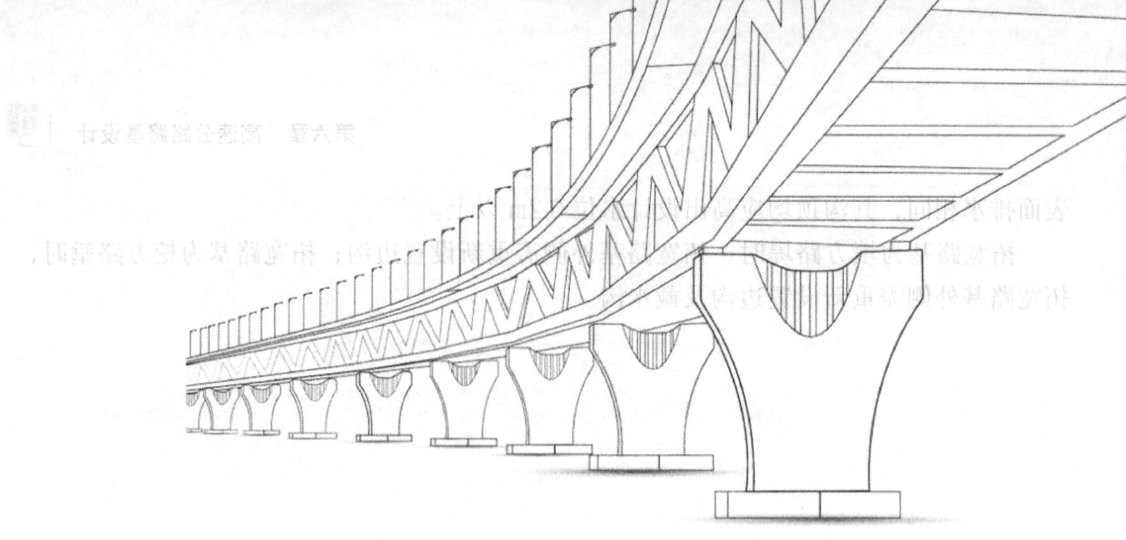

第七章　高速公路路面设计

第一节　既有路面处治

高速公路改扩建工程的路面设计应结合改扩建后的交通量、交通组成、轴载分布特点和设计基准期等因素进行。整体式扩建路面设计应包括既有路面处治、加宽新建路面、路面拼接、旧料再生利用和路面防排水设计五个部分；分离式扩建路面设计包括分离扩建部分路面结构设计和既有路面处治。

整体式扩建沥青路面设计使用年限为 15 年，既有路面利用与处治后的设计年限宜同新建部分一致；分离式扩建新建沥青路面设计年限为 15 年，既有路面处治设计使用年限为 6 ~ 10 年。收费广场、服务区水泥混凝土路面设计使用年限为 30 年。

新老路面结构拼接部位是拓宽改建路面结构最薄弱的环节，不仅在行车荷载作用下处于最不利受力状态，而且施工拼接缝易导致严重的水损坏隐患。

高速公路的拓宽改建中路面拼接与协同设计，应从以下四个方面系统考虑：

（1）应考虑新老路面结构在刚度上的差异，以保证新老路面结构的协同性；

（2）应重视新老路面结合部位的拼接处理，以保证新老路面的整体性；

（3）不可忽视拼接处的防排水设计，以消除水损坏隐患；

（4）对路面结构与材料应进行系统设计并选择科学、合理的施工方案，以适应改扩建工程的需要。

另外，改扩建工程的路面设计还应考虑既有路面沥青混合料、半刚性基层材料的再生利用，积极推广再生技术。

一、既有路面处治总体要求

既有沥青路面处治应分车道分路段进行，为保证新老路面结构共同满足拓宽后路用性能的要求，需要对结构承载能力不满足要求的路段应进行处治或新建，以达到设计承载能力要求；对结构承载能力满足要求路段内出现的结构性病害，采取有效的处治措施予以消除，以提高既有路面结构的稳定性和耐久性，防止和延缓既有病害对上承路面结构的不利影响，具体可按照以下要求进行处置：

（1）路面结构强度评定为“良”及以上等级，且路面损坏评定为“良”及以上等级，宜采用铣刨、加铺面层处治。

（2）路面结构强度评定为“良”及以上等级，且路面损坏评定为“中”及以上等级，宜铣刨全部沥青面层，重铺沥青面层。

（3）路面结构强度评定为“中”及以下等级，宜翻挖既有路面，新建路面结构。

二、土工加筋防裂技术

当既有路面铣刨后出现裂缝，需要对其进行相应处理：裂缝较轻时（缝宽≤5mm），采取热沥青（乳化沥青）灌缝；裂缝较重时（缝宽＞5mm），一般先要除去已松动的裂缝边缘，然后用热拌沥青混合料灌缝；对于裂缝边缘松动较为严重，传荷能力较低的严重裂缝，必要时采用局部开槽处治措施，以提高荷载传递能力。同时，为避免裂缝扩展影响加铺层的力学性能，需要采取土工加筋防裂技术。土工材料包括土工布夹层系统和土工格栅等，一般铺设在加铺层底部。一般认为铺设土工材料减小了柔性层和刚性层之间的结合力，可缓解接缝处的应力集中，扩散路面荷载应力。常用土工合成材料有土工布、土工格栅、条带聚合物等。

下面分析聚酯玻纤布和玻纤格栅两种最为常用加筋材料的效果。根据现场实施效果，聚酯玻纤布在喷洒沥青粘层后与上下层结构黏结紧密，分析时可假定其与上下层结构完全连续；而玻纤格栅在使用中难于固定服帖，黏结效果往往达不到理想状态，分析时假定其与上层结构完全连续，与下层结构存在部分滑移。

接缝处沥青层竖向最大剪应力随材料宽度的增加而减少，但当材料宽度大于2m时，减小趋势变缓，未铺设夹层时，竖向剪应力最大，两种材料相比，铺设聚酯玻纤布时的竖向剪应力较小；可见铺设夹层可以降低接缝处沥青层的竖向最大剪应力，起到一定的防反效果，并且由于保证了结构层的粘结，聚酯玻纤布比玻纤格栅的处治效果更好；在综合考虑经济和防反效果的基础上，选择材料铺设宽度为2m较合理。

三、重度裂缝开槽处治技术

对于横纵向裂缝破损程度较重的路段，采用在裂缝处局部开槽的方式进行处治，由于裂缝较严重，缝宽较大，水浸入更加便利，裂缝周围面层和基层材料老化严重，且有较大范围的松散，因此这种处理方式的处治力度较大，不同于普通沥青路面养护时的沥青层裂缝开槽处治，其开槽范围及填料选用也没有具体的参考依据。

重度裂缝开槽处治要求填料需具有一定的刚度和抗裂能力，常规沥青路面修复开槽所用的沥青或其他聚合物显然已不再适用，各种碎石结合料虽具有较高的刚度，但难于施工压实，也不宜选用。故推荐选用刚度大，且便于施工的素混凝土材料。

比较严重的裂缝基本上是贯穿整个路面结构的，但新的填料要求有一定的抗裂能力，可以阻断裂缝的进一步扩展，因此开槽在深度方向无须贯穿整个裂缝，只需综合考虑合理选用即可。不同的开槽宽度对最佳开槽深度也会有一定的影响，计算时先假定开槽宽度分别为 0.5、0.7m 和 1.0m，深度变化范围取 0.1 ~ 0.3m。开槽深度越大，槽口边缘处最大剪应力及结构层层底最大拉应力越小，但到了 0.2m 之后减小趋势放缓，且槽宽为 0.5m 时，槽壁处最大剪应力在深度大于 0.2m 以后小幅增加，故建议开槽深度取为 0.2m 左右。

以最佳开槽深度即 0.2m 为基准，计算不同开槽宽度下各不利位置处应力应变情况。当开槽宽度从 0.7m 减为 0.5m 时，槽壁处的最大剪应力从 20.98kPa 减为 5.89kPa，当继续减少宽度时，剪应力又小幅增加到 6.88kPa。中心点弯沉及传荷能力随宽度变化不明显。混凝土板底最大拉应力则随着开槽宽度的减少而减小。综合考虑各方面因素，最终对于一般性严重的横向裂缝，开槽宽度取为裂缝两侧 25cm 范围为最佳。

最终确定的开槽方案为：开槽面为长方形，深度 20cm；对于横向裂缝，开槽宽度沿裂缝向两侧各延长 0.25m；对于纵向裂缝，考虑到附近常伴有网状裂缝、损坏更为严重，开槽宽度沿裂缝向两侧各延长 0.5m，然后浇筑素混凝土到老路铣跑面，并在接缝处以加铺聚酯纤维布的措施给予处治（若铣刨面上层因新路设计标高较大而加铺水泥稳定碎石的，应在水泥稳定碎石上表面对应位置加铺聚酯纤维布）。

四、换填处治技术

换填加铺主要针对原承载力不符合利用要求路段，在原铣刨面基础上继续往下铢 20cm，然后浇注素混凝土至原铣刨面，以上部分按加铺方案进行。

换填加铺对原路面结构性能的提高效果较为明显，即使在高差为 0 的情况下，也可以使老路弯沉为 31.43（0.01mm）的路段在加罩后寿命达到设计要求 24.3（0.01mm）。计算得到不同新老路面高差条件下，直接采用换填加铺处治技术老路所允许的最大弯沉值。当老路弯沉低于该值时，通过换填处治就可以使加铺后的路面结构承载能力达到设计要求；当老路弯沉高于该值时，换填处治也不能使加铺后的路面结构承载能力达到设计，要求工程中需将既有路面结构挖除，进行重建。

第二节　扩建路面结构设计

一、新老路面拼接结构力学分析模型

（一）拼接部位的单元模拟

新旧路面的拼接部位由新旧路面的面层、基层、垫层和地基以及这些结构的拼接界面组成，在有限元分析模型中，不同层位界面之间、拼接界面上采用不用的分析单元进行模拟。

（二）荷载模型

在我国现行规范中，车辆荷载按标准双圆荷载规定为：半径 δ =0.1065m，双圆中心间距 d=3δ，接触压力 P=0.7MPa。在有限元模型中为了便于变化荷载位置及施加荷载步，根据作用面积等效原则，对上述双圆荷载进行简化处理。将双圆荷载简化为一组16cm×22.28cm 的矩形，双轮间距保持不变。

（三）材料参数

新建道路沥青面层的计算模量参照《沥青路面设计规范》中附录 E《材料设计参数参考资料》，取 20C 抗压模量值。在分析荷载作用时取两种路面模量组合形式，一种为基层模量大于面层模量，一种为基层模量小于面层模量。为便于比较，新基层模量统一取为 3000MPa，而在面层模量加以区别，新面层模量分别取 1200MPa 和 4000MPa，分别记为结构组合 1 和结构组合 2。在分析结构模量差异对拼接结构受力特征影响时，老路各个结构层模量取值范围较大。在一般计算中，老路各个结构层模量按对应新路结构层的 75% 折算。

二、新老路面拼接部处治技术

路面结构拼接设计应考虑不同结构层的层间协调以及施工的方便、可行。加强新老路面连接，控制拼接部位的反射裂缝和渗水。

路面结构纵向拼缝应采用台阶搭接方式进行分层拼接，沥青面层纵向拼接缝宜避开轮迹带。路面结构横向拼缝应采用台阶搭接方式进行分层拼接。路面结构的拼接缝界面应采取措施，以加强新老路面结构的黏结。

新老路面结构拼接的结合部位是整个路面结构中的薄弱部位，应给予加强。项目采用有限元方法，分析在新老路面拼接部位设置台阶的必要性，以及台阶尺寸对拼接部位力学行为的影响；分析拼接界面黏结失效特征以及对拼接面界面黏结剂的强度要求；分析土工材料对拼接部位的加筋作用、对拼接面裂缝反射的阻断作用，探讨土工材料应具备的强度。为提出增强新老路面结构拼接部位的处治技术方案提供理论依据。

（一）拼接台阶

1. 拼接台阶工作机理

在面层中设置台阶后使基层拼接面上方面层内的剪应力分布发生了变化。在拼接部位，设置面层台阶是有必要的。设置拼接台阶的主要作用有两方面：

（1）使新老面层的拼接面与新老基层拼接面位置错开，从而使基层拼接面上方面层内的剪应力均匀分布。

（2）在基层拼接面上方面层底部的剪应力最大，通过设置面层台阶，使刚度较高的新下面层参与承担此剪应力。

2. 面层台阶尺寸

在基层拼接面上方，顶面竖向变形随着面层台阶宽度的增加而降低；当台阶宽度较小时，台阶宽度的影响显著，当台阶宽度大于 20cm 时，台阶宽度对于降低顶面竖向变形的作用明显变小。设置一定宽度的台阶可以显著降低拼接面上面层内的最大剪应力；但是当台阶宽度大于 20cm 时，对于面层内剪应力的降低已经不起作用。当在面层中设置台阶时，拼接面上方面层底部的剪应力随着台阶宽度的增加而增大；当台阶宽度大于 20cm 时，面层底部剪应力则几乎与台阶宽度无关。因此，建议面层台阶宽度大于 20cm。

3. 基层台阶尺寸

提取不同台阶宽度时，顶面变形面层最大剪应力以及面层层底剪应力值。

可见，在基层设置拼接台阶，对改善拼接路面结构的受力及变形状况是有利的，尤其是拼接部位的搭接面滑动时，设置台阶对改善拼接路面结构的受力及变形状况更为显著。这可能是因为搭接面滑动时，一定程度上缓和了拼接结构的不协调变形所致。综合考虑新老基层搭接面不同接触条件下，顶面拼接线处的变形及拼接面上面层内的最大剪应力和层底剪应力，基层台阶宽度大于 40cm 即可。

（二）拼接部加筋

1. 面层底部加筋

在面层底部加筋处治中将土工材料铺设在新老基层拼接缝的上方，计算对称荷载作用下土工材料的变形及应力状况，以确定土工材料的合适铺设宽度。

面层底部土工材料内的受力范围主要分布在轮载作用区域。因此，面层底部土工材料的单侧铺设宽度不应小于 0.35m。考虑偏载作用，面层底部土工材料的单侧宽度应不小于轮载双轮宽度，取铺设宽度单侧大于 70cm。在工程中，考虑到施工加固要求以及土工材料与路面结构层的结合要求，可适当增大土工材料的铺设宽度，取土工材料的单侧 70 ~ 100cm，总宽度 150 ~ 200cm。

当基层模量增加时，土工材料中的拉应力和拉应变均明显增加；当土工材料的模量增加时，土工材料的拉应力增加，而拉应变减小。虽然如此，当基层模量和土工材料的拉伸模量变化时，土工材料的拉应变在数值上均很小，远小于常用土工材料的拉伸破坏伸长率（如 3% 或 8%）。因此，主要对土工材料的拉伸强度提出要求。

在《土工合成材料测试规程》中，对土工材料窄样拉伸强度的定义为：宽度 5cm 试样所能承受的极限荷载。

2. 基层底部加筋

基层处治与面层处治的计算模型相似，不同的是在基层底部铺设高强度土工材料，因为这样可以发挥其抗拉能力。另外，为方便计算，新老基层拼接面假定连续，不做接触处理。

在基层底部铺设土工材料，单侧铺设宽度 1m 时，横向轮载对称轴下各点土工材料的拉应力分布。可见，土工格栅上轮载中心处的拉应力最大，向两侧迅速减少，向两侧 70cm 外趋于零。因此实际施工工铺设宽度大应大于单侧 70cm，可取单侧 100 ~ 200cm，总宽度 200 ~ 400cm。

同样得到不同基层模量及不同土工材料模量时土工材料的拉伸强度（5cm 宽试样）的要求值。

三、新老路面协同设计方法

新老路面结构在拼接部位变形协同、受力协同、服务寿命协同是新老路面结构协同设计的目标。依据前述各节的理论分析结果，提出新老路面结构的协同设计概念、设计原则和设计方法，包括新老路面结构拼接原则和要求、新老路面结构拼接部位的特殊设计，新老路面结构协同设计验证指标和要求等。

（一）协同设计内容

在新老路面结构拼接设计中，以保证新一老路面结构协同工作为原则，在充分考虑新路、老路路面结构组合形式、刚度、厚度、不均匀沉降等方面的差异及其对拼接结构变形和受力状态影响的基础上，通过路面结构、材料、拼接部位处治措施的设计，使这种影响控制在可接受范围。以满足新老路面拼接部位整体性与连续性的要求，在服务期间达到新老路面结构变形协同、受力协同、服务寿命协同的目的。

变形协同要求新老路面结构在车辆荷载作用下总的路面弯沉及各结构层的变形规律尽量接近，受力协同要求新老路面结构在拼接结合部位不会产生过大的应力，由此最终实现新老路面结构服务寿命协同的目的。

新老路面结构协同设计是通过理论计算和分析，结合其他类似工程的设计方法与使用效果，涉及新路路面设计、老路路面调整设计，和新老路面结构拼接部位处治设计等方面的内容。

1. 新路路面设计

新建道路路面设计包括新路路面结构组合设计和路面材料设计。新建道路路面设计指标和技术要求遵循我国现行《沥青路面设计规范》的规定。在沥青路面的组合设计过程中，路面各结构层材料确定和组合设计，应在吸取以往成功建设经验的基础上，选择技术可靠、经济合理的路面结构组合和厚度。

（1）设计要求

①在设计使用年限内，路面使用品质稳定，确保路面的强度、平整度、表面抗滑性、抗车辙性、排水性能、干燥性、冰冻稳定性、耐抗水冲刷能力等各项功能指标都稳定在允许范围之内。②贯彻就地取材、就近取材的原则，减少运距，并考虑环境保护，以美化环境。结构层组合与结构层厚度、混合料类型与最大公称粒径、层间结合条件等。得到建设费用和养护费用的协调。③应尽量采用机械化施工，并考虑建成后通车后的养护问题。特别是对于高速公路，要求平常的养护工作量越少越好，以免形成大范围交通量不畅。④在进行路面结构设计时，将土基、垫层、底基层、基层和面层看作一个整体。要求土基稳定、基层坚实、面层耐久、使路面结构层在整体上满足强度和稳定性的要求。

（2）设计方法

①充分考虑老路路面结构形式，参考沥青路面成功建设经验，确定新建沥青路面的结构组合形式。②在既有老路路面各结构层厚度的基础上，根据规范中新建路面结构的设计方法，拟定新建路面各结构层的厚度。③验证新建道路路面与改建、调整后的老路路面之间的结构差异系数应满足协同设计要求。

2. 老路路面结构设计

老路路面结构设计涉及老路路面结构基层的保留问题。如果原有老路路面基层或者面层被全部挖除，则相应的老路路面结构将按照新建道路的路面进行重建或改建设计。若老路基层保留，老路路面设计包括老路路面结构补强、结构厚度调整方案设计、补强层或调整层材料设计。

老路路面结构是否保留，取决于老路路面结构的剩余承载能力、老路路面结构补强厚度、新老路路面顶面标高差异程度以及新老路面结构组合差异、层位差异和材料组成上的协调等。

（1）老路路面结构剩余承载能力评价

可从路面结构强度评价指数 SSI 和路面结构模量衰减程度两个方面进行评价。

沥青路面的承载力是指路面达到预定的损害状况之前，能够承受行车荷载的作用次数或还能使用的年数。沥青路面的承载力通常用弯沉来评价，根据《沥青路面养护规范》，老路路面结构剩余承载能力以路面结构强度评价指数 SSI 作为评价指标。拓宽改建时，

根据道路使用要求，确定允许的老路结构强度系数SSL当老路路面结构强度系数SSI满足要求时，原则上应保留老路路面结构。但是应对这些路段中存在的病害以充分处治，力求消除老路病害，以提高加铺改造后既有老路结构的整体稳定性和耐久性。路面结构强度评价指标SSI，是以路面结构实测最大弯沉值与设计弯沉值的比作为评价依据，并认为路面破坏是由于路面结构过大变形所引起的，路面结构的总变形量达到一定程度后路面即出现破坏，然而路面是一种多层结构，各层结构具有不同的材料和力学属性，路面结构的损坏既可能是由于某一层结构或整个结构的过量变形所引起，也可能起因于结构层内部某处的应力或应变量超出了该处材料的疲劳强度或疲劳应变值。同时，大量既有工程实践表明，路面损坏往往不是由于结构强度不足造成，而是某一结构层次强度不足的结果，代表整体强度的弯沉指标显然无法控制某一层次的强度。所以在公路改扩建工程中，单纯采用SSI作为评价指标，不能准确地判断各个结构层次强度的衰减情况、为旧路结构利用与处治设计提供充分的理论依据。鉴于FWD测试技术在对旧路当前结构性能状态评价和反算路面结构各层的动态模量方面的应用，可用于分析老路各个结构层模量的衰减程度。

（2）老路路面结构的重建原则

原则上，为节约工程造价，减小施工期间对交通的干扰，应尽量利用原有路面。在以下情况下，应考虑老路路面结构的重建。

①老路路面结构的剩余承载力不足。当路面结构强度评价指标SSI在“中”以下，应给予补强，当由于设计厚度的限制而无法进行老路结构补强时，应挖除老路路面结构。

②新老路面结构模量差异过大。当老路路面结构模量衰减至对应的新路路面结构模量50%以下时，应挖除老路路面结构，进行重建。

③新老路面结构厚度差异过大。由于新老路面结构高程与结构厚度的差异，存在新老路面结构层错位的情况。此时，即使是在老路路面结构强度满足优良标准的路段，而结构各层厚度不满足原厚度设计要求时，尤其是基层厚度不满足原设计要求时，视同路面结构强度不满足要求，应翻挖重建。具体情况以现场铣刨旧路路面结构拼接台阶时，场地验证的结构层厚度为准。

（3）老路路面结构厚度的调整方案

老路路面结构调整设计的目的，是在满足老路承载能力要求的前提下，使新老路面结构在铺筑统一面层结构之前达到高差调平。

①新老路面高差协调

由于老路面需要调坡罩面，各区段罩面的厚度不一，新老路面的拼接兼顾原路面修补罩面以接顺道路横坡为原则。新拼路面的纵向、横向标高在中面层及以下各层逐步调整到位。面层拼接采用老路就新路的原则。新路铺筑采用设计标高，在接缝处和老路顺接。具体方法为：对老路标高全面详细测量，根据测量结果核实原设计高程并作调整。调整原则是新路面与老路面接缝两侧同高，保证路面排水畅顺。对高差在3cm以内的路段暂不调整纵断面设计，但新路面内缘标高与老路面接顺。高差大于 3cm 的路段修正设计，重新拉坡。若老路面严重不规则变形，新路面标高和横坡无法迁就调顺时，就按设计高程局部修整老路面，新路高程不变。全线路面标高和横坡的最终调整留待老路翻修罩面时一次调坡成型。

②老路铣刨厚度与补强厚度

当保留原有老路路面基层结构或面层结构时，则涉及老路路面各个结构层的铣刨厚度和保留问题。由于老路超车道和行车道的路面结构强度有着较大的差异，在改建时，对超车道和行车道沥青面层采用不同的改建方案。基本原则是：在老路超车道上，至少保证加铺一层新的上面层；在老路行车道上，至少保证加铺 2 层新面层（上面层和中面层）；当新老路面顶部的设计高差小于中上面层（新路路面，下同）厚度时，老路说刨至下面层（中面层底），保证加铺 2 层新面层（中面层和上面层）；当新老路面顶部的设计高差大于中上面层厚度而小于面层总厚度时，老路铣刨至基层（下面层底），保证加铺 3 层新面层（下面层、中面层和上面层）；当新老路面顶部的设计高差大于面层总厚时，老路需先加铺一层结构，再加铺 3 层新面层（下面层、中面层和上面层）。老路铣刨深度根据面层以下需加铺结构层的厚度确定；改建、调整后老路面层结构总厚度不小于老路面层原设计厚度；经过铣刨后，各个沥青层的剩余厚度不小于 3cm，否则，应该将剩余部分全部铣刨。在施工现场，在铣刨后，还应观察剩余部分的整体性，当剩余厚度大于上述最小厚度但结构层已出现松动和松散现象时，应将剩余部分全部铣刨。

老路路面厚度的调整方案，其实质在于根据既有路基路面结构的性能状况、新老路面结构的高差，采取不同的拼接方式。

3. 拼接部位加强处治设计

新老路面结构在拼接部位通过拼接台阶衔接、接顺，另外使用界面剂、土工材料等进行加强处治。因此，在新老路面结构的拼接部位由拼接台阶、界面黏结剂、土工材料组成。

（1）拼接台阶设计

新老路面结构在结合部位应该以台阶的形式进行衔接。台阶设置的一般要求规定如下：

①台阶厚度

当路面结构厚度在 20cm 以内时，台阶厚度以路面的每结构层为一级台阶；若路面结构层厚度超过 20cm，则酌情以 20cm 左右厚度为一层，设置多级台阶。

②台阶宽度

原则上面层台阶宽度应大于 20cm、基层台阶宽度在 20 ~ 60cm。若在拼接尺寸有限（如开放交通）时，可按实际情况减小台阶宽度，但不得小于 20cm。

③台阶拼接面位置

面层拼接面位置至少应与基层拼接面位置错开一台阶宽度以上。

（2）拼接部加筋设计

在以下三种情况下，应该在拼接部位设置土工材料，以加强拼接部位的横向连接或者减缓基层拼接面裂缝向上扩展：

①新老路面结构刚度差异较大。如果新老路面结构差异系数虽满足要求、但偏向于不安全。土工材料的铺设位置为基层结构拼接部位的底部与路基顶面间。土工材料的铺设宽度为：单侧宽度 100 ~ 200cm；总宽度为 200 ~ 400cm。

②新老路面高差较大。老路面经调整后总厚度较大，可将老路路面铣刨至新路基层底面高，然后使用土工材料进行加筋处治。土工材料铺设位置和尺寸要求同前。

③在新老路面拼接结合部面层结构底部使用适宜的土工材料，以延缓基层拼接面反射裂缝的形成发展。此时，土工材料的铺设位置为面层结构底部与基层拼接面顶部。土工材料的铺设宽度为：单侧宽度 50 ~ 100cm；总宽度为 100 ~ 200cm。

加筋材料应满足以下技术要求：

①用于基层底部、拼接面下方与路基顶面间的土工材料应该具有拉伸模量高、强度高的特征，如高强度土工格栅、土工网等。

②用于面层结构底部与基层顶面间的土工材料应具备强度高、柔韧性好、延伸率低、无长期蠕变等特性，并且应与沥青及沥青混合料具有良好相容性，在沥青混合料热铺施工的高温条件（170℃左右）下具有稳定的物理性能和化学性能。

（3）界面黏结剂选择设计

选择界面黏结剂（以下简称界面剂）时，应从界面剂的使用性能、耐久性和经济性等多方面进行考虑，满足以下几点要求：

①界面剂应与基层材料有较强的黏结能力，保证在行车荷载及温缩应力作用下不会脱开。应具有一定的抗拉强度，保持自身的完整性。

②界面剂应具有防水密封性，界面剂本身应不溶于水，也不吸收水，并能防止水分渗入。

③界面剂应有一定的变形能力和弹性恢复能力，保证不会在变形条件下被拉断。应具有一定的低温柔韧性，保证不会在冬季气温较低时发生硬化、脆裂。

④界面剂应有良好的耐久性，在路面结构的设计使用年限内保持足够的使用性能，不会过早产生老化。

⑤界面剂应有良好的施工操作性，便于施工。

（4）拼接部防排水设计

新老路面结合部的防、排水处理，可采取以下 3 种方法：

①在新老基层结合部刷涂防水黏结剂。

②在基层顶部设置稀浆封层。

③面层底土工材料与粘层油形成防水层。

（二）新老路面结构协同设计验证

1. 协同验证指标

在进行新老路面结构协同设计时，采用结构刚度与结构厚度当量换算的方法，将新老路面结构差异转换成相同结构形式的刚度差异，即模量差异。如此，综合考虑新老路面结构各结构层在厚度与刚度（模量）上的差异，统一以新老路面结构差异系数表示。根据前述研究成果，新老路面结构面层、基层的模量差异不宜超过 50%。因此，新老路面结构差异系数要求不大于 0.5。

根据前述老路结构厚度的调整方案，以 0、12、20、35cm 高差取 7 种代表工况进行分析，在各种工况下，新路路面结构统一取 20cm 沥青面层 +40cm 水稳碎石基层 +15cm 垫层。新老路面结构差异系数加可见：

（1）当新老路面高差不超过 20cm 时，随着新老路面高差的增大以及新老路面结构模量差异的增大（r 的减小），结构差异系数呈现增加的趋势。在新老路面模量差异最大的 r=0.25 时，新老路面结构差异系数出现了较大值。

（2）当新老路面高差在 20cm 以上时，新老路面结构差异系数仍然随着新老路面高差的增加而增大，但却出现随着新老路面结构模量差异的增大（r 的减小）而减小的趋势。分析原因，当新老路面高差超过 20cm 时，新老路面对应结构层之间将发生两层或者三层错位的情况。此时，老路上方要加铺水泥稳定碎石层，再加上原有老路结构层，老路的整体路面刚度将大于新路路面的整体刚度。

2. 协同设计步骤

（1）确定新老路面拼接施工的条件，即是指在开放交通条件下进行新老路面结构的拼接施工，还是在封闭交通条件下进行新老路面结构的拼接施工。

（2）根据既有老路路面结构的宽度确定拼接的基准线及拼接尺寸。

（3）根据新老路面高差情况确定老路的调整方案。

（4）验证新老路面结构刚度差异（路面结构差异系数）是否满足设计要求。

（5）确定新老路面结构的拼接的各级台阶的衔接方案与铣刨程序。若是在开放交通条件下进行拼接施工，则存在两阶段的拼接，即存在反向老拼新的情况。

（6）开放交通条件下，由于要为车辆通行留出车道，拼接尺寸也会有限，需要调整各级台阶的尺寸。验证台阶宽度是否满足最小台阶宽度要求。

（7）根据新老路面结构的功能要求，选择适当的结合部处治措施，并确定相应的材料要求与施工标准。

第三节　既有沥青路面材料再生利用

一、沥青路面再生方式的选择

沥青路面再生技术不是单一技术，而是一类技术的总称。美国沥青路面再生协会（ARRA）将沥青路面再生技术分为冷铣刨、热再生、就地热再生、冷再生、全深式再生5类。其中就地热再生又按照工艺不同划分为表面再生、复拌再生、加铺再生；冷再生划分为就地冷再生、厂拌冷再生；全深式再生又进一步分为破碎、机械稳定、沥青稳定、化学稳定4种类型。

《公路沥青路面再生技术规范》JTGF41—2008(以下简称《沥青路面再生技术规范》)根据我国的实际情况，将沥青路面再生技术分为厂拌热再生、就地热再生、厂拌冷再生、就地冷再生4类，其中就地热再生又根据再生工艺的不同分为复拌再生和加铺再生，就地冷再生根据再生深度的不同分为沥青层就地冷再生和全深式就地冷再生。

（一）各种沥青路面再生技术的优缺点

各种沥青路面再生技术有不同的适用场合，并各有其优缺点：

1. 厂拌热再生

厂拌热再生是将废旧沥青路面材料（RAP）运至沥青拌和厂（场、站），经破碎、筛分，以一定的比例与新集料、新沥青、再生剂（必要时）等拌制成热再生混合料铺装路面的技术。其功能主要是修复沥青路面面层病害，恢复甚至改善沥青路面混合料的使用性能，以热拌沥青混合料的形式实现旧沥青路面材料的再生利用。

厂拌热再生适用于对各等级公路RAP进行热拌再生利用，再生后的沥青混合料根据性能和工程情况，可用于各个等级公路的沥青面层及柔性基层。其优点是再生工艺易于控制，再生后的沥青混合料性能比较理想，且适用范围广；缺点是RAP需要运输，而且RAP的掺配比例相对较低。

2. 就地热再生

就地热再生是采用专用的就地热再生设备，对沥青路面进行加热、铣刨，就地掺入一定数量的新沥青、新沥青混合料、再生剂等，经热态拌和、摊铺、碾压等工序，一次性实现对表面一定深度范围内的旧沥青混凝土路面再生的技术。它可以分为复拌再生、加铺再生两种方式。其主要功能是修复沥青路面表面层病害，恢复沥青表面层物理力学性能，恢复沥青路面平整度，修复沥青路面车辙，实现旧路面沥青层材料的就地再利用。

就地热再生适用于仅存在浅层轻微病害的沥青路面表面层的就地再生利用，再生层可用作上面层或中面层。就地热再生的优点是就地实现沥青路面的再生利用，节省了材料转运费用；缺点是再生深度有限，级配调整幅度有限，且无法除去已经不适合进行再生的旧混合料。

3. 厂拌冷再生

厂拌冷再生是将RAP运至拌和厂（场、站），经破碎、筛分，以一定的比例与新集料、沥青类再生结合料、活性填料（水泥、石灰等）、水进行常温拌和，常温铺筑形成路面结构层的沥青路面再生技术。其主要功能是以冷拌沥青混合料的形式实现旧路面沥青层材料的再生利用，恢复和改善旧沥青混合料的路用性能。

厂拌冷再生适用于对各等级公路的RAP进行再生利用，再生后的沥青混合料根据其性能和工程情况，可用于快速路和主干路新建工程沥青下面层及基层、底基层，次干路、支路新建工程中沥青路面面层。当用于次干路、支路的表面层时，应做上封层。厂拌冷再生的优点是再生工艺易于控制，再生混合料性能较好，适用范围广，能耗低，污染小；缺点是RAP需要运输，再生混合料强度的形成需要较长的时间，且一般需要加铺一定厚度的罩面层。

4. 就地冷再生

就地冷再生是采用专用的就地冷再生设备，对沥青路面进行现场冷铣刨、破碎和筛分（必要时），掺入一定数量的新集料、再生结合料、活性填料（水泥、石灰等）、水，经过常温拌和、摊铺、碾压等工序，一次性实现旧沥青路面再生的技术。它包括沥青层就地冷再生和全深式就地冷再生两种方式。其主要功能是实现旧沥青路面层的翻修、重建，实现旧路面沥青层材料的常温拌和及就地利用。

就地冷再生的优点是就地实现再生利用，节省了材料转运费用，施工过程能耗低、污染小，适用范围广；缺点是施工质量控制的难度相对较大，一般需要加铺沥青罩面层。

随着技术发展，温拌技术与再生结合，因此沥青路面再生是采用专用机械设备对旧沥青材料进行处理，并掺加一定比例的新集料、新沥青、再生剂（必要时）、温拌剂（必要时）等形成路面结构层的技术。按照再生沥青混合料施工温度的不同，沥青路面再生可分为热再生、温再生与冷再生；按照施工场合和工艺的不同，沥青路面再生可分为厂拌再生和就地再生。

各种不同形式的沥青路面再生方式，各有其优缺点，各有其适用场合，是互补的关系，而不是一种技术淘汰另外一种技术。使用时应进行充分论证和科学决策，选择最适合的沥青路面再生技术。

（二）沥青路面再生技术选择的原则

沥青路面再生技术的选择，技术性、环境性和经济性。

1. 技术性原则

技术性原则指沥青路面的再生利用不应该是单纯的废旧沥青路面材料（RAP）的消

耗，而是充分开发和利用RAP的价值。在RAP的再生利用中，应首先对RAP的成分、性质等进行详细的研究，提出RAP可能利用的方法和途径。其次，针对RAP的性质，有针对性地开发再生利用方法，提出废物材料的处理和再生材料的生产工艺，提出再生材料的技术性能和技术标准。RAP的再生利用不能降低材料和产品的技术性能，而是针对再生材料的性能，开发和提出有效的利用途径，或开发、生产的再生材料和产品具有更优良的性能。

技术性原则是选择旧沥青混合料再生利用方式最重要的原则，选择再生利用方案首先要全面进行技术分析和探讨，结合道路交通条件、旧有路面条件、技术和设备条件，选择满足施工技术要求和施工质量要求的再生利用方案。

2. 环境性原则

环境性原则是指废物的利用要保证环境的安全废物利用绝对不能以产生新的污染为代价，应保证再生材料和产品符合有关环境质量标准的规定。应保证作业人员和公众的安全，公开再生材料和产品的安全性能数据，保证产品使用中的安全。

3. 经济性原则

经济性原则是指废物的再生利用应该具有一定的经济效益才能实施。由于废物的收集、处理，设备的购置、改造等附加工程，再生材料的成本可能高于天然材料或非再生材料。因此，应该从设备能力、技术条件、政策影响等方面综合考虑，选择最佳的再生利用方法。废物的再生利用还要考虑社会效益，其社会效益应以某种方式纳入经济分析之中。国家要制定相应的政策协调废物产出者、再生材料使用者之间的利益关系，从政策上扶持和鼓励废物的处理和再生利用。

在旧沥青混合料的再生利用中，经济性和技术性是一对矛盾体，往往技术性好的再生方式其经济效益差，而单独追求经济效益有时不能达到技术要求。在我国现有法律和管理体系下，统一考虑技术性和经济性是沥青混合料再生利用的必由之路。应根据自身的技术和设备条件考虑再生利用方式，还要对各种再生利用方案进行经济技术分析，综合考虑各方案的社会和经济效益，选择最佳的再生利用方式。

二、热再生沥青混合料组成设计

（一）旧料与新料配合比例的确定

热再生混合料包括厂热拌再生混合料和就地热再生混合料。

对于现场热再生，基本上全部利用旧料，即使需要应用新拌混合料，一般采取将新料加铺在旧料上面，然后一起碾压。如果要添加新拌混合料与旧料混合，一般新拌混合料掺加的比例比较低，约为10%。

对于厂拌热再生，新料与旧料的比例可以根据材料的品质和路用性能的需要进行调整，变化的幅度较大，具体掺配比例可根据因素加以考虑，这些因素主要有以下几个方面：

1. 旧路面材料的品质。

2. 再生沥青混合料的用途及其质量要求。

再生沥青混合料直接用于路面面层、道路的交通量较大时，要求再生沥青混合料具有很好的品质，旧料的比例应取较低值，如占 20% ~ 30%；如再生沥青混合料用于路面面层，但道路的交通量不大，则旧料的比例可取较高值，如占 40% ~ 50%。

3. 施工条件。

采用间歇式拌和机拌制热再生沥青混合料时，新集料在干燥筒内过热，温度高达 250℃，然后进入拌缸，加入旧料，旧料通过热传导吸收细集料的热量而升温。为保证再生混合料出料温度不致过低，必须限制旧料的掺配比例，一般不超过 30%。

（二）RAP掺配比例与矿料级配

RAP 掺配比例一般为 10% ~ 35%。根据 RAP 掺配比例、新集料筛分结果、RAP 抽提筛分结果，不断改变各材料比例，直至获得满意的级配曲线。热再生混合料矿料级配范围与相应的普通热拌沥青混合料相同。

（三）马歇尔试件制备方法

制备马歇尔试样时，RAP 加热温度一般不超过 120℃，加热时间不宜超过 2h，避免 RAP 进一步老化，据新沥青的粘温曲线确定混合料的拌和与成型温度，新集料加热温度宜高出拌和温度 10 ~ 15℃。

再生混合料拌和时的投料顺序是将 RAP、粗细集料倒入预热的拌和机预拌，然后加入再生剂和新沥青，最后加入单独加热的矿粉，继续拌和至均匀为止，总拌和时间一般为 3mino 马歇尔试验成型涉及的其他内容与热拌沥青混合料相同。

（四）配合比设计检验

对于厂拌热再生，按照现行《沥青路面施工技术规范》热拌沥青混合料配合比设计方法的有关规定进行。

就地热再生沥青混合料的性能必须经试验路检验。试验路检验项目主要有：现场再生沥青的技术指标、马歇尔稳定度、再生混合料的级配、动稳定度、浸水马歇尔残留稳定度、冻融劈裂强度比等。

三、温再生沥青混合料组成设计

温拌沥青技术作为一种保证路面压实、延长施工窗口期的手段，其设计目的是在不降低路面施工质量的情况下降低施工过程中的温度，因此在进行温拌沥青混合料配比设计过程中，应以热拌沥青混合料的技术性能为标准进行设计，当配合比设计结束后，在采用温拌技术手段，在降低混合料生产、拌和、压实过程的温度后，仍然能够使混合料达到预定的热拌混合料技术要求。因此温拌再生沥青混合料配比设计应以热拌再生配比设计为依据，在进行温拌再生沥青混合料的组成设计之前，应根据沥青混凝土旧料的老化程度、再生设备生产能力，以及道路等级情况，确定一个旧料的掺配范围。在此基础上确定温拌剂用量和新沥青用量，步骤如下：

（1）根据设计混合料类型，在不添加旧料情况确定一个目标沥青用量 P_b。

（2）选定一个旧料掺配比例 r，计算再生剂的添加量 P_{ra}。

$$P_{ra} = r \times r_{ra} \times P_{rb} \tag{7-1}$$

式中：P_{ra}—— 为再生剂的最佳掺量；

P_{rb}—— 为旧料的沥青含量。

（3）根据旧集料和新集料的级配，进行级配组成设计。可以采用试算法确定各档新集料的比例。

（4）确定最佳沥青用量。再生沥青混合料的最佳沥青用量，就是保证混合料具有最好路用性能的沥青用量。这些性能主要包括有：混合料具有较高的强度和稳定性，良好的高温和低温性能，良好水稳性，施工时有良好的施工和易性，并有利于压实。其最佳用量可以先按以下公式进行计算确定新沥青的估计用量 P_{rb}。

$$P_{nb} = P_b - r \times P_{rb} - r \times r_{ra} \times P_{rb} \tag{7-2}$$

（5）成型马歇尔试件，测定再生沥青混合料的马歇尔稳定度、流值，以及混合料的空隙率、矿料间隙率、沥青饱和度等体积指标。再通过车辙试验和冻融劈裂试验，检验再生沥青混合料的高温稳定性和抗水损害性能。

（6）根据新加沥青用量计算温拌剂的掺量：室内试验一般采用新增沥青质量的 5% 作为温拌剂添加质量。

（7）对不同旧料掺配比例的再生沥青混合料进行力学性能、经济指标的比较分析，确定最经济、性能最好、生产效率最高的再生沥青混合料组成。

第四节　路面防排水

改扩建路面设计应考虑路面防排水，遵循“以防为主、防排结合”。路面排水设计应在既有路面排水系统的基础上进行改造优化设计，重新验算排水能力，设计排水出路。路面拼接缝部位应喷涂黏结沥青。路面排水设计时应兼顾施工期间的排水，以保证施工期间不积水。桥面沥青铺装整体铣刨重铺时，应重新设置防水层。

重点做好路面内部系统的排水，路面内部排水系统可由路面边缘排水系统、排水基层或排水垫层单独或组合构成。遇有下列情况之一时，宜设置路面内部排水系统：

（1）年降水量为600mm以上的湿润多雨地区，路床由渗透系数不大于10^{-4}mm/s的细粒土填筑的高速公路。

（2）路基两侧有滞水，可能渗入路面结构内。

（3）重冰冻地区，路床为粉性土的潮湿路段。

（4）需排除积滞在路面结构内的水。

路面内部排水系统中各种排水设施的设计排泄量均应不小于路面表面水渗入量的2倍。

一、路面边缘排水系统

改扩建高速公路工程，需重新构建的路面边缘排水系统，路面内部边缘排水系统由透水性填料集水沟、纵向排水管、横向出水管和过滤织物组成。

纵向排水管管径应按设计流量由水力计算确定，宜在70 ~ 150mm范围内选用。排水管的埋设深度，应保证不被车辆或施工机械压裂，并应超过当地的冰冻深度。在非冰冻地区，新建路面时，排水管管底宜与基层底面齐平；改建路面时，管中心应低于基层顶面。排水管的纵向坡度宜与路线纵坡相同，并不得小于0.25%。横向出水管径间距和安设位置应由水力计算并考虑邻近地面高程和道路纵横断面情况确定。出水管的横向坡度不宜小于5%。

集水沟底面的最小宽度，对新建路面，不应小于300mm；对改建路面，应保证排水管两侧各有至少50mm宽的透水填料。

二、排水基层或排水垫层

路表面渗入路面结构的水量大，仅设置路面边缘排水系统难以迅速排除时，可在面层下设置排水基层，地下水丰富的低填和挖方路段的路基顶面应设置排水垫层。路面内部设置专门排水层，排水层的主要功能是聚集渗透进路面的水，在允许时限内，将水排至路面边缘排水系统。排水层的材料可采用开级配沥青稳定碎石、开级配水泥稳定碎石或级配碎石。

排水基层厚度H_b应根据所需排放的水量和基层材料的渗透系数，通过式（7-3）计算确定，并满足最小厚度的要求。采用沥青处治碎石时，最小厚度不得小于60mm；采用水泥处治碎石时，最小厚度不得小于80mm；采用级配碎石时，最小厚度不得小于120mm。排水基层的宽度应根据面层施工需要确定，宜超出面层宽度300 ~ 900mm。

$$H_{b}=\frac{Q_{cb}}{k_{b}i_{h}}$$

（7-3）

式中：Q_{cb}——纵向每延米排水基层的泄水能力[m^3（d·m）]；

k_b——排水基层设计渗透系数（m/d）；

i_h——基层横坡。

渗入水在路面结构内的最大渗流时间，冰冻地区不应超过1h，其他地区不应超过2h。渗入水在排水基层内的渗流时间可按式（7-4）计算确定：

$$T\approx 0.69\frac{n_{e}L_{t}}{k_{b}J_{0}}$$

（7-4）

$$L_{t}=B\sqrt{1+\frac{i_{z}^{2}}{i_{h}^{2}}}$$

（7-5）

式中：T——渗流时间（h）；

n_e——排水基层的有效空隙率；

L_t——渗流路径长（m）；

k_b——排水基层的渗透系数（m/s）；

J_o——路面合成坡度；

i_z——基层纵坡。

确定排水能力需要路面设计要素、材料特性。例如道路几何要素（横坡、纵坡、车道宽度）、排水基层厚度、排水集料的孔隙率和有效孔隙率。

路基与排水层之间要设置隔离层，形成一道不透水的屏障，使水分沿排水基层水平排至路面边缘排水系统。

第八章　桥涵工程设计

第一节　桥梁品质工程落实原则

桥梁是公路主体工程的重要组成部分，具有相对独立性、技术密集性的特点，往往也是节点工程、亮点工程、控制性工程；桥梁跨越功能的特点，决定了其与防洪、水利、通航、铁路、管线、环保、地方通行等外部条件密切相关，它是项目总体功能得以实现、外部需求得到落实的集中承载；另外，桥梁的运维保养工作量和工作难度较大，安全性关注度高，因此其安全性、耐久性、可维护性也是运营单位关注的重点。

桥梁专业须充分考虑以上特点，从施工建设、驾驶体验、运营维护等各方面、各阶段的质量和关注重点出发，落实创建品质工程的各项措施，相关原则如下：

（1）总体设计方面，将桥梁专业与其他专业紧密结合，统筹考虑，紧紧围绕“优质耐久、安全舒适、经济环保、社会认可”的总体要求，分析每个项目的特点和主要功能，提出切合实际的总体质量目标，响应项目功能和社会关注，提出总体设计理念，在总体目标和设计理念指导下开展项目设计；桥梁方案设计中充分体现系统设计、安全设计、生态环保设计、工程美学和人性化设计要素，顶层设计，统筹考虑，并关注重点桥梁的难点和关键点，提出可行的技术路线和解决方案。

（2）注重桥梁与道路的总体协调原则，因地制宜的桥梁合理结构形式和施工方案选择的原则，资源节约、环境友好的原则。

（3）在前期工作中，加强涉洪、涉航、涉路、涉铁、涉环保等行业许可方面的专题专项工作，及时与行业管理部门沟通，从技术角度和行政许可角度两方面入手，做到桥梁方案合理、合规、经济、可行、可落实。

（4）桥梁专业的系统设计原则

①贯彻全寿命周期成本理念。从桥梁结构形式、建筑主材，以及支座、伸缩缝、泄水管等重要构件产品的选择等方面，除考虑一次性建安费投入外，更应着眼于工程全服务期内的综合效益，对建设投资、使用寿命、运营维护投入、可扩展性和材料可回收等方面进行综合考量，并定性（定量）地考虑对土地占用、土地增值以及环境自然资源消耗方面的影响。需要注意的是，这些全寿命周期成本理念在工可、初步设计等前期阶段就应充分考虑，在工程规模、估算、概预算中合理纳入，给施工图阶段具体设计落实留出执行空间。

②落实建管养一体化设计原则。桥梁方案应全面考虑施工的便捷性、可实施性，以及运营维护中桥梁结构的可视、可检、可达、可修、可换等要求，并根据项目远期功能需求，考虑可扩展（扩建）的需要，在设计方案和细节中贯彻落实建管养一体化的理念。例如，在跨越运营中的高速公路、铁路或交通繁忙的城市道路、航运繁忙的航道等时，桥梁方案须考虑施工时不影响桥下正常通行、通航，而在投入运营后需要检查、养护、维修时，可以方便地到达桥梁需检测位置，必要时应设置检测检修道、检查桁车等，对于闭口箱梁等结构，应设置进出人孔等，对于需要经常检查关注的桥梁支座，设计中要考虑合理的垫石高度和平台尺寸，便于检视、抬升、更换。

③重视耐久性设计。根据桥梁在长期运营情况下所处环境特点，分析桥梁上部结构、盖梁、墩身、基础等主要构件，针对性地选择构件工作环境作用等级，合理论证和采用耐久性指标；在混凝土标号、钢材型号、保护层厚度、裂缝宽度指标等方面合理取用设计参数，合理选择耐久性指标；同时还应注意交通量、车型比例等运营荷载特点，在规范基础上考虑实际运营情况，合理提高安全富余；对于局部使用寿命低于主体结构设计基准期的构件，如支座、泄水管、伸缩缝等，在产品选型、材料耐久性、产品价格等方面统筹考虑，充分听取建设单位、运营单位的经验和建议，在耐久性、经济性、可维修更换等方面寻求最佳平衡。

④桥梁精细化设计。加强桥梁专业与道路、环保、交安、机电等专业的设计衔接，做到不漏项、不矛盾，细部设计完整，施工可操作；严格执行设计图纸校审制度，严控“差、错、漏、碰”；结合工程特点有针对性地开展质量通病防治相关设计，措施合理。要从施工角度思考设计的完整性、操作的可行性；从使用角度思考功能的完善性，使用的安全性、合理性，不留死角。

⑤大力推行桥梁标准化设计。桥梁结构的标准化设计、工业化建造是工程建设的趋势，尤其在桥梁领域，采用标准化设计、通用图设计，可以提高经济性、施工便捷性、质量可控性、环境友好性、运维简便性。在方案设计阶段，桥梁专业应与路线总体、互通专业密切沟通，尽量减少桥梁范围内小半径、变宽、分叉、变角度等不规则情况，便于桥梁方案统一标准化；桥梁布孔方案充分考虑采用通用图的标准跨径，把采用通用图标准化率作为重要设计指标进行控制；在通用图使用方面，也要考虑在同一个项目、同一施工标段，尽量归并跨径、结构类型；积极探索、推广工业化建造，对于桥梁规模大、

集中的项目，在经济合理范围内，尽量采用预制装配技术，提高施工质量和施工速度，降低环境压力。

⑥重视设计创新。积极探索采用“四新”技术，采用创新设计手段提高设计效率、设计质量，解决设计难题；采用新材料、新工艺解决桥梁运维中的常见病，提升关键部位的安全耐久性。设计创新要把握好初衷和原则，不能为了创新而创新，应从实际出发，贯彻安全、经济、合理、先进、耐久、适度超前的原则。

（5）桥梁安全设计原则：根据规范要求开展关键桥梁安全性评价，对高墩、高地震烈度、特大跨径、特殊运营环境下的桥梁，从安全角度审视桥梁从建造到运营的全过程，包括施工过程的安全性（最不利工况下的结构稳定性、安全性等），长期运营的安全性，偶然工况（地震、风力、结冰、地灾、船撞、危化泄露）情况下的安全性、可控制性、应急救援的及时可达等。桥梁安全性评估团队应与设计团队人员分开，背靠背开展工作。

（6）生态环保设计原则：在设计方案中，考虑桥梁在建设施工、运营过程中，与环境友好性相关的施工方案、环保材料的应用，如预制装配桥梁、可回收和环境友好材料（钢结构）等，资源节约、低运营维护（排放）等方案的指导思想和应用原则；对环境敏感区桥梁方案须考虑施工方案污染可控，对环境敏感区的无害化穿越方案，在运营期污水的收集净化系统、噪音防护系统等。桥梁的生态环保设计应紧扣环评报告的要求，与环保专业协同设计落实。

（7）工程美学设计原则：桥梁要与周围环境融合、协调。在自然环境中做到融入自然，不突兀、不破坏风景，桥梁的跨径与墩高比例协调合适；在经济活跃、城市建成区域，桥梁造型可以展现其标志性、现代性；在项目总体策划和定位中，应考虑是否需要设置景观桥梁，在什么位置设置，景观实现方法是什么（结构造型或装饰造型）、经济性和运营维护性如何，等等。以适度、协调为前提，桥梁美学要做到不生搬硬套，不刻意求怪，不以明显牺牲经济性、耐久性和可维护性为代价。

（8）人性化设计原则：从运营维护角度考虑桥梁方案和细节设置的人性化；从对沿线群众生产、生活影响的角度，从便于利用、合理预留发展空间等方面考虑桥梁、通道、天桥的设置原则、设置位置、设置数量和设置净空。

第二节　桥梁品质工程落实措施

一、一般混凝土桥梁品质工程的落实

目前，我国大部分公路桥梁结构为一般混凝土，作为国内桥梁量大、面广的主要形式，落实一般混凝土桥梁的品质工程措施，是创建品质工程项目的基本要求，为此，需要从

以下几个方面进行落实。

（一）全寿命周期成本

一般而言，桥梁全寿命周期过程包括规划、设计、建造、运营、养护/维修和拆除等几个阶段，各阶段的工作内容密切联系、相互影响，在品质工程设计中，应当着眼于通盘，树立全寿命周期成本概念，做好桥梁全寿命周期内的规划设计。

规划阶段要进行桥梁的使用寿命规划，其主要任务有：根据桥梁拟建区域的区域规划、交通规划和投资规划，调查分析社会以及使用者的使用寿命需求；对桥梁的用途和使用环境进行分析，并预测未来的交通发展和使用环境的变化；根据桥梁用途、建设要求和使用环境，在综合考虑业主、用户和社会的桥梁使用寿命需求后，合理确定桥梁的设计使用寿命。

初步设计阶段要对材料和结构方案进行决策，其主要任务有：根据力学和耐久性方面的考虑，选择满足使用寿命要求的桥梁结构形式、材料、构件；根据所选的桥梁各主要构件的使用寿命，把桥梁的构件分为永久构件、需要一般维护构件、需要少量维修或可更换构件和易损构件等几类；分析预测结构及构件在整个生命周期内和使用环境中养护、维修和更换的需要，确定在设计阶段是否需要养护、维修和更换设计；进行桥梁养护维修设计和性能设计；对基于全寿命成本的桥梁使用寿命设计方案进行比选和优化。

施工图设计阶段要对结构细部进行仔细规划，其主要任务是对初步使用寿命设计方案进行详细设计特别是细部构造设计，确定最终的使用寿命设计方案。

建造阶段是实现设计使用寿命的时期，其主要措施是通过施工质量控制和质量保证方法进行有效的质量控制。

养护和维修阶段是确保桥梁在使用期内有一个良好的结构性能的时期，其主要措施是根据设计阶段估计的使用寿命，确定维持结构使用所采用的策略和基本的养护计划。

拆除阶段是桥梁寿命周期内的最后阶段，设计方案中要考虑桥梁在服务期满拆除时，便于构件的安全拆卸、分离，并减少废弃物的产生，有利于回收利用、保护环境。

（二）桥梁安全性设计

桥梁的安全性设计应考虑以下几个方面。

1. 高墩的稳定性

在山岭、重丘区，或多层互通立交等情况下，受地形、线形影响，常会出现高墩桥梁，这里所述的高墩桥梁不仅仅是通常所说的墩高超过 50 ~ 60 m 的桥梁，还包括长细比超常规的桥梁。高墩桥梁的安全性主要是稳定性问题，包括施工过程中的稳定安全性和运营期的稳定安全性。

在施工过程中，结构尚未形成整体，不对称施工产生的偏载、风载等可能使高墩产生较大的弯矩和变形，其稳定性问题往往成为施工中的重要控制因素，一般需要考虑 3

个阶段：系梁未形成的最大开口阶段、最大悬臂阶段、成桥阶段。在这3个阶段，需要对多向风荷载、最大施工偏载、最小（最大）竖向压力等各种最不利情况进行横桥向和顺桥向屈曲失稳验算，以及最大变形验算。同样，运营阶段也需要考虑恒载、多向风载、温度（整体、梯度）、制动等各种最不利工况下的稳定验算。施工阶段和运营阶段的稳定安全系数须满足规范要求。

提高高墩稳定性的措施有：

①根据墩高，采用合适的墩身截面尺寸，控制长细比和墩顶位移；

②合理设置墩柱间的系梁；

③采取必要的墩梁固结措施；

④优化高墩的气动外形；

⑤若有必要，施工过程中设置临时系梁；

⑥控制施工过程中的不平衡荷载、横向偏心等。

2. 独柱墩桥梁的抗倾覆稳定性

独柱墩桥梁是指桥梁上部结构采用整体箱梁，下部结构全部或部分采用独柱墩结构的桥梁。受建设条件限制，有时需采用独柱墩结构，以保证方案成立或工程规模合理。独柱墩桥梁因其受力特点，当支撑条件设置不合理时，可能发生横向倾覆破坏，这种破坏是发散的、事先没有预兆的，危害极大，近年来的一些惨痛事故也为独柱墩桥梁的安全性敲响了警钟。

独柱墩桥梁的横向抗倾覆安全性应从总体方案、稳定验算和构造措施等方面控制。

在总体方案方面，尽量选用“独柱墩＋盖梁”双支点结构，且支座横向间距尽量拉开，尽量避免采用独柱墩单支点结构；当采用独柱墩单支点结构时，应尽量避免采用连续的独柱单支点结构，尽量采用较小的扭转跨径；为提高横向抗倾覆稳定性，可采用独柱墩墩梁固结结构；一联桥梁梁端位置应避免采用独柱单支点结构；采用独柱墩结构时，宜采用边中跨比不小于0.7的布跨方案。

对于抗倾覆稳定验算，独柱墩单支点结构桥梁抗倾覆验算应采用空向分析模型，墩梁连接和桥墩约束等边界条件应符合结构受力特性。横向抗倾覆验算应按规范规定要求进行，并同时满足：①在作用基本组合下，单向受压支座始终保持受压状态；②在作用标准值组合下，桥梁横向抗倾覆稳定性系数应不小于2.5；③整联均采用单向受压支座时，在作用标准值组合下，梁体转角小于0.02 rad；④在作用效应组合中，应考虑温度作用效应。

在构造措施方面，采用独柱墩单支点结构的桥梁，当其平曲线半径较小时，独柱墩宜设置横向预偏心（沿平曲线半径外侧方向），以提高桥梁抗倾覆稳定性；当采用独柱墩墩梁固结结构时，固结点宜设在桥梁上部结构纵向变形零点附近或桥墩高度较高的墩位处，以提高桥梁抗倾覆稳定性。桥梁墩台处的限位措施应设置在梁体与墩台身主体结构之间，并有足够的交错深度，在满足梁体变形条件下限位装置和梁体的间距宜小于1

cm；采用独柱墩结构时，端支点可通过延伸端横梁长度加大端支座横向间距，还可考虑在端横梁位置设置拉压支座、压重等措施，以提高结构抗倾覆稳定性。

3. 船撞安全性

虽然船舶撞击桥梁事故发生的概率较小，但一旦发生，往往会造成严重后果，后期维修或重建的费用更是惊人，设计阶段应充分考虑通航桥梁的船撞安全性问题，在桥位选择、跨径方案布设方面应当充分考虑安全通航的要求。对于船舶防撞设计，主要包括设防水准、桥位选择、防撞性能和防撞措施等方面。

公路桥梁根据其使用功能的重要性分为C1、C2和C3三个等级，对应L1、L2两个船撞作用水准。在此基础上确定桥梁船撞设防目标：P1为长期功能降低的临界状态，P2为部分安全功能丧失的临界状态，P3为安全功能完全丧失的临界状态。

桥位考虑选在航道顺直，河势、深槽及河床稳定，水流和水深条件良好的航段上；桥位应避开弯道、汊道、险滩、分流口、汇流口、锚地等，相互之间要保证一定的安全距离；桥轴线应尽可能与水流主方向和设计航线正交，水流流向与桥轴线的法向夹角不超过5°。

防撞性能主要是在结构、船撞和经济性三者通盘考虑的基础上，对桥梁类型、跨径布置、水中桥墩等进行研究。其主要原则是：要充分满足通航要求，适当增加跨径使桥墩上岸或远离深水区是较经济的选择，为使桥墩离开水域成倍增加跨径是不可取的；选择合适桥型和跨径布置，充分满足航道宽度和净空高度要求，要注意拱桥拱圈和吊杆锚具张拉对净空的影响；合理设置水中墩，尽可能减少水中墩，必须布置在水中的应将其布置在浅水区，且水中墩能承受船舶的撞击力。

桥梁设计除满足具有一定抵抗船舶撞击荷载的能力外，还应该考虑采用缓冲装置和保护系统，以改变船只冲击荷载的方向或减少对桥墩的冲击荷载，将其破坏程度减到最小，同时减小船舶和防撞设施的破坏损伤。防撞设施结构形式可分为浮式、重力式、桩柱式和防护板等。

4. 车撞安全性

车撞对桥梁安全的影响应当考虑高速行驶的车辆可能对中分带桥墩的撞击，以及被交道路上行驶的车辆对高速公路桥梁的撞击。

对于跨高速公路桥梁，一孔跨越可避免中分带桥墩防撞问题，但一孔跨越的跨径大，建筑高度高，可能会引起桥梁或整个互通枢纽规模的大幅度增加，需充分考虑中分带设墩的时能性。对于中分带设墩的桥梁，需要严格按照安全设施规范要求设置桥墩处的防撞护栏，并且要满足高速公路建筑限界要求，在此前提下，桥墩还需要按照最新桥梁抗撞设计规范，进行完善的桥墩抗撞设计。

被交路上的车辆对高速公路桥梁的防撞问题，除了一般路侧桥墩防撞问题外，更多的是违规、超高车辆对梁体的撞击。防止超高车辆撞击桥梁的措施主要有：加强梁底最不利净高的核查，满足通行净空的要求；地方道路维修时，核准桥下有效净空能否满足要求；改进桥梁上部结构设计，在设计阶段考虑撞击荷载，采用合理构造来加强横向连系；对于超限车实际管理困难的被交路，最有效的方法还是在桥梁两侧设置警示标志，并设置足够强的限高门架等措施。

5. 抗震安全性

对于桥梁安全性而言，地震是偶然发生的，但一旦发生，其破坏性非常严重。桥梁作为交通生命线上的节点工程，它的破坏往往造成修复难度大，进一步造成救灾工作的延缓而导致次生灾害加重，也更加彰显桥梁抗震设计的重要性。位于地震烈度较高，或场地类别较差区域的桥梁，往往需要进行抗震控制设计，桥梁抗震主要从桥位选择、设防方法、抗震验算和抗震措施等方面考虑。

在选择桥位时，应尽量避开断层、滑坡、崩塌、错层等地震危险地段；应尽量避免松软场地、饱和松散粉细砂、人工填土和极软的黏土地基，以免引起地基变形或地基失效；尽量避免不稳定的坡地及其可影响的场地。

抗震设防遵循两水平设防、两阶段设计的原则。第一阶段（小震）的抗震设计，采用弹性抗震设计，第二阶段（大震）的抗震设计，对于不导致桥梁倒塌等重大破坏的构件、位置、受力性质（如B类规则桥梁的墩身抗弯）可采用延性抗震设计方法，并对重要构件、重要位置和重要的受力性质（如墩身的抗剪）引入能力保护原则进行设计。

在抗震措施方面，桥型选择尽量采用刚度和质量均匀的结构形式；桥梁要具备足够的变形能力和耗能能力；提高结构与构件的强度和延性。避免脆性破坏，墩柱利用塑性校区耗能；加强桥梁结构的整体性，在刚度和强度不足的部分、连接薄弱部位加强抗震设计；限制支承连接部位的支承面最小宽度；在相邻梁之间安装纵向约束装置；采用减隔震支座。

（三）耐久性设计

桥梁结构的耐久性是指桥梁抵抗自然风化、化学侵蚀、机械磨损以及其他性能退化过程的能力。耐久性不足的桥梁，在使用期间首先就表现出开裂、变形、下挠等耐久性问题，其中，梁体开裂和下挠是混凝土桥梁最常见也是最需要解决的问题。桥梁耐久性设计从桥址环境调查、材料选取、施工要求和构造要求等方面开展。

混凝土桥梁耐久性设计要对桥址环境进行调查并确定相关参数，主要包括年平均温度、年平均相对湿度、二氧化氮浓度、氯离子浓度、最冷月平均温度、酸雨成分、硫酸盐、土质及水质化学成分和含量、干湿交替、冻融交替等参数。根据桥址处的环境条件，综合考虑环境区划、结构及构件特点等因素，确定典型的耐久性作用。

在材料选取上，混凝土材料宜考虑的原则包括：选用低水化热和含碱量偏低的水泥，用耐久坚固、级配合格、粒形良好的骨料，用优质粉煤灰、矿渣等矿物掺料，用优质的外加剂，降低拌和水用量，限制胶凝材料的最低和最高用量。

在施工过程中，材料、结构和构造等方面的要求是：控制混凝土原材料质量，优化

配合比设计；规范钢筋施工工艺，确保钢筋保护措施有效；重点部位采取特别保障措施等。

在构造要求上，设计时要注意的方面包括：构件的边角区宜采用较大的角度过渡；桥梁防水系统必须考虑排水和防水，保证其构造易于维护、清扫及更换；伸缩缝构造设计允许其在部分桥面通车的情况下可更换；支座构造设计时，在墩顶或盖梁上预留操作平台；根据构件特性选择适当的保护层厚度。

（四）建养一体化设计

桥梁的运营周期比桥梁的建设周期长得多，养护工作是确保桥梁建成后长期安全、舒适运营的保障。桥梁的设计不仅仅要考虑合理、可行的施工方案，更要考虑建成后长期运营维护的需要。在桥梁设计阶段就应当将建设方案与长期运营维护需要综合考虑，实现建养一体化是品质工程设计理念的重要体现。

由于桥梁各构件及主体结构的寿命、耐久性存在差异，需要定期维护或更换一些构件，建养一体化除了要考虑可行的施工方案和合理、合适的耐久性设计外，更要考虑建成后桥梁构件的可视、可达、可检、可修、可换，具体措施有（不限于）：

（1）同一项目，桥梁结构类型、尺寸应尽量统一，推行标准化设计、标准化施工，便于标准化运营养护。

（2）桥梁支座、伸缩缝等易损构件，应方便更换、维修；合理设置墩台支承总高度、宽度，便于在墩顶、盖梁上预留放置千斤顶等提升设备的空间及支座运送通道，应尽量为工作人员留有操作平台。

（3）对于需要维护的封闭结构（如箱梁内部），应提供人员进出通道，以及内部检查、维护的空间。

（4）隐蔽工程的设计寿命需要充分考虑，尽量做到与桥梁主结构设计寿命一致，或者有足够的安全储备，允许足够长的维护、维修周期，并且有可实施的维护方案。

（5）持续跟进、调研已通车运营的项目，了解桥梁在养护、维修过程中发现的问题以及运营养护单位的意见和诉求，在每个新项目设计中，不断有针对性地落实、优化设计方案。

（五）标准化设计

桥梁的标准化设计可以提高施工速度和质量，降低能耗，提高工程的经济性，并有利于运营养护期的标准化作业，降低运维工作量，桥梁的标准化设计带来的是标准化施工，以及标准化的运营维护，对创建品质工程意义重大。

在桥梁设计中，优先选择标准化跨径的装配式混凝土桥梁。装配式结构具有标准化、程序化、机械化的优点，能保证工程质量、提高生产效率、缩短建设工期、降低工程成本和减少环境影响。桥梁标准化设计包括标准化跨径、上部结构形式的选择、平面布置方式、下部构造形式和尺寸等方面。

标准化跨径的选择应考虑路线平面、桥位地形、运输条件、高跨组合、地质条件、技术选择、与环境协调和工期设置等因素，《公路工程技术标准》（JTG B01-2014）针对跨径 50 m 以下的桥涵推荐采用标准跨径。

上部结构形式的选择要考虑地理、安全、经济、舒适性等因素，不同的地形条件选择的结构形式也不一样，平原地区受建筑高度控制，山岭重丘区受运输条件控制。装配式桥梁的梁体主要有空心板、小箱梁、T 梁等。空心板横向连接为铰缝，小箱梁与 T 梁横向连接为湿接缝。

桥梁建设的方式与形式较为多样，一些桥梁会在小半径的曲线范围内部，采用标准化的形式，需要充分考虑桥梁结构受力以及构造等情况。其构造措施的处理方法为：控制设计梁长；边跨梁需平行于桥台背墙线，桥墩采用径向布置；通过弦弧差调整变宽量；连续墩顶现浇缝调整张口大小。

下部构造要统一形式，为了充分减少模板类型，墩柱优先选用圆形柱，柱高分档取用、柱径尽量统一。墩高高于一定高度，由墩柱的稳定性决定墩柱形式和尺寸。在选择桥梁地基基础时对地质条件进行重点考量，基础尺寸要满足施工工艺要求。

（六）行业许可要求的落实

取得相关行业审查批复是工程建设的必要手续和前提，是促进全社会不同行业间协调发展的需要。涉及行业许可的桥梁，往往是工程的重大控制性节点，对工程的总体进度、工程规模、技术难度、社会都会造成重大甚至久远的影响。涉及行业许可的桥梁，需要慎之又慎，设计、审查、施工的顺利推进需要交通行业主管部门、业主单位、勘察设计单位、施工单位的通力协作。下面以涉洪、涉航、涉铁桥梁为例阐述品质工程措施的落实。

1. 涉洪

公路跨越河道管理范围、洪泛区、蓄滞洪区，需要办理河道管理范围内的建设项目工程建设方案审批、非防洪建设项目洪水影响评价报告审批。桥梁的设计重点是：跨河桥梁需要在河道行洪断面内设置墩柱的，墩柱形式应有利于行洪通畅、流态平稳，采用流线形结构；分幅桥梁有多组桥墩的，应对孔布置；桥墩承台顶高程一般应低于现状和规划河底高程 1.0 m；水深较大确需采用高桩承台时，承台顶高程应在设计洪水位以上；现状和规划堤顶净空应满足堤防防汛抢险和管理维修的要求。

2. 涉航

与航道有关的新建、改扩建公路项目，需要向交通运输主管部门或者航道管理机构办理通航条件影响评价审核，其目的是论证评价工程对航道通航条件的影响并提出减小或者消除影响的对策措施。桥梁的设计重点是：满足规划航道等级的通航净空要求；航道两侧水中墩墩柱应能承受代表船型和现状最大船型在满载、设计最高航速情况下的撞击作用；防撞保护设施的设置不得恶化通航水流条件和减小通航净宽；助航标志、桥上标志与桥梁同步建设；同步实施线路安全保护区内受影响的护岸建设、护岸修复、航道疏浚整治等工程。

3. 涉铁

公路涉铁路段主要是指公路下穿、上跨或者与铁路并行的路段，公路的施工、运营可能对铁路产生影响。公路桥梁的设计重点是：铁路是否有改扩建、新建的规划，铁路净空的要求，下穿的公路尽量采用较高的平纵指标，尽量减短穿越铁路路段长度，横断面可采用分幅下穿铁路，并行段公路平面要置于铁路安全保护区外，防撞护栏要按不低于最高防撞等级进行特殊设计，下穿公路排水困难的要设置泵站，接地面段反向坡设计等。

（七）生态和节能设计

生态设计主要是指对桥梁在建造和使用过程中可能造成的原材料、能源消耗、污染和排放、对生态系统影响等进行合理的分析、预测、调整和优化，合理降低桥梁寿命期内对环境和生态各种影响的设计过程。生态设计的主要内容包括环境友好设计、回收和重复利用设计以及生态友好设计。

环境友好设计的内容主要有保护地表植被，避免水土流失；避免改变水力特性和泥沙输送特征；减少施工和车辆照明产生的噪声污染与光污染；减少桥区汽车尾气排放；收集桥区径流污染物质；发挥桥梁文化载体作用，与周围环境协调。

回收和重复利用设计的内容主要有在预制 PC 空心板、PC 组合箱梁等拆除后，经检验合格，可进行原地利用或者送往工程周边地方道路再利用；拆除桥梁用于重建后的桥头锥坡防护、路基防护，减少护坡用土数量和占地面积；混凝土拆除物加工成不同规格再生骨料及再生碎石后进一步利用。

生态友好设计的内容主要有保护适生植物及其栖息地；避免运营期车辆交通噪音及照明对附近水体中鱼类和部分动物正常栖息的影响；利用生物通道连续生物的迁徙和活动。

（八）人性化设计

随着社会不断发展和进步，人们对生产、生活、环境、出行的品质提出的要求越来越高，反映在桥梁工程领域，在满足安全和基本功能的前提下，桥梁设计应当考虑施工的人性化，运营维护的人性化，车辆运行的人性化，以及桥梁在满足所在区域周围群众生产、生活、出行方面的人性化。桥梁的人性化设计可从以下几个方面考虑（不限于）：

（1）总体设计时，选择外形简洁、技术成熟、造价适中、施工方便、便于养护和维修更换的桥梁结构形式。

（2）合理划分桥梁分联长度，减少伸缩缝的数量，提高行驶舒适性，并降低车辆行驶造成的噪声影响。

（3）桥梁设计充分考虑运营维护的人性化，便于日常养护的可见、可达、可检、可维护，例如，设置检修人孔，在高墩、水中墩设置爬梯，盖梁尺寸、支撑高度要便于支座的检查和更换，桥头处结合排水设置踏步；采取措施，减小易损构件的维修更换周期，尽量减小运维工作量。

（4）重视桥梁排水系统设置，排放的水与周围农业用水、生活用水分开；注意泄水管设置位置，避开桥下道路、航道、通道等位置。

（5）充分调研周边群众生活、生产、出行需要，利用桥梁设置合理的桥下通道，通道的净空要满足周边车辆、农业机械、救灾抢险的需要，尽量避免下挖，防止积水给周边出行造成障碍。

二、钢结构桥梁品质工程的落实

（一）钢结构桥梁的特点

目前我国大跨径桥梁由于结构受力及施工需要，较多采用钢结构形式。而大量使用的中小跨径桥梁更多从初期建设成本考虑，以混凝土结构为主，钢结构桥梁使用得很少。

随着社会的不断发展，国内的高速公路新建、改扩建工程规模大，车流量大，影响因素多，特别是改扩建工程在施工时需要尽量保证原路交通不中断，更增加了技术难度，这为材料轻质高强、施工快速便捷的钢结构桥梁在高速公路工程中的应用创造了条件。

将钢结构桥梁应用于高速公路新建、改扩建项目，具有以下优点：

①自重轻（为混凝土结构的 1/3 ~ 1/2）。若应用于新建工程，可有效减小下部结构尺寸，降低现场安装难度；若应用于改扩建工程，可利用原有下部基础进行老桥上部结构的替换，节省造价，拼宽后沉降差小，对新老结合部受力有利。

②建筑高度低。对于新建工程中的跨线桥梁，可降低两头引桥规模；对于改扩建工程中边梁更换、支线上跨桥或跨航道桥，可以最大限度保证桥下净空，减少对周边桥梁的拆除重建或顶升施工，降低桥梁改造的规模。

③强度高、耐久性能好。钢结构桥梁极限承载力有保证（其极限承载力安全富裕度大于混凝土结构的极限承载力安全富裕度）且力学性能稳定，确保新建和改扩建工程的安全，提高建造品质。

④工厂化生产，施工快速，安装灵活轻便，对周边环境影响小和保通。

⑤绿色环保，可循环利用，减少对青山绿水的毁坏，为子孙后代创造美好的生态环境，特殊时期还可应急，形成国家战略储备，不会出现废旧混凝土梁难以处置的问题。

此外，钢结构桥梁制造、架设还可以促进钢铁研发和冶炼，提升钢材产品附加值，并促进我国钢结构制造和施工装备技术的进步，扩大交通行业产业链和业务配套能力。同时，促使桥梁结构设计与施工工艺的相应创新，推动计算理论、体系、构造、施工和管养等做出相应的变革，从而使桥梁建设的技术水平向更高层次发展。

综上所述，钢结构桥梁具有自重轻、施工快、建筑高度低、施工质量较好控制、绿色环保等优点，可以有效提升公路桥梁的建设品质，提高结构安全耐久性，降低全寿命周期成本，促进公路建设的转型升级，是“品质工程、绿色公路”理念的良好体现。

（二）钢结构桥梁的适用场合与原则

结合新建和改扩建高速公路的工程特殊性和钢结构桥梁的特点，钢结构桥梁的应用应坚持“因地制宜、适度应用”的原则。

通常，钢结构桥梁在平原微丘区高速公路工程中主要适用于如下场合：

①跨干线航道桥。跨干线航道桥往往由于航道等级提升需要拆除重建，跨径大于 50 m 时，选择合适的钢结构桥梁，可降低建筑高度，减小接线引桥改造范围，减少施工对航运和高速公路运营的影响。

②上跨桥。对于互通匝道桥、支线上跨桥、主线上跨桥，由于受到下穿高等级道路的影响，采用合适的钢结构桥梁，可减少纵断面抬高量，并尽可能减小对下穿道路交通运营的影响，加快施工速度，减小改扩建工程的保通压力。

③部分拆除重建桥。高速公路改扩建工程中，对于上部结构拆除，下部结构可以保留利用的老桥，若采用混凝土结构主梁，老桥基础承载力不够，采用钢结构（钢混组合板梁）梁可降低自重，保留老桥下部结构。

④净空受限拼宽桥。对于跨高等级公路的既有桥梁拼宽，由于受新老桥混凝土梁高差和横坡的影响，拼宽部分桥梁桥下净空被压缩。采用钢结构桥梁进行拼宽，可有效降低梁高，从而减小对桥梁拼宽后的净空影响。

⑤其他特殊情况（大跨径或异形结构桥梁）。

（三）钢结构桥梁合理桥型的选择

钢结构桥梁形式多样，在高速公路桥梁方案设计中需要针对建设条件进行合理选择，钢结构桥梁的合理桥型可以从以下几个方面考虑。

1. 跨干线航道桥

由于航道等级的提升，为满足规划通航净空要求，跨径通常为 60 ~ 130 m。

钢桁梁相对连续箱梁具有自重轻、建筑高度低、杆件运输便捷、施工质量好、架设速度快、对通航影响小等优点；相对系杆拱桥，它的安全性能高，克服了吊杆寿命短的问题；相对钢箱梁，它回避了钢桥面铺装开裂、桥面板疲劳等关键难题。总之，下承式简支钢桁梁桥是跨干线航道桥更适合的桥型，可尽量利用主桥两岸接线和引桥，减小改造范围，节约建设投资，最大程度适应现有的路线纵断面。

2. 上跨桥

①对于互通匝道跨主线、主线跨高等级公路桥梁，其跨径通常为 30 ~ 45 m，为了尽量减少纵断面抬升，降低改造规模，优先选择钢箱梁方案，采用顶推施工，对下穿道

路影响最小，施工速度快，对全线保通有利。

②对于跨大堤、低等级航道桥梁，其跨径一般为40～50m，不存在对下穿道路交通的影响，若采用现浇混凝土梁，其梁高较高，施工速度慢；若采用钢箱梁，其经济性较差；推荐采用一跨简支钢混组合箱梁，其施工快速轻便，利于保通，经济性较好。

3. 部分拆除重建桥

对于上部结构拆除，下部结构可以保留利用的老桥，由于混凝土梁自重增大，老桥桩基承载力不足，此时采用钢混组合板梁，其自重比混凝土梁轻30%～40%，可保证老桥桩基承载能力富裕度，降低改造规模，节约造价。

4. 净空受限拼宽桥

对于跨高等级公路的既有桥梁拼宽，其跨径为25～40 m，若采用混凝土梁进行拼宽，会导致拼宽部分桥梁侵占桥下净空。推荐采用钢混组合箱梁拼宽的方案，其具有施工快速轻便、梁高低（满足拼宽后下穿道路净空）、刚度较大（对老桥受力卸载）、自重轻（拼宽后基础后期沉降小）等优点。

（四）钢结构桥梁的建养一体化与耐久性设计

钢结构桥梁设计应注重可维护性和耐久性设计，充分考虑运营养护期桥梁结构的可达、可检、可修、可换。这也是创建桥梁品质工程的必然要求，具体措施有（不限于）：

①对钢箱梁开设底板检修孔、腹板过人孔，对钢桁梁的横梁开设腹板检修孔，方便后期对箱式内的维修养护可达、可检。

②对钢桁梁横梁下缘靠近主桁处设置检查车轨道，方便后期的维修养护。

③考虑到钢桁梁在运营养护期间存在螺栓松动、脆段、掉落等问题，可能会导致车辆发生二次事故，故对于钢桁梁上平联、横梁、桥门架建议采用焊接方式进行连接。

④对钢梁密闭箱室、主桁杆件合理设置泄水孔，避免出现积水。

⑤优化悬臂板长度、滴水檐等措施，保证水远离钢梁，提高钢桥耐久性。

⑥优化焊缝细节。在保证可操作性的前提下，尽量采用双面焊接，避免钢板之间和钢板端部出现间隙。

⑦桥梁盖梁与支座之间设置合理高度的垫石，为后期更换支座养护预留工作空间。

⑧钢结构涂装材料按照《公路桥梁钢结构防腐涂装技术条件》（JT/T 722-2008）的要求，选择长效型涂层体系，设计防腐年限为20年。运营期间，对于全桥钢结构构件，应视油漆失效情况，定期进行涂装防锈；部分油漆失效时应及时除锈补漆。

三、积极推广工业化建造桥梁

工业化建造桥梁的核心是采用以标准化设计、工厂化生产、装配化施工和信息化管理为主要特征的工业化生产方式，桥梁的工业化建造是公路桥梁领域先进制造的代表和集中体现，符合产业发展趋势和国家交通强国发展战略，更是创建桥梁品质工程的有效落实途径。

（一）工业化建造桥梁在创建品质工程方面的特点和优点

1. 工厂化生产提高了工程质量

以工厂生产为主的构件制造取代现场建造方式，工厂采用先进的机械设备生产的构件的质量稳定；以装配化作业取代现场浇筑作业，能大幅减少施工失误和人为错误，保证施工质量；装配式建造方式可有效提高产品精度，解决系统性质量通病，减少工程后期维修维护费用，延长结构使用寿命。

2. 现场主要为拼装作业，施工速度快、环境效益良好

桥梁构件大部分在工厂预制完成，减少了现场施工造成的粉尘、泥浆、灯光等污染，采用现场拼装技术加上合理的交通组织，能大大压缩现场施工周期，极大地减小对其他道路交通运行的影响，保证居民通行需求和桥梁施工能够和谐共处，减轻对民众生活造成的干扰，做到以人为本。

3. 标准化设计、模块化生产，发挥规模效应，创造良好效益

通过标准化设计、模块化生产，合理应用装配式技术，实行标准化工厂生产，所有材料可实现精细化下料，杜绝不必要的浪费；通过采取平行施工，建设工期大幅缩短，有利于施工管理和造价控制，对于桥梁规模大而集中的项目，可充分发挥规模效应，取得良好经济效益；另外，通过分析、预测基础建设规划、周期和空间分布特点，科学设置厂房地点和规模，还可以为后续工程打下建造基础，进一步提高经济效益和社会效益。

4. 现场施工、工厂生产可同时进行，施工效率高

装配式桥梁在工厂里预制生产大量构件，这些构件运输到施工现场再组合、连接、安装。工厂生产不受恶劣天气等自然环境的影响，工期更为可控，施工装配机械化程度高，大大减少了传统现浇施工现场的大量湿作业，交叉作业方便有序，提高了劳动生产效率，缩短施工时间。

工业化建造桥梁既有利于桥梁本身质量控制，又便于施工管理，能显著提升工程品质；同时能极大降低对周边环境的影响，减少污染物排放，属于环境友好型的建造方式；工业化建造桥梁使桥梁工程由劳动力密集型生产方式向工厂规模化机械化生产方式转变，积极采用“四新”技术，实现产业升级转型。由此可见，工业化建造桥梁全面符合品质工程的要求，是桥梁工程实现品质提升的必然选择。

（二）桥梁美学在品质工程中的应用

1. 景观桥梁的设置原则

随着我国公路桥梁建造水平的不断提高，桥梁数量快速增长，公路建设也正从高速

增长阶段向高质量发展阶段转变，建设品质工程对桥梁美观提出了更高的要求。

公路景观桥梁的设置应在环境调查与综合分析的基础上进行，位置的选择应根据公路所在地区、前后桥梁间距以及建设条件等因素综合考虑。

（1）景观桥梁桥位间距合理，位置合适，路段均衡

公路里程一般较长，特别是跨越多个地区的高速公路、国省干线等，桥梁数量较多，应兼顾所处地市以及前后景观桥梁合理设置间距。主线景观桥梁结合跨越高等级航道、山谷溪涧等大跨径桥梁设置，支线上跨桥梁宜各地市均衡，前后距离控制得当，起到每见一桥，司乘人员都会心情舒畅放松的效果。

（2）提高公路景观效果与自然环境融为一体

公路桥梁特别是支线上跨桥梁，往往采用现浇、预制连续梁或钢桁架结构，形式较为单一。公路景观桥梁，既是一个重要的风景建筑物，又可以与周围环境、地形等有机结合，共同构成独特的公路生态景观。

（3）与地方人文相结合，打造地区个性化名片

随着生活水平的不断改善，人们对城市功能的要求也越来越高，打造一张好的城市名片，对于提升城市形象、促进城市发展有着特殊的意义。城市的名片也需要通过多个方面实现，公路景观桥梁通过结合地方的名优花木、景点、人文等，抽象化具现，建造具有地方特色的景观桥梁，有助于打造城市文化和旅游名片。

（4）提高工程品质，打造精品项目

公路景观桥梁的设置，有助于打造公路精品工程，体现精心设计、精益建造的技术水平。既保证工程质量，又要提高1：程水准，既保障行车安全，又要追求行车舒适，与地域文化、环境相融合的景观桥梁，成为公路工程的一道亮丽风景。

2. 景观桥梁的实现方式

高速公路主线桥梁多以中小型跨径为主，结构形式相对单一，当主线桥梁的设置难以体现景观效果时，可以通过设置支线上跨景观桥梁来实现。

（1）主体受力结构创意实现

结合桥梁的跨越需求，可调整桥梁的受力结构形式，来实现桥梁的景观效果，特大跨径桥梁可采用斜拉桥、悬索桥等结构形式，大跨径桥梁可采用变形的钢桁架桥梁、矮塔斜拉桥、系杆拱桥等结构形式，中小跨径桥梁可采用斜腿刚构、拱桥、变形的钢箱梁等结构形式。通过桥梁主体受力结构进行景观创意的优点是形式丰富多样，景观效果好，整体的协调性更易把控；其缺点是造价较常规结构高，受力相对复杂，施工难度较大，后期维护成本高。

（2）附属结构的创意实现

当桥梁建设条件受限而难以通过桥梁的结构形式来实现景观效果时，可以通过桥梁

附属结构的造型创意达到景观效果的实现，如将桥梁的护栏、防抛网、雨棚、照明等与景观相结合，融入地方人文元素实现桥梁的景观效果。通过桥梁附属结构实现景观创意的优点是造价较低,表达内容更加具象化,近景效果好,制作施工及后期维护也较为简单。

（3）装饰及景观小品的创意实现

桥梁景观也可以通过创意性结构装饰以及与景观小品相结合的方式来实现，在不改变桥梁主体结构形式的情况下，桥梁景观有多种表达形式，景观结构可与桥梁主体结构相融合，也可以独立于桥梁两侧，与桥梁搭配形成景观效果。通过装饰及小品进行景观创意的优点是造价较低，近景远景相结合，制作施工及后期维护也较为简单。

第三节 改扩建工程桥梁品质工程设计

改扩建项目一般位于经济发达区域，交通承载量大，社会影响大，扩建项目必然是社会关注的重点工程，应当力求创建品质工程。改扩建项目与新建项目相比，具有一些特点：①改扩建项目功能定位高，建设规模大，社会关注度高；②改扩建项目要求边施工边通车，交通量大，建设期间施工组织、交通组织复杂，桥梁改扩建方案须充分考虑保通要求；③受设计标准规范的更新，以及桥梁自身健康状况的影响，改扩建桥梁自身存在的技术性问题复杂；④桥梁改扩建涉航、涉铁、涉洪等重大行业间控制因素多而复杂，新、老桥净空标准和方案的协调性复杂；⑤既有道路通车已久，原设计的理念、标准、方案已不能完全满足社会发展的需要和沿线群众生产生活的要求，原桥涵通道本身也存在积水、净空不足等问题，需要一并解决。

改扩建项目的桥梁设计在创建品质工程方面，必须紧紧围绕以上特点要素，力求做到“优质耐久、安全舒适、经济环保、社会认可”，做到项目效益和社会效益最大化。

下面以京沪高速公路新沂至江都段改扩建工程为例，介绍桥梁专业在改扩建项目品质工程中的具体落实方案和措施。

一、改扩建工程既有桥梁利用方案综合评价

为合理控制公路桥梁改扩建工程规模、减小施工期间保通压力、加快建设工期、降低社会影响，既有桥梁的改扩建方案在其全寿命周期内的经济性、安全性、耐久性、社会影响等方面须做到综合最优。在进行方案研究时，需基于上述指标对桥梁利用方案进行综合系统评价，提出有针对性的扩建利用原则及对策。

基于综合评价确定的既有桥梁利用原则及对策主要包括；

（1）既有桥梁无法通过加固措施达到改扩建设计标准要求，或虽然可以达到设计

标准要求但在经济性等指标方面不合理时，需要拆除重建；

（2）既有桥梁可通过加固措施达到改扩建设计标准要求，且其经济性等指标方面在合理范围之内时，可以通过实施加固措施予以利用；

（3）既有桥梁不需要任何加固措施即能达到改扩建设计标准要求时，可直接利用。

二、基于改扩建桥梁全寿命周期成本的研究和应用

1. 根据现行规范要求，既有主线桥梁在极限承载能力不满足要求的情况，可以采用拆除重建或者加固等方案来解决，虽然拆除重建可以一次性解决荷载不足的问题，简单明了，并且耐久性好、安全系数高，但该方案存在工程规模大、施工期间对交通组织影响大、拆废结构处理不好会对环境造成不良影响等问题。京沪高速公路作为国道主干线，扩建工程规模巨大，从创建品质工程角度出发，基于全寿命周期成本考虑，对既有桥梁的充分利用进行了深入研究，既要尽可能少拆，延长桥梁使用寿命，减少交通组织影响，又要满足规范要求，保证结构安全性和耐久性。为此，专门开展了京沪高速公路扩建既有桥梁利用专题研究，结合规范、补充条文、实桥试验等，论证了既有桥梁在健康状况良好的情况下，采取分车道行驶管理模式，可以完全利用，避免了过度拆除和过度维修，节约了造价，把保通影响和社会影响降到最低。

2. 从品质工程要求出发，对既有老桥的维修加固方案进行了综合分析，基于全寿命周期，建立了包含施工期经济性、施工难易程度、交通影响、环境影响及运营期安全适应性、养护工作量、耐久性、结构美观等多指标的既有桥梁维修加固方案综合评价体系，保证了维修加固方案在桥梁全寿命周期内效益最优。

三、推广标准化设计

在京沪高速公路改扩建项目中全面推广了标准化设计，助力标准化施工，减少结构类型和尺寸，加快施工速度，提高施工质量，减少环境污染，降低建设能耗，其主要措施有：

（1）合理归并上部、下部结构尺寸类型，减少模板种类；

（2）尽可能减少上部结构类型及跨径种类，一般同一座桥上部结构类型及跨径不超过 3 种；

（3）尽可能选择预制结构，如预应力混凝土空心板梁、装配式预应力混凝土连续箱梁等；

（4）考虑到京沪高速公路既有桥梁数量众多，在制定桥梁维修加固方案时，分类归并，选择可以快速标准化施工的老桥加固方案。

四、重视建养一体化

桥梁改扩建设计不仅要考虑施工阶段的可行性和便捷性，还应当考虑在运营养护期，实现桥梁结构的可达、可检、可修、可换的目标，以及既有结构与新建（拼宽）结构的养护、服务周期的协调。具体措施有（不限于）：

（1）对既有桥梁进行全面检查、调研，对既有桥梁在运营养护中发现的不便于养护、反复维修的问题，在改扩建设计中进行针对性的改进、解决；

（2）充分考虑新、老结构的使用寿命协调问题，在改扩建设计中采取措施提高既有桥梁的服务寿命，使既有结构与新建（新拼）结构运营养护协调，使改扩建后的项目整体服务周期满足要求；

（3）桥梁结构类型、尺寸应尽量统一，推行标准化设计、标准化施工，便于标准化运营养护；

（4）在满足功能性、安全性和合理经济性的前提下，尽可能避免养护工作量大或难以养护的桥梁结构，以利于运营期养护作业的标准化和便捷化；

（5）桥梁伸缩缝等易损构件，应考虑方便更换，注意合理设置墩台支承总高度、宽度，便于在墩顶、盖梁上预留放置千斤顶等提升设备的空间及支座运送通道，应尽量为工作人员留有操作平台；

（6）对于需要维护的封闭结构（如箱梁内部），应提供人员进出通道，以及内部检查、维护的空间；

（7）在钢结构设计中，考虑设置检修平台，或设置检修人孔、挂钩、吊耳等设施，杜绝隐蔽区域死角，便于日常养护、维修；

（8）拉索结构在选择产品类型、制定构造方案时，须考虑拉索的日常检查需要和拉索的可更换性，以及更换时桥梁整体结构的安全性；

（9）隐蔽工程的设计寿命需要充分考虑，尽量做到与桥梁主结构设计寿命一致，或者有足够的安全储备，允许足够长的维护、维修周期，并且有可实施的维护方案；

（10）持续跟进、调研已通车运营的项目，尤其是已扩建通车的项目，了解改扩建桥梁养护、维修过程中发现的问题，运营养护单位的意见和诉求，不断针对性地落实、优化桥梁改扩建设计方案。

五、加强耐久性设计

（1）加强新、老桥梁的拼接关键部位的耐久性设计，桥梁拼接缝受混凝土龄期差收缩徐变、不均匀沉降，以及重车轮载反复碾压等多重不利因素影响较大，针对性地采用具有高韧性、补偿收缩、防水、耐疲劳特点的新型混凝土材料，增强关键部位的耐久性。

（2）根据项目环境类别和环境作用等级，在结构设计指标的把控、构造措施等方面，严格执行耐久性设计规范。

（3）混凝土结构桥梁尽量避免采用钢筋混凝土结构，除个别半径较小的小跨径桥梁外，均应采用预应力结构，以避免早期裂缝的发生。

（4）综合考虑既有桥梁加固利用方案，加强调研比选，重视加固方案的可操作性、质量可控性和耐久性。

（5）空心板梁采用氯丁橡胶支座，装配式组合箱梁、现浇箱梁等尽量采用盆式支座，以提高支座的耐久性和服务年限。

六、加强精细化设计

在改扩建项目中全面推行精细化设计，精细化设计的内容涉及方方面面，具体措施有（但不限于）：

1. 既有桥梁加固方案的确定，是在全面综合考虑老桥结构的病害状况、使用历史、荷载变化、功能需求、加固效果、既有交通状况、桥梁加固施工技术条件（施工技术与工艺、设备机具、熟练技工等）以及一些非技术因素之后，经多方案比选、反复论证，优中选优。

加固方案尽可能减少对桥上和桥下的通行车辆及行人的干扰，尽量采用对周围环境污染少的施工工艺及材料；在制定维修加固方案时，优先选择对交通影响小的设计方案，如桥下施工、逐车道施工；设计方案充分结合改扩建工程双向保通的交通组织方案，尽可能做到“边维修、边营运”；推荐的加固方案施工工艺简便，施工速度快、工期短，对交通影响较小。

2. 加强桥梁与道路、桥梁与交通组织设计之间的衔接，做到桥梁施工方案与道路施工方案、交通组织方案相对应。

3. 细化桥梁护栏设计，如设置满足规范要求的桥头护栏渐变过渡段，解决桥头与路基过渡段防撞护栏衔接不顺的问题；中分带设墩的上跨桥，其主线中分带护栏防撞标准应满足最新安全设施规范要求，并注意同步实施，避免通信管道二次施工等问题。

4. 对于钢结构，尤其是钢桁架这种连接节点较多的结构，以往采用的施工较为方便的拴接方式，运营期可能会出现螺栓断裂、脱落等情况，影响桥下安全，因此对跨越高速公路、航道等可能对桥下安全有影响的位置可采用焊接方式，以解决安全问题。

5. 桥梁外侧护栏设置滴水檐，防止桥面水沿混凝土表面流淌侵蚀梁体侧面及底面；内侧护栏在非等级道路和航道交叉段，采用向中分带内倾斜调坡设计，以提高冰雪天行车安全性。

6. 横向泄水管增设 90° 弯头并用弹性材料填实缝隙，避免桥面水污染梁体侧面。

七、合理推广钢结构桥梁

钢结构具有强度高、建筑尺寸小、施工便捷、绿色环保的特点，可以在改扩建项目

特定条件下得到合理应用。其主要应用场合有：当跨较高等级航道时，采用钢桁架结构可以实现大跨径、低建筑高度、快速架设的综合优势；互通匝道桥跨主线部分，采用钢箱梁可以加快架设速度，减小对桥下保通的影响；部分分离式立交拼宽桥，如桥下净空受限或被交路交通繁忙处，可以采用钢箱梁结构；既有桥梁上部结构需拆除时，拆除后可以采用钢板组合梁，利用钢板梁自重小、建筑高度低的特点，可以保留既有桥梁下部结构，加快施工速度，降低对保通的影响，并且不降低桥下净空。

八、画龙点睛的景观桥梁设置

改扩建项目往往是干线重点工程，其起点高、定位高、社会关注高。以京沪高速公路新沂至江都段改扩建项目为例，为提升国道主干线重点工程定位，提高京沪高速景观效果，丰富行车视觉感受，提升用户体验，打造品质工程，在沿线合适的位置，紧扣地方自然和人文特色，设置了 5 处支线上跨景观桥，起到了画龙点睛的作用。

九、人性化设计，解决通道积水问题

由于历史原因，一些既有高速公路的下穿通道存在积水现象，影响沿线群众生产生活，在改扩建设计中，应从人性化角度出发，采用各种措施，综合解决通道积水问题。

（1）通道内增设 80 cm×30 cm 的台阶供行人、非机动车通行。

（2）结合地形，设置截水沟、暗埋排水管引出排水。

（3）高程过低，无法结合地形排水的，设置泵站，通过泵站提升后由暗管引出排水。

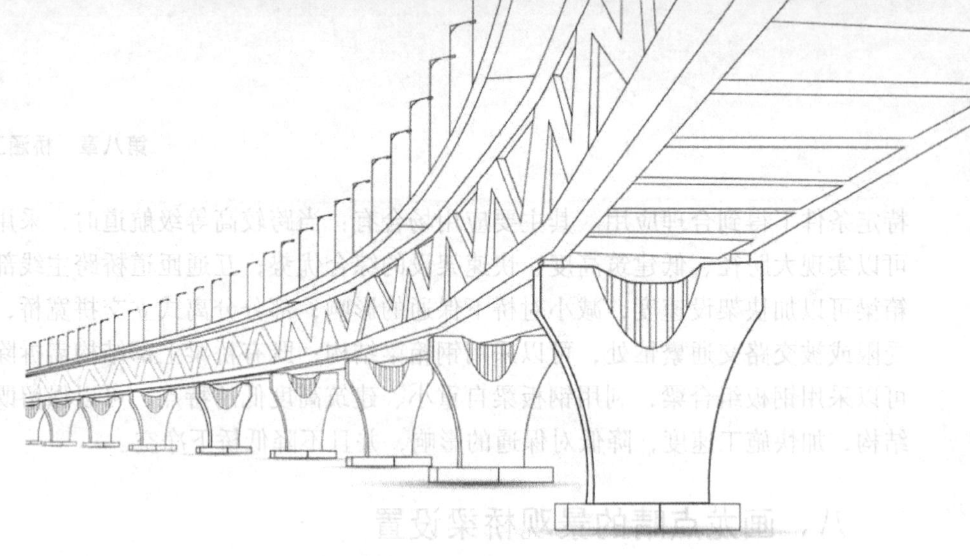

第九章 隧道工程设计

第一节 隧道品质工程落实原则

一、隧道工程特点

随着国家经济的飞速发展和交通建设技术的不断进步，隧道工程已成为高速公路建设中穿越山岭、湖泊、河流等特殊地形的重要工点，尤其长大隧道更是制约公路建设成败的控制性工程。隧道工程与公路项目其他工程相比，具有以下特点。

（一）隧道工程环境隐蔽性强

隧道工程是受周边环境条件影响较大的地下工程，其建设方案与所处的地形、地质及水文等环境条件密不可分。由于地下工程的隐蔽性，地形、地质、水文环境的复杂性，合理确定隧道方案往往存在一定难度。建设高品质隧道工程，须从合理选线开始，认真贯彻“动态设计、信息化施工”的理念，根据所处的环境建设条件，合理确定隧道位置及相适应的施工工法。

（二）隧道工程专业涉及面广

隧道工程涉及土建、通风、消防、防排水、供电、照明、监控及景观等多个专业，设计上要注重各专业之间的协调和无缝衔接。隧道品质工程的落实要秉承“总体方案精细化、细节方案总体化”的设计思路，充分利用BIM等新技术手段，开展全专业精细化和标准化设计。

（三）隧道工程结构耐久性高

隧道工程的结构体系是由周围岩土体和各种支护结构组成的，根据工法采用相应的结构支护理念及计算分析方法。建成后的隧道结构位于易受环境影响的岩土体中，一旦结构出现裂缝或防水失效，极易造成结构损坏、渗漏水等问题，严重时甚至会发生二衬脱落等重大安全事故。隧道品质工程的落实应充分考虑结构全寿命周期设计理念，做到结构可靠、安全耐久。

（四）隧道工程建设施工复杂

穿越山岭的隧道工程多采用钻爆法施工，穿越湖泊、河流等的隧道工程多采用堰筑法、盾构法或沉管法施工。近年来，随着国家城镇化进程的加快及对环保要求的日益严格，不断涌现出大量长大隧道、特大断面隧道，以及穿越各种复杂建设条件的隧道工程，建设难度大，施工风险高。

（五）隧道工程运管养要求高

隧道工程设置于地下，且空间狭长有限，一旦发生交通事故、火灾等险情，其救援难度远高于地面上其他建构筑物。同时，近年国内投入运营的长大隧道数量越来越多，这对隧道运营期管理、养护及防灾救援的综合体系建设提出了更高要求。隧道设计阶段应落实好建管养一体化的理念，实现“运营安全、养护便捷、防灾可靠、救援及时”的要求。

二、品质工程落实原则

隧道工程设计严格遵循“安全、耐久、经济、节能、环保”的基本原则，将品质工程的各项措施贯穿于规划设计、施工建设、运营维护等全阶段，设计阶段具体落实原则如下：

（一）综合分析，合理选线

隧道品质工程设计，应做到全寿命周期总体设计，合理确定隧道位置。隧道选线应充分考虑路线所处区域的人文、自然环境和地质条件等，坚持“地形选线、地质选线、生态选线”的原则，充分考虑沿线各构造物间的整体协调性，处理好隧道选线与路线总体的关系。

（二）结构可靠，安全耐久

隧道品质工程设计，应做到全专业精细化和标准化设计。隧道主体结构应按永久性建筑设计，满足使用年限要求，方便养护和维修作业。

（三）动态设计，信息反馈

隧道品质工程设计，应融合项目特点，认真贯彻“动态设计、信息化施工”的理念。根据所处地质条件、周边环境等，合理确定隧道断面形式及适应于地层特性和环境要求的施工方法。隧道土建设计应制定超前地质预报和监控量测的总体方案，为动态设计提供依据，及时反馈信息，指导施工。

（四）注重环保，维护生态

隧道品质工程设计，应融合地方风貌，严格遵循生态、环保和景观的要求，符合绿色发展理念。隧道利用地正空间构筑交通线，可以做到节约土地资源，保护原有植被，减少对原生态的破坏；根据“早进晚出”的原则，合理确定隧道洞口位置，施工后尽量按原貌恢复。同时，应减少隧道建设中的弃渣和污水排放，以免造成环境污染。

（五）经济节能，安全运营

隧道品质工程设计，应充分考虑节能减排措施，优选能耗少、功效高的设备，实现运营期节能的目标。同时应建立完善的运营安全体系，通过监控系统将建筑、结构、通风、消防、防排水、供电、照明、监控等各子系统构成一个有机整体，以实现隧道总体安全运营的目标。

（六）技术融合，智慧创新

隧道品质工程设计，应充分融合各种新技术、新手段，尤其是在长大隧道中积极采用互联网、大数据、人工智能等新技术，打造具有“智能感知、智能分析、智能沟通、智能联动、智能救援、智能节能”的智慧隧道，让隧道使用者完美体验“安全、舒适、便捷”的通行环境，让隧道管理者完美达到“平安、绿色、高效”的目标。

第二节　全寿命周期的隧道总体设计

一、隧道选线

隧道位置选择是隧道设计的第一步，同时是隧道品质工程设计成败的关键。隧道位置选择应服从路线总体走向，并充分考虑隧址区的地形地貌、工程地质及水文地质条件，拟定隧址区是否存在对隧道建设影响较大的不良地质，并结合拟建隧道外接线端的构造物布置情况，做好路线各控制点的衔接处理，保证隧道洞口内外线形顺畅、协调一致。

对于长大隧道，隧道选线还要综合考虑辅助通道和运营通风设施的设置条件及要求。

（一）地形选线

1. 山区高速公路一般顺山沿沟谷布置，受线形指标影响，往往需要设置隧道穿越山体。结合地形并充分考虑地质、造价、施工、安全等因素，对隧道位置进行综合经济技术比较，选出最优方案，是落实隧道品质工程设计的先决条件。

①对于路线越岭地段，根据地形及地质条件、越岭高程及垭口位置等情况，从缩短路线长度，提高线形指标，避让不良地质等入手，并结合施工条件、工期、工程投资、运营通风、运营管理、防灾救援等因素，对越岭长大隧道方案和展线爬坡中短隧道方案进行详细分析和比选，综合确定最合理的越岭隧道位置。

②对于路线沿河傍山地段，当以隧道形式通过时，首先应考虑山体的整体稳定性，隧道位置尽可能向山体内侧偏移，避免隧道临空侧洞壁过薄或结构严重偏压情况的发生，同时须考虑河流冲刷以及严重崩塌、滑坡等不良地质对隧道稳定性的不利影响，应对长隧道方案、短隧道群方案或半路半隧方案进行综合全面的技术经济比选。

云南长广高速公路水乍河隧道所处路段为典型的沿河傍山地形，整体地形呈深“V”形，南北两侧为山体，河道从南北侧山体之间穿过。由于成昆铁路占据了河道南侧及部分北侧山嘴，新建高速公路路线只能向北进行布设，采用隧道形式穿越北侧山体。根据地勘成果，北侧山体坡面存在一处滑塌体，隧道须对其进行避绕，进而继续向北侧山体偏移。由于受洞口冲沟及地形严重偏压影响，隧道按分线布设非常困难，最初方案采用连拱隧道形式，隧道长约 550 m，工程规模及施工难度大，工期长。后经综合比选，采用分离式的半路半隧方案，即右线采用单洞隧道形式穿越北侧山体，左线采用路基＋桥梁方案跨越沟谷，大大降低了工程规模和施工难度，缩短了工期。

2. 平原区高速公路在穿越水网发达区域时，为沟通水域两岸，往往修建水下隧道，多采用堰筑法、盾构法等工法，其隧道设置位置通常与交通规划、城镇布局、生态红线、名胜古迹、旅游景点等分布有直接关系，隧道设置形式应根据穿越水域情况、地质条件、埋深等进行综合确定。

（二）地质选线

隧道建设过程中，大变形、坍方、涌水、突泥等情况时有发生，运营期有时也会遇到衬砌开裂、渗漏水、结冰等状况，此类现象多与隧道所处地质条件有关，所以地质选线是隧道品质工程得以保障的重要前提。

（1）隧道位置应尽量选择在地质构造简单、岩性较好且地层较为稳定的区域，应避免穿越工程地质和水文地质极为复杂以及断层、滑坡、岩溶、崩塌、黄土陷穴等不良地质段；由于高速公路隧道对线形指标要求较高，当避让不良地质存在困难时，应采取必要的工程处治措施。

（2）断裂构造带及不同岩性地层的接触带，一般裂隙较为发育，地下水易汇聚，隧道掌子面施工至该地段时，易发生塌方、涌水或突泥，因此当隧道穿越断层或岩性接触带时，应尽量使隧道轴线以较大角度通过，减小与其交叉段落长度，同时避开其中严重破碎地段。对于地震烈度高，同时存在活动断层的区域，隧道应设置在其影响范围之外。

（3）隧道应尽量避免穿越滑坡、滑塌体。当隧道受限于路线总体，必须穿越滑坡、滑塌体时，首先应对滑坡、滑塌体进行地质评估，措施上应适当调整隧道平、纵面，使隧道结构埋置于错落体或滑动面以下一定厚度的稳固地层中。

（4）隧道路线经过岩堆地段时，应对岩堆的稳定性及规模等进行评估，规模较小的岩堆，应对其进行清理。规模较大的岩堆，若经查明岩堆紧密、稳定，可以隧道的形式穿越，但应避免将隧道洞身置于岩堆与基岩接触面的位置；若岩堆稳定性较差，隧道应考虑设置于稳定的基岩中，同时隧道结构与基岩面应留有足够的安全厚度。

（5）隧道通过岩溶区域时，宜选择在难溶岩地段和地下水发育程度较低的路段，尽可能避免隧道穿越岩溶严重发育的路段，如地下溶洞大厅、溶洞（串）群、地下暗河及地质构造破碎带等；尽量避开易溶岩与难溶岩的接触带，溶蚀作用迥异的两种地层往往是地下水极易汇聚的地方。不能避开时，宜选择在较狭窄、影响范围最小的地段，以垂直或大角度穿越，以缩短岩溶对隧道影响段落长度，降低工程风险和难度。

（6）黄土地区隧道选址应尽量避开有地下水活动、陷穴密集、冲沟发育、地层不稳定和存在滑坡、泥石流等地段。有条件时，隧道洞身应尽量置于老黄土或黄土以下岩质地层中。土岩交界面往往极易富水，隧道穿越土岩交界面时，应考虑必要的工程措施。

（三）生态选线

高速公路建设时经常会遇到风景名胜区、自然保护区、旅游景点、矿产或水源保护区等生态管控区，在符合路网总体规划的情况下，此处路线多以隧道形式进行穿越，以减少对生态环境的占有和破坏，符合生态环境的高质量发展要求。

隧道生态选线应坚持原有生态系统连续、保护自然植被的原则，建成后要尽量恢复原生态环境，并综合考虑隧道工程规模、建设难度、工程投资及施工工期等条件，选择与环境协调性好、技术经济性优的隧道方案。

苏锡常南部高速公路太湖隧道所经区域的太湖梅梁湖为国家级风景名胜区，环境优美，拥有大量的自然资源、人文资源和旅游资源，自古以来就是我国的旅游胜地；同时太湖区域也是重要的国家生态保护地区，对太湖水环境的保护是隧道选线需要重点考虑的问题。

太湖隧道选线主要有堰筑隧道方案和堰筑＋钻爆组合隧道方案，两个隧道方案起点（马山岸登陆点）相同，其中堰筑＋钻爆组合隧道方案靠近终点的钻爆隧道段需穿越风景名胜区的规划核心区，对生态和景观影响较大；而堰筑隧道方案从湖边上岸后，直接接地，不影响核心景区，且与现有规划较为协调。经综合对比分析，最终采用堰筑隧道方案。

二、隧道纵断面布置

基于品质工程要求的隧道纵断面布置，应以隧道的使用功能及行车安全为基础，充分考虑工程规模、行车速度、地质条件、施工建设、运营排水、通风排烟、防灾救援及接线条件等因素，并根据施工期间的出渣、材料与机具运输等要求进行综合确定。

隧道纵断面的线形指标应满足相关规范要求，洞口内外纵断面线形应一致或满足行车视觉所需的要求。一般情况下特长隧道纵坡宜控制在 2% 以内，长隧道纵坡宜控制在 2.5% 以内，中短隧道纵坡宜控制在 3% 以内。对于长度超过 5 km 的特长隧道纵坡应根据通风计算和运营管理等进行综合确定。

（一）安全最优

地质条件是控制隧道纵断面布置的关键，是决定隧道安全的首要因素。从地质角度来看，隧道纵断面应尽可能布置在地质条件较好的稳定地层中，遇到岩溶、煤层、暗河、采空区等不良地质时应进行避让，并尽量使隧道轴线与断层破碎带大角度相交。对于黄土地层或以土质为主的隧道，其纵断面布置应尽量避开土岩交界位置，以及尽量避开黄土湿陷性严重或地下水含量丰富的地段；对于高海拔、高寒地区的隧道，其纵断面需根据冰雪线高程、雪灾位置、冻结深度等进行布置；对于穿越水域的隧道，其纵断面布置还需考虑锚击、抗浮、水压、冲刷等因素。

（二）规模最优

山区高速公路路线在翻山越岭或沿河傍山布设时，往往会根据沿线地形及地质、越岭高程及雪线位置、沟谷等因素，对不同隧道工程规模进行详细比选和分析。山岭隧道是充分利用“围岩承载拱”效应的深埋式隧道，主要采用暗挖钻爆法进行施工，对于地质条件好且断面较小的超长隧道也可采用 TBM 掘进机施工。

在湖泊、近海修建的公路堰筑隧道主要为浅埋隧道，堰筑隧道一般需要设置临时挡水围堰，在围堰内采用明挖法施工，目前尚未有规范对埋深有明确的规定。若堰筑隧道的埋深过小，则不能满足水流冲刷、船舶锚击的要求；若埋深过大，则会增加隧道规模和投资；若隧道坡长过小，则需要增加水域段的泵房设置数量；若坡长过长，则会增加结构埋深，加大工程投资。因此，堰筑隧道纵断面布置应选择合适的埋深及坡长，以实现规模最优。

（三）生态最优

从生态角度出发，充分利用隧道具有生态和谐、环境友好的属性，当路线必须穿过自然保护区、生态红线、旅游度假区等区域时，往往会采用下沉式隧道进行穿越，纵断面设计应尽可能控制隧道高程，最大限度减少对生态环境的破坏。

三、隧道横断面布置

隧道横断面布置应根据地形地质条件、施工工法、接线条件、环境影响及工程造价等因素进行综合确定。就隧道施工工法而言，钻爆法隧道一般有分离式、小净距、连拱等布置形式。

（一）分离式隧道

标准间距的分离式隧道双洞净距较大，在设计施工过程中基本可不考虑双洞之间的相互影响，是一种上下行分离的独立双洞隧道。在同等地质条件下标准间距的分离式隧道造价最低，施工速度较快且较为安全，一般用于长大隧道，它要求进出口地形条件开阔，但同时标准间距的分离式隧道两端分离式路基较长，往往隧道外占地较大。

（二）小净距隧道

小净距隧道是指两洞室净距离较小，在设计和施工过程中需采取特殊措施的一种分离式隧道。在地形条件较狭窄的情况下，不能按常规的分离式隧道间距布设，或受隧道外用地限制，可考虑采用小净距隧道形式。小净距隧道在设计施工中必须考虑双洞之间的相互影响，特别是当地质条件较差时更要慎重处理。在同等地质条件下小净距隧道较分离式隧道造价稍高，施工进度稍慢。长大公路隧道，为解决洞口占地和洞内间距的矛盾，可采用不平行布线方式，即在隧道洞口采用小净距隧道方式，洞内为逐渐分开到不产生不利影响的标准间距分离式隧道。

（三）连拱隧道

连拱隧道是指两洞室无中间岩柱，两洞结构共用中隔墙的一种整体式隧道。连拱隧道两端接线可采用整体式路基，它具有节约土地、接线顺畅、减少工程量等优点，但因两洞室无中间岩柱，往往施工复杂、造价高。因此，隧道两端接线的平面线形和隧道长度是选择连拱隧道的控制性因素。

从节约工程造价、施工风险的角度考虑，隧道横断面一般采用不设硬路肩的布置形式，但对于运营安全要求高的长大隧道，为便于防灾救援，有时会采用设硬路肩（连续式紧急停靠带）、中间管廊（中间服务隧道）的横断面布置形式。

堰筑隧道采用明挖现浇的施工方式，横断面布置比较灵活，一般采用双孔整体断面形式，也可根据需求考虑设置中间管廊。中间管廊作为通风、管线安装空间，也是疏散逃生的活动通道。

四、隧道动态跟踪设计

地下工程未知因素较多，工程勘察阶段往往无法完全准确判断隧道工程地质情况，因此，在隧道施工过程中就需要及时进行动态跟进，以掌握未开挖段的地质信息。常用的动态跟踪手段有隧道监控量测、隧道超前地质预报等，尽管目前的监控量测和超前地质预报技术都相对成熟，但由于各种原因，施工单位以及第三方监控量测和超前地质预报单位提供的资料往往和实际情况偏差较大，这就需要在设计中进一步明确要求。

（1)隧道施工监控量测可以较好地反映隧道围岩变形情况，根据隧道拱顶变形规律、净空收敛和沉降量，施工人员可以及时掌握隧道内状况，以便第一时间向设计方反馈，如有必要，进行工程变更设计。设计中要求对隧道的监控量测结果进行多次复核，多人复核，出现大变形和异常变形时应及时采取相应措施。

（2）隧道超前地质预报通常采用各种地球物理探测、超前钻探、超前导洞等手段对隧道施工掌子面前方地质情况进行探测，结合洞内外观察、掌子面素描和预报人员地质经验，对隧道前方可能遇到的不良地质体及由此可能引发的地质灾害的性质、分布位置、规模进行预测。

隧道超前地质预报的主要内容包括断层及其影响带，节理密集带，软弱夹层（含煤层），岩溶的位置、规模和性质，隧道涌水的位置、水压及水量等信息。

超前地质预报设计中应明确预报方案、预报内容、方法选择及不同方法的组合关系、技术要求，需要时应编制气象、重要泉点和洞内主要出水点、暗河流量等观测计划和观测技术要求等。同时应当明确超前地质预报实施的工艺要求、安全措施、工作量、占用工作面的时间以及概预算。

第三节　隧道结构品质工程设计

公路隧道结构类型主要有拼装式预制结构、整体式现浇结构、复合式衬砌结构等。

拼装式预制结构是将若干在工厂或现场预制的构件运入坑道内，用机械拼装而成的，多用于 TBM 隧道、盾构隧道、沉管隧道等，其断面一般为圆形、矩形等。

整体式现浇结构一般应用于山体隧道洞口段、浅埋段、地质条件较差的软弱围岩段。对于土体明挖隧道、堰筑隧道等，由于其断面选择较为灵活，可结合地形、地质及断面受力情况等因素，采用马蹄形、矩形、等截面、变截面等多种形式。

复合式衬砌结构基于“新奥法”原理，将围岩、支护结构作为共同并相互作用的结构体系，被广泛应用于钻爆法隧道施工中，其断面一般为马蹄形。复合式衬砌结构一般包含初期支护及二次衬砌，其中，初期支护通常采用锚杆、喷射混凝土、钢筋网、型钢（格栅）钢架等支护手段；二次衬砌通常采用模筑（钢筋）混凝土衬砌结构，并结合地质及地形条件，辅以地表注浆、超前管棚（幕）、超前注浆小导管、超前锚杆等预加固措施。

隧道结构设计与采用的施工工法密切相关，面对复杂多变的地质及地形条件，做好隧道结构品质工程设计，需要在隧道结构设计过程中重点考虑标准化、精细化、耐久性的结构设计要求。

一、结构标准化设计

开展隧道结构标准化设计是更好推进施工标准化的需要，是保证质量、消除隐患、安全运营的需要，是创建标准化示范工程的需要，是高速公路建管养一体化的需要，是落实品质工程的重要措施之一。

（1）在隧道结构设计过程中，对于隧道工程建筑材料，应尽量统一标准（如相同、相近的构件统一混凝土标号等），减少选型（如减少钢筋类型等），尽可能选用标准化、系列化的产品，施工时按照统一的技术标准和规范进行研发和生产，实现集中批量采购，保证产品质量的标准化和规格的统一化。

（2）隧道轮廓断面应进行标准化设计，便于施工期的主体结构模板台车可以统一规格尺寸，方便现场施工管理及模板台车重复利用，轮廓断面的标准化设计应充分考虑各隧道工点的具体特点，进行涵盖性设计。

（3）隧道小型构件现场加工费工费时，同时由于小型构件尺寸较小，采用现浇工艺质量上难以把控，常出现尺寸精度差的情况，影响工程质量及使用功能。对重复性的小型构件，如隧道路面两侧的排水边沟、电缆槽盖板等进行定型化设计，统一结构尺寸，工厂化加工，提高工效和质量。

（4）隧道照明灯具、消防器材、风机、监控等机电设备在满足设计要求的前提下尽可能采用标准化设置，便于升级、维护。

（5）在设计车、人行横洞防火卷帘、防火门时采用统一的耐火指标、规格尺寸等，对预留洞室门等进行工厂化加工，统一订制。

（6）对钻爆法施工的隧道支护结构参数进行标准化设计，如隧道Ⅴ级围岩，可考虑深、浅埋（地形因素）与软、硬岩（地质因素）的四种排列组合，基本满足Ⅴ级围岩各种地形及地质情况的选择要求，同时便于隧道造价的测算及投资控制。在各级围岩情况下，同一种衬砌断面的钢拱架、钢格栅的分段设计长度应保持一致，便于进行批量生产；钢拱架、钢格栅统一加工好后，在隧道内进行统一拼装，便于现场装配施工，提高工效。

（7）堰筑隧道的临时围堰结构同样应进行标准化设计，如苏锡常南部高速公路太湖隧道采用双排对拉钢板桩围堰，钢板桩为热轧 SP-ⅣW 型钢板桩可反复插打、利用，一方面可以提高施工效率，另一方面也有利于质量控制。

（8）堰筑隧道的基坑工程根据场地环境、地层情况、开挖深度等采用不同的围护结构方案，但应尽量减少围护结构区段的划分，在每一区段内进行围护结构标准化设计，并采用统一的工程材料标准。

（9）堰筑隧道主体结构工程设计采取统一的技术标准，如苏锡常南部高速公路太

湖隧道的主体结构根据埋深的不同采用标准化断面，做到设计标准、施工要求清晰明确。根据隧道的不同埋深，考虑浅埋、中埋、深埋、敞开段等多种不同的结构形式，并进行相应的结构厚度及配筋的标准化设计，同时对附属设施进行单独设计，在消除设计通病等方面成效明显。

二、结构精细化设计

精细化设计是实现隧道结构及构件信息化管理的有效途径，也是支撑项目精细化管理的必由之路。B1M 技术的发展，有效地推动了结构及构件向精细化设计迈进，同时精细化设计也是 B1M 技术实现信息有效共享、可视化准确表达的基本保障。

（一）隧道衬砌结构

通过 BIM 技术，不仅可以实现隧道超前支护、初期支护、二次衬砌等结构的精细化设计，还可以结合相应的规则与检查功能，较为方便地实现对超前小导管、系统锚杆、钢架及其连接件、钢筋网、锁脚锚杆、二衬钢筋等构件的参数化及智能化控制。

（二）斜井、地下风机房、联络风道及交叉口

两座特长隧道均设置了斜井及地下风机房，地下风机房利用联络风道与斜井及主线隧道交叉连接，交叉连接处结构复杂且存在联络风道上跨主线隧道，联络风道与主线隧道拱部或侧墙部位交叉等复杂空间位置关系，通过 BIM 技术能够精确反映出交叉处结构设计及标高位置关系，可对复杂结构及其细部进行多角度、多场景核查分析。

三、结构耐久性设计

隧道主体结构应根据隧道所处的环境条件，充分考虑周边环境对结构耐久性的影响，确保结构在设计使用年限内能够正常使用。

隧道所处的环境类别可分为一般环境、冻融环境、海洋氯化物环境、除冰盐等其他氯化物环境、化学腐蚀环境等，隧道主体结构应根据不同的设计基准期、环境类别及其作用等级开展有针对性的耐久性设计。对于同一项目的隧道或同一座隧道，也可结合所处的环境条件分段确定其环境类别和作用等级，具体技术指标及要求应根据相关规范要求或试验研究来确定。

（一）隧道所处环境

①一般环境：将隧道洞口 200 m 范围内的钢筋混凝土衬砌段划分为非永久湿润环境，其余段落为永久湿润环境。

②冻融环境：隧址区最低月平均气温为 0.6℃，属微冻地区，考虑到隧道内的地温

效应将洞口150 m范围划为微冻地区的无盐环境；但考虑到隧道洞内设置有完善的防排水系统，则将冻融环境作用等级降低一个等级取用。

③海洋氯化物环境：将距涨潮海岸100～300 m的明洞衬砌外侧临空面无涂层划为轻度盐雾区，暗洞衬砌仅有内侧临空且有涂层划为轻度盐雾区。

（二）隧道结构耐久性措施

由于北固山隧道受到多种环境条件的作用，根据作用程度较高的环境作用等级，对衬砌结构从混凝土强度等级、最大水胶比、胶凝材料最大/最小用量、钢筋保护层厚度及抗冻耐久性指数，以及施工选材及养护、现场检测等方面提出耐久性要求。

第四节　隧道防排水与长大隧道运营安全设计

一、隧道防排水品质工程设计

隧道防排水是指为了保证隧道建筑不因渗漏水造成病害，危及行车安全，腐蚀洞内设备，降低结构使用寿命而采取的防水及排水措施。隧道防排水设计应遵循“防、排、截、堵相结合，因地制宜，综合治理”的原则，根据隧道位置的地形及水文条件、气候、生态环境要求、结构方案、施工方法等因素进行综合设计，妥善处理地表水和地下水，提高隧道运营使用舒适性和结构安全性，保护好自然环境。目前常用的隧道防排水主要有以下3种方式。

（一）“以排为主”方式

通常用于常规的山岭隧道防排水工程设计，即在隧道衬砌结构外拱墙部位铺设防水卷材，通过在防水卷材与隧道围岩初支之间设置完整的纵、环向排水系统，将围岩渗漏水排走，其中隧道结构不承担水压力荷载。

（二）“以防为主、限量排放”方式

通常用于环境要求较高的山岭隧道，尽量阻止地下水渗漏，以及尽量降低隧道运营管理费用，即允许少部分地下水通过隧道排水系统进行排放。一般在施工中通过注浆等措施来达到限量排放的目的，视情况隧道结构可承担一定的水压力荷载。

（三）“全防”方式

主要用于自然保护区等生态环境要求高、埋深较浅的山岭隧道或水下隧道，在隧道

结构外全断面铺设防水卷材，防止渗漏水，并加强隧道结构施工缝、变形缝处的复合止水措施；防水材料可选用预铺反粘类等新型防水卷材，可通过与后浇的衬砌混凝土发生物理化学作用，在充分反应融合后可大大提高防水效果。对于施工中遇到的断层破碎带或有渗漏水的地段可采用局部或全断面注浆等封堵措施。其中，隧道结构按承担上覆围岩压力和全部水压力荷载通过计算分析来确定，对于钻爆法隧道的结构断面形式应视水压力大小和开挖跨度等对仰拱采取适当加深的措施来处理，以提高结构受力的合理性。

二、长大隧道运营安全设计

长大隧道安全运营包括隧道正常运营行车安全性、隧道灾害事故下的安全性两方面，而上述安全性同时包括隧道结构安全性及设备安全性。隧道常发灾害主要有交通事故、火灾、水灾、地震和爆炸等，其中交通事故的发生概率最高，而且往往引发火灾事故，其他类型的灾害也可能引起次生的火灾事故。与一般规模的道路隧道相比，长大隧道的疏散、救援更加困难，火灾事故的后果尤为严重。

长大隧道安全运营体系的建立以“以防为主、防救结合”为原则，其中包括防灾、减灾、救灾 3 个环节。通过“防”力求及早发现可能导致安全运营的各种隐患，在“萌芽状态”将其消灭；当隐患、灾害发生时要通过“减”“救”措施尽量减少损失，并且能在灾害发生后通过必要的维护措施尽快恢复隧道正常运营。

苏锡常南部高速公路太湖隧道是目前国内最长的水下公路隧道。太湖隧道安全运营体系设计兼顾正常运营与事故状态等不同工况，从运营管理和工程设计两方面着手，针对隧道正常运营期间防灾，事故工况下减灾、救灾 3 个环节分别采取对策措施，尽可能减小隧道灾害风险，保障隧道安全运营。

（一）防灾措施

1. 太湖隧道平纵横设计均严格满足安全要求。横断面布置考虑设置连续紧急停车带。

2. 隧道洞口设置光过渡段，避免黑洞效应。

3. 科学合理地进行通风、照明、景观设计，以减少隧道视觉效应、环境因素对驾驶员安全驾驶带来的影响。

4. 通过设置车牌识别、轨迹分析、区间测速、事件分析等智能化交通监控手段，监控车辆行驶轨迹，规范驾驶员驾驶行为，减少交通事故发生的概率。

5. 在隧道日常运营过程中进行严格的车辆控制，主线上严格禁止危险品车辆和超限运输车辆进入隧道，并对大型货车等进行重点监控。

6. 规范隧道日常巡检与设备检查工作，进行隧道资产管理，及时发现故障设备设施并进行维修更换，确保应急救灾物资齐全有效。

（二）减灾措施

1. 通过隧道监控系统设备选型和冗余设计，确保监测报警系统正常工作，保证隧道监控中心值班人员第一时间发现事件、事故、灾害，尽可能减少漏报概率、缩短应变响应时间。

2. 一旦检测到隧道事故或灾害，经监控中心值班人员确认并启动相应预案，隧道监控系统可自动联动消防系统进行灭火和降温，尽可能控制火势，直至专业消防队到达现场。

3. 在隧道事故或灾害工况下，结合隧道交通流检测和空气环境监测设备数据，在中央计算机控制下，隧道通风排烟系统可迅速调节风速，进行通风排烟，尽可能减少有害气体和烟尘及其所带热量（火灾工况下），减少对隧道结构和隧道内人员造成的危害。

4. 科学设计隧道内外的标志标牌、广播系统，实现事故灾害的实时信息发布，辅助路政、交警部门对隧道内外及区域路网的交通组织，并进行诱导和控制，有效减少救援延误时间，降低二次事故的风险。

5. 配备齐全的隧道通信系统，确保事故现场、救援单位、指挥中心之间的正常通信，为各岗位人员提供实时现场信息，辅助救援与疏散指挥。

6. 确保事故工况下用电安全和用电需求。

7. 隧道内设计有人行横通道和纵向贯通的人行逃生通道，在逃生通道内配备齐全的监控和通风系统等设施，保证逃生通道内环境安全和信息提示，为逃生人员提供逃生和避难场所，并帮助指挥和救援人员及时掌握通道内的情况，辅助救援工作。

（三）救灾措施

1. 隧道内设计车行横通道、人行横通道，在事故/灾害发生时方便救援车辆的进入和隧道内车辆和人员的疏散。

2. 隧道内人员利用纵向贯通的人行逃生通道自救逃生，并保证其在通道内的安全。

3. 隧道监控中心通过综合监控系统，第一时间发现、确认灾情，控制隧道救灾系统运作，协同指挥及救援调度。

4. 组建企业专职消防队，承担火灾扑救和应急救援工作，作为第一梯队在第一时间到达现场，抓住灭火时机，而辖区及就近消防队则作为灭火和抢险救灾的第二、第三力量，按隧道灾害紧急救援预案参与救灾工作。

5. 合理设置隧道救灾机构及其配备装备，在第一时间开展排障救援行动，在隧道两端马山和军嶂互通、中央风塔处分别设有排障救援站，在第一时间赶到现场进行排障或救援行动。同时，在中央风塔人工岛设置救援码头，参与救援行动。配置消防救援摩托车，便于及时灵活进入现场，参与救援行动。

6. 针对隧道灾害与事故制定相应的应急处理预案，对监控管理人员、排障救援人员、消防人员的工作位置、岗位职责、工作流程以及车辆的疏散路线等进行明确的规定，提

高对隧道突发事故和灾害的响应速度，最大限度减轻事故灾害造成的人员伤亡和财产损失及社会影响。

第五节 隧道生态环保与景观品质设计

一、隧道生态环保设计

隧道工程可减少大填大挖，保护森林植被，减少水土流失，较之高而陡的边坡工程，对生态环境破坏程度低，是一种生态和谐、环境友好的构造形式。

（一）隧道穿越自然保护区/景区

海南横线高速公路路线穿越万宁尖岭自然保护区，为尽可能降低对保护区的生态破坏，设计上考虑采用连拱隧道形式对保护区范围进行暗挖穿越，其中隧道长 215 m，最大埋深约为 20 m。虽连拱隧道浅埋暗挖的施工难度极大，但可以最大限度地使保护区生态环境不被破坏，而且隧道外接整体式路基，也尽可能减少洞外占地。此方案体现了隧道作为公路的一种构造形式，在生态环境保护中起到重要作用。

海南横线高速公路作为岛内重要的路网组成部分，同时是一条旅游示范公路，采取的生态保护举措更彰显品质公路工程的内涵所在。

宁常高速公路在通过风景秀丽的茅山风景区时，为减少公路建设大开大挖对生态环境的破坏，采用隧道方案。由于低山丘陵的地貌特征，茅山隧道的总体埋深较浅，部分地段超浅埋，甚至负埋深。在设计方案研究过程中，遵循“不破坏就是最大的保护”这一先进设计理念，在隧道设计中无不体现出“建一座景观隧道，还一片碧水蓝天”的生态气息。综合考虑环保、安全等因素，对于部分负埋深地段采用盖挖工法进行施作。

与传统明挖法相比，盖挖工法在生态环保、生产安全等方面有明显优势。盖挖工法的临时开挖边坡高度较低，坡率较大，因此破坏林木较少，不到明挖法的 1/4，大大降低了开挖量，有效保护了自然植被。茅山隧道盖挖段的成功实施，有效克服了大挖大填、大面积破坏植被的缺点，充分体现了人与自然和谐共处的先进设计理念，为打造生态隧道提供了一定的借鉴。

（二）隧道弃土利用

苏锡常南部高速公路项目地处苏南经济发达地区，土地资源稀缺，设置取土坑代价很大，同时太湖隧道开挖多余土方 400 多万 m^3，设置弃土场对周边生态环保影响较大，路基填筑能否利用太湖隧道开挖多余土方，成为项目生态设计的关键。

设计阶段通过《水下隧道开挖弃土及利用方案研究》专项设计，对太湖隧道土方进行了大量的试验，对可用上方经过科学调配，实现太湖隧道弃方全部运用到道路工程中，减少设置取土坑、弃土场面积 2 000 亩，生态价值极大。同时降低了工程造价，经济效益明显。

二、隧道景观品质工程设计

隧道工程作为一种地下构筑物，呈现在人们视野中的是洞门、风塔等构筑物，如何利用有限的构造内容塑造良好的视觉效果，是隧道景观品质工程设计需要考虑的问题。

（一）隧道洞口景观设计

公路隧道洞口的景观设计应综合考虑隧道洞口附近的自然环境、人文历史及其他构造物等因素，应根据每一个洞口的实态，按不同层次的要求进行景观设计。目前的发展方向是三层次的设计，第 1 层次是从整条线路或一段线路，综合考虑线路也包括隧道洞口、桥梁等的景观设计；第 2 层次是根据地形、地质及周边环境等条件选择洞口形式；第 3 层次是从洞口周边一定范围的角度，考虑洞口的景观设计，其中包括周边结构物、洞口建筑、生态绿化、洞门选取及整个隧道开挖扰动范围的边、仰坡防护等。

其景观设计要点如下：

1. 首先隧道洞口景观设计要充分了解所建地自然环境特征，因地制宜进行景观规划设计。在可能情况下，尽量选择山川、遗迹、奇峰怪石、森林瀑布等自然景观优美处作为隧道出入口所在地，但应注意对当地生态环境的保护，尽可能的减少对自然环境的影响。

2. 隧道洞门造型及环境设计要充分体现当地乡土人情，使生硬的构造物具有历史文化气息、地域特色，与当地文化融为一体。

3. 隧道洞门结构的圬工体积较大，要尽量利用隧道废方和当地既有的廉价原材料，这样不仅经济实惠，而且这些材料易与周围环境协调。

4. 一般来说有洞门挡墙的隧道洞口给人稳重、端庄之感，而无洞门挡墙的隧道洞口给人轻巧朴素之感。有时，为了减轻有洞门挡墙隧道入口的压抑感，将洞门造型作递退处理。

5. 隧道名称可置于洞门上方，侧面或用标志牌给予指示。字体应清晰、醒目。洞名取时应对隧道周围景观、地名、风景名胜等进行调查，选用标志性强、具有历史纪念意义的名称来命名隧道。

6. 隧道洞口视觉缓冲带景观设计

当人长时间在明亮环境中突然进入暗处时，最初看不见任何东西，经过一定

时间后，视觉敏感度才逐渐增高，能逐渐看见在暗处的物体，这种现象称为暗适应，反之称为明适应。无论是进出隧道都需要 -- 定视觉缓冲时间，这样就对行车安全产生

一定影响。所以我们在进行洞口景观设计时应注意，采取相应的设计措施。

（1）在隧道进出口两侧栽植一定距离的高大乔木，降低隧道内外光线亮度差，以减少眼睛进出隧道反应时间。

栽植距离 = 暗适应时间 × 行车速度（注：暗适应时间大于明适应时间）

（2）对隧道口路面进行特殊处理。现在多用的方式是配合隧道限速的减速带，我们可以对路面少做警示和景观处理，处理时使用暗色调，也可以对暗（明）适应起到缓冲作用。

（二）隧道灯光的设计

1. 随着隧道施工技术的发展，隧道越来越长，由于洞内完全没有自然光线，仅靠单一的隧道灯照明，其景观十分单调而重复，人长时间在封闭的空间里容易产生疲倦、烦躁或恐惧，从而使注意力不集中，存在较大的安全隐患。根据研究表明，在特长隧道的适当位置科学地设置特殊灯光带进行景观照明，能使驾驶员眼前一亮，调节视力，减少疲劳，并能有效地减少烦躁、焦虑等不良感觉，增加行车的安全度和舒适度。通过在隧道中部路段沿上下线设置特殊灯光带，对洞顶、侧壁的景观照明，形成不同的视觉场景效果，从而有效地调节驾驶员的视觉、减少疲劳，让驾驶员的视觉和情绪获得短暂的调整。

以秦岭终南山隧道为例分析：终南山公路隧道单洞长 18.02 公里，为了缓解司乘人员的疲劳感，调节其情绪，隧道特别设置了人性化的特殊灯光带。它是通过不同灯光和图案的变化，将特长隧道分为 4 个短隧道。隧道顶部密集的灯聚汇出蓝紫色的光，在顶部呈现不规则的白色、蓝色区域，看上去犹如“蓝天白云”。在隧道的侧部，灯沿墙壁射出暗红色光柱，印在墙上好似晚霞。变幻的灯光交织成一副美景图，使人豁然开朗。

2. 为了减少暗（明）适应时间，对隧道出入口灯光的特殊处理。

当人们出入隧道时，外界和隧道的光线差别较大，我们可以在隧道出入口一定的范围内设置相对隧道内灯光较暗的灯光，以减弱这种差别，使司机更快的适应这种变化。现行隧道多在隧道出入口内部设置灯光渐变的路段，在洞口外没有设置。在夜晚，我们从隧道中驶出，暗适应作用更明显，只能暂时靠路面荧光指示标识来判断行车方向，增加了司机的心理压力，给行车带来了一定的不安全因素。所以我们也应该考虑到隧道外部设置一定的灯光缓冲带。

（三）隧道风塔景观设计

隧道风塔是长大隧道的通风设施，需考虑风塔出地面的位置及形式，将风塔融入外部环境，从而使其艺术性地“隐起身”来。例如，通过大型灯阵、塔林、文化雕塑或者绿色植物隐藏建筑室外风塔。

苏锡常南部高速公路太湖隧道共设置 1 处风塔、2 处风亭，与太湖周边景观充分融合，成为一道亮丽的风景。

马山侧风亭呼应马山沿岸现代化简约的景区氛围，结合太湖天水一色、延绵无边的山水轮廓，取流水延绵之线条及传统水袖柔美之型，自然勾勒出丝绸流转般的构造形体，犹如旋绕的碧玉螺一般将风亭呈现出来。

南泉侧风亭的设计出自苏轼《鲁直以诗馈双井茶次韵为谢》，以江南特色的传统画舫造型，呼应南泉景区深厚的吴越文化风情。

湖中风塔的设计构思源自范成大的《缥缈峰》，采用典型无锡江南特色的传统楼阁造型：红瓦、绿砖、城墙头。红檐下绕排风口四周设计环形走廊以供眺望太湖美景。风塔四周的配电房采用传统城墙的形式，可登顶览景，墙头采用青砖饰面，与中心风塔相互呼应，融为一体。

第十章 高速公路改扩建工程交通组织设计

第一节 高速公路改扩建工程交通组织体系框架

高速公路改扩建工程的产生与发展，特别是近年来改扩建工程采用的“边施工、边通车”模式，使高速公路改扩建工程交通组织工作面临新的挑战。本章在阐述交通组织工作总体框架的基础上，总结了高速公路改扩建工程交通组织技术与管理解决的关键问题，初步构建出高速公路改扩建工程交通组织工作的体系框架。

一、总体框架

高速公路改扩建工程交通组织是一项复杂的系统工程，从全局的角度来看，“审批是保障，技术是核心，协调是关键，管理是基础”。

从目标、过程、支撑技术与管理手段等方面全面总结了实施高速公路改扩建工程交通组织的工作要点。具体如下：

（1）从管控目标来看，高速公路改扩建工程交通组织需要兼顾“保安全、保通车、保施工”三大管控目标。在保障道路安全与通行的情况下，力争按计划完成施工任务。

（2）从管控过程来看，主要包括三个环节：一是充分做好前期准备工作；二是规范并严格执行涉路施工审批程序；三是强化施工过程中的交通组织管控措施，严抓安全隐患排查治理，做好突发事件应急管理工作。

（3）交通组织工作包括交通组织技术与管理保障两方面。其中，交通组织技术是顺利完成交通组织工作的核心与关键，根据道路网络、交通量、作业区通行能力及服务水平情况、交通运行安全状况，制订以作业区设置、路网分流交通组织、临时交通安全设施设置等为主的交通组织方案。管理保障是指建立协调路政、交警、施工单位、建设单位、监理单位等多部门联动工作机制，即统一审批，联合办公，做好涉路施工审批工作；协调联动，制定统一的检查标准及管理流程，落实巡检工作；统一指挥，联合应急，加强突发事件应急、节假日保障联动合作。

二、高速公路改扩建工程交通组织技术

高速公路改扩建工程施工与保持原有高速公路的交通畅通是一对相互制约的矛盾体。中断交通施工，不仅减少道路通行费收入，还会影响整个原有高速公路路网区域内的交通流向和交通需求，进而影响区域内的社会和经济活动，社会影响面较大；不中断交通施工，由于高速公路占用部分原有道路通行空间资源，容易形成道路交通瓶颈，影响车辆的正常通行和改扩建工程的顺利实施。因此，运用交通组织技术，制订科学、合理的交通组织设计方案，将关系到高速公路改扩建工程项目的整体效益，值得深入研究。

根据改扩建工程影响范围、施工位置、施工类型及高速公路所处地形差异，高速公路改扩建工程的交通组织形式也会有所不同，但其遵循的交通组织原则以及依据的交通设施设置原理是相同的。

从系统分析的角度来看，根据高速公路改扩建工程施工影响范围，其交通组织设计需考虑点、线、面三个层次：

第一个层次：节点层面，主要考虑改扩建工程施工节点的交通通行车道数、车道宽度以及施工作业区各段长度、限速、临时交通安全设施设置等。节点主要指高速公路交叉工程、桥梁工程、服务区、收费站、隧道以及高填深挖等特殊区段。节点层面需要解决好交通流在施工作业区的通行问题，使其有序、安全、顺畅地通过施工作业区。

第二个层次：路线层面，主要考虑高速公路基本路段各施工作业区总体长度及间距的合理性。路线层面需要解决好交通流长时间在施工区行驶的问题及不同施工作业区之间的转换问题，使其在施工道路上一直保持良好的运行状态。

第三个层次：路网层面，主要解决的是施工影响区域内的交通流重新分配问题，即基于区域公路交通网络结构、设施状况和交通现状，制订科学合理的交通分流和交通转换策略，实现区域路网上的交通流均衡分配及有序运行。一方面可充分利用现有公路网资源，缓解交通压力；另一方面有助于交通管理部门对高速公路改扩建工程施工路段进行有效的交通管制。

从交通组织设计的内容来看，包括确定施工作业区与道路的空间关系及确定临时交通安全设施设置两个层面。确定施工作业区与道路的空间关系，决定了道路通行能力、服务水平及运行安全状态，是保障交通运行效率与安全的重要举措，而施工作业区与道路的空间关系则依赖于临时交通安全设施来实现。

三、高速公路改扩建工程交通组织管理保障

为保障交通组织方案的顺利执行，需要充分调动各参建单位的积极性，构建职责分

明、运行高效的管理保障体系。交通组织管理保障体系的主要内容包括交通组织方案审批、多部门联动机制、过程管控和应急管理 4 个方面。

（一）交通组织方案审批

高速公路改扩建项目交通组织方案审批，既是保障方案科学、合理、规范的重要关口，也是落实各级管理部门审查责任的重要过程。根据工程施工任务的不同，应针对性地制定相应的交通组织方案审批流程，提出差异性的材料提交要求。在审批过程中，应遵守相关法律法规、技术规范，明确审批规则，提高审批工作效率，使高速公路改扩建项目交通组织管理工作顺利开展，保证工程建设高效、有序地推进。

（二）多部门联动机制

在工程建设过程中，交警、路政、运营公司、业主、监理和施工单位等立场观点有所不同，如果缺乏协调的渠道、联动的机制，将会严重影响工程安全及进度管理。

为充分发挥各建管单位优势，实现资源共享、信息互通、团结协作、高效优质的工作目标，明确各单位主体责任，切实履行各自职责，有必要建立多部门联动机制，落实由“统一标准、统一审批、统一指挥”“联合办公、联合检查、联合应急”构成的“三统三联”行动准则，形成“每周一碰头、每月一检查、每季一会议、每年一表彰”的常态化工作方案，为交通组织方案的有序推进保驾护航。

（三）过程管控

为加强高速公路改扩建工程现场交通安全管理，做到通行、施工统筹兼顾，保障高速公路行车和施工安全，应加强对改扩建工程交通组织方案实施过程的监督与控制，全面、细致地制订相关监管计划、内容与手段，严格执行已核批的交通组织方案，落实好施工现场人员、车辆、设备管理及临时交通安全设施设置，做好违约管理与处罚工作，加强舆论引导，确保改扩建工程从施工方案开始至恢复交通为止的整个过程中交通管理工作有序、安全、可控。

（四）应急管理

快速有效地处置由自然灾害、事故灾害、突发公共卫生事件、社会安全事件等突发事件及其他不可预见因素造成的交通堵塞，是为驾乘人员提供一个快速、畅通、安全的行车环境和确保工程建设任务顺利开展的重要保障。

应急管理工作应贯彻落实“以人为本、安全第一、预防为主、综合治理”的方针，针对不同的事件类型和预警等级，根据有关法律法规分别制定突发事件应急预案，配备相应的应急物资和施救机械设备等，成立应急救援组织。当施工路段发生突发事件时，应依据专项应急预案及时启动突发事件报告程序，并做好交通疏导工作。

四、影响交通组织的主要因素

交通组织是一项综合性极强的工作。交通组织技术与管理保障任务涉及内容非常多，而每项任务又取决于多个影响因素。这些影响因素可以分为宏观因素和微观因素。宏观层面，如政策法规导向、经济发展水平等因素都对交通组织产生根本性的影响；微观层面，需要深入考虑施工条件、路网条件、道路交通状况、环境条件制定交通组织设计方案；而在管理过程中则需要考虑各相关单位的组织水平、人员素质等因素，方能达到的管控目标；此外，还需要时刻准备应对突发紧急事件。本书对影响高速公路改扩建工程交通组织的各类因素予以梳理，见表 10-1。

表 10-1　高速公路改扩建工程交通组织影响因素

<table>
<tr><th colspan="2">影响因素类型</th><th>影响因素</th><th>影响作用</th></tr>
<tr><td colspan="2">宏观因素</td><td>政策支持、法律法规、经济发展水平、社会认知、技术标准、科技发展水平</td><td>1. 政策法规对于实施交通组织具有导向性作用。
2. 经济发展水平和社会认知客观上决定着交通组织的经费投入。
3. 技术标准决定了交通组织设计强制性，科技水平决定了方案的实现程度</td></tr>
<tr><td colspan="2">施工条件</td><td>施工强度、施工设施、施工方法及工序</td><td>1. 施工强度决定了施工设施、人员、施工车辆运行密度，也会影响制定交通组织设计方案的难度。
2. 采用不同的施工设备、施工方法及工序，道路占用情况有差异</td></tr>
<tr><td rowspan="3">道路交通环境影响</td><td>道路因素</td><td>周边路网情况；道路视距、宽度、坡度等几何条件特征；路面条件</td><td>1. 区域路网结构、道路通行能力、绕行距离等因素对于路网分流交通组织方案极为重要。
2. 道路视距、宽度、坡度几何条件对于施工作业区及临时交通安全设施设置有影响。
3. 道路宽度、坡度和路面条件等因素还影响着道路通行能力</td></tr>
<tr><td>交通因素</td><td>交通量、交通构成、驾驶员因素</td><td>1. 交通量、大型车辆比例、驾驶员对道路的熟悉程度等因素，对于施工作业区车道数、车道宽度、开口大小、临时交通安全设施设置乃至分流方案的制定非常重要。
2. 此外，大型车辆和驾驶员因素还影响着道路通行能力，间接影响着交通组织方案</td></tr>
<tr><td>环境因素</td><td>气候条件、季节、昼夜；路域周边用地情况</td><td>1. 不同气候、季节、昼夜条件下应设置相应的临时交通安全设施。
2. 周边如是人口聚集区域，则更需要注意人、牲畜、车辆的穿越</td></tr>
<tr><td colspan="2">组织管理</td><td>组织机构、工作机制、管理制度、经费保障、人员水平</td><td>组织管理因素决定了管控的执行效果，也决定了需要进一步采取的管理机制和举措</td></tr>
</table>

第二节　高速公路改扩建工程路网分流交通组织设计

一、路网分流交通组织设计原则

区域路网交通分流是指着眼于区域全局路网构架和分布，充分利用区域路网资源，依据交通需求特征，采用适当的管控手段，将改扩建公路部分交通量疏导至周边路网，均衡交通量分布，减轻运输通道通行压力，实现“源头疏导、路网分流”的理念和“减少干扰、科学组织、保障通行”的目标。交通组织应遵循以下原则。

（一）时间稳定原则

时间稳定原则是指施工期间交通分流方案应在一定时期内保持相对稳定，不应轻易改变，使驾驶员获得相对稳定的交通环境。在改扩建高速公路能满足交通运行要求的情况下，不启动交通分流方案；在实施交通分流方案前提前做好宣传告知工作。

（二）空间均衡原则

高速公路是一个地区的交通主动脉，交通分流方案对周边道路网络影响较大。制订分流方案时，应在改扩建工程的具体需要的基础上，兼顾改扩建高速公路与周边道路网络交通状况，尽量减小分流沿线基本交通影响，保障正常交通相协调、局部交通与整体交通相协调，维持正常交通的稳定和通畅。

（三）诱导管制结合原则

通过诱导与管制相结合的方法实施交通组织。首先，充分利用沿途信息发布设施，在改扩建影响区域外广泛发布诱导信息，提前分流部分交通量；其次，在交通分流组织相关节点实施交通管制措施，保障分流方案获得预期效果。

二、路网分流交通组织设计

（一）分流车型确定

根据有关要求，高速公路改扩建工程实施期间应通过交通组织使通车路段的服务水平维持在一定范围内。因此，当交通量饱和度超过改扩建道路要求服务水平对应的饱和度时，应采取适当的分流措施。分流车型的确定需考虑车辆运行特性以及对改扩建施工影响程度，影响区内周边路网的技术状况和通行能力；还应综合考虑交通组成、交通出行特征、交通安全、经济收益、管控难度等因素。

1. 分流车型比较

分流车型包括客车和货车，不同车型的尺寸、运行特性不同，对道路的影响也存在差异。以下从车辆对道路设施、道路通行能力、道路收费、交通管理、工程施工的影响等方面分析不同分流车型的优缺点。

（1）对道路设施的破坏作用

车辆轴载质量对路面的影响十分明显，当轴载质量增大时，车辆对路面的破坏增大，路面在有效使用期内能够承受弹性变形的次数将大为减少。世界各国多采用“四次方法则”来衡量轴载质量与公路路面损坏程度之间的关系。

轴载质量在 2.0t 以下时，车辆对于路面破损作用可以忽略；轴载质量在 2.0 ~ 7.0t 时，车辆对路面破坏作用较小；当轴载质量超过 7.0t 时，车辆对路面破坏作用显著增加。

（2）对通行能力的影响

低速通行的货车会降低整个交通流的运行速度，车流中大型车比例的增加对道路通行能力有显著影响。

（3）对道路收费的影响

我国大部分高速公路都处于收费阶段，货车收费标准按车辆吨位及尺寸大小而定。根据目前的通行费征收标准，在通行费构成中，货车通行费占绝大部分，分流货车数量越多，施工期间流失收费越多，对经济收益影响越大。

（4）对交通管理的影响

改扩建施工期间，由于施工干扰等因素，发生交通事故或堵塞的概率明显增加。客车机动灵活、行驶速度较高，发生事故的概率较高；货车体积、吨位相对较大，一旦发生交通堵塞或事故，影响范围广，处理难度大、时间长。

（5）对工程施工的影响

车辆通行对工程施工的影响主要体现在对道路资源的占用和施工安全上。货车吨位较大、占用空间多，自身行驶性能相对较差，产生的噪声、尾气及振动远大于其他车辆，易造成施工人员心理压迫感，对施工安全影响较大。

2. 分流车型方案分析

根据国内外公路建设经验，分流车型方案可初步划分为客车分流和货车分流两种类型。

客车分流主要是指分流小客车、大中型客车。我国现阶段高速公路交通组成中，大中型客车多数为公共交通工具，应作为优先通行的车辆，所以客车分流首先考虑分流小客车。货车分流主要是指分流小货车、中型货车、大货车以及特大型货车。大货车以及特大型货车轴载质量大，相较中小型货车而言，对路面的破坏作用更大，因此货车分流，主要论证大货车及特大型货车分流的可行性与适宜性。

3. 分流车型的确定

根据拟定的分流车型方案，按优先级逐一测算分流方案实施后的交通饱和度，并根据改扩建高速公路需要保障的服务水平等级，判断分流车型方案是否可行，直到满足所需服务水平等级。

（二）分流路径选择

交通分流的本质是通过部分车型的绕行，把一部分交通量转移到周边路网中，从而保证改扩建高速公路具有相对较好的运行质量。分流方案成功与否除取决于分流车型之外，还取决于分流路径是否合理。分流路径与分流车型也存在不同。通常，分流车型具有强制性，而分流路径往往不具有强制性。

1. 分流公路网络类型

可供分流的区域公路交通网络可分为国家高速干线公路网和区域次级公路网，以下分别介绍两类公路网的情况。

（1）国家高速干线公路网

国家高速干线公路网以区域中心城市为枢纽，主要承担区域间、省际以及大中城市间的快速客货运输，并为应对自然灾害等突发性事件提供快速交通保障。

在制订分流交通组织方案时，国家高速干线公路网主要分担跨区域长途过境交通和部分区域间出入境交通。其中，跨区域长途过境交通是指跨越高速公路改扩建工程全程或起、终点均不在沿线区间内的出行车辆；区域间出入境交通是指起点或终点为高速公路沿线区间的出行车辆，又称为区域内与区域外的交通出行，一般为中长途出行，交通量较大，是交通分流的主要组成部分。

（2）区域次级公路网

区域次级公路网是以区域城市群各城市为次级枢纽（或节点）的公路交通网络，主要承担区域内短途交通，小部分交通量为跨区域长途过境交通和区域间出入境交通。其中，区域内短途交通是指拟改扩建高速公路沿线交通运输通道内任意两节点之间的车辆出行，与区域经济、社会活动密切关联，该部分交通量与拟改扩建高速公路走向一致，必须从影响区间通行。

2. 路径选择

路径选择时，按长途过境交通、中短途交通的顺序拟定分流方案，主要考虑路径承载能力、道路技术条件、绕行里程及绕行费用等因素。

当备选路径容差（剩余承载能力）大于拟分流交通量，且道路技术条件可满足分流车型通行要求时，可将该通道作为分流选项，承担分流交通。同时，可将区域路网分流作为应急预案，以便能够在通道交通出现拥堵或事故时，确保分流方案的稳定性与适应性。通道剩余承载能力小于拟分流交通量，可利用区域路网实施远距离、大范围的分流方案，采用“网络疏导、逐类分解”的交通分流指导思想，即依托周边路网从源头疏导交通，使部分车辆在外围提前得到分流；基于交通层次划分，对交通流由远及近分类选择分流路径，以保证资源利用最大化和分流效果最优化。方案拟分流车型的预测OD表在区域路网中进行交通分配和计算机仿真，若通道内相关道路不具备承受分流交通量的能力，则增加需绕行的交通分布，之后，再进行交通分配和计算机仿真，直至周边路网均具备承受分流交通量的能力为止。

绕行距离及通行费用也是选择分流路径的主要依据，在选择绕行方案时，要考虑绕行里程系数（分流绕行路径与原有路径里程之比）及绕行费用系数（分流绕行路径与原有路径通行费之比），还要考虑绕行时间和绕行距离的敏感性。通常，内部交通出行距离相对较短，对行程时间和绕行距离更为敏感，应选择通道内其他替代性道路作为分流路径；出入境与过境交通的出行距离相对较长，绕行增加的距离相对于总行程来说不是十分明显，驾驶员对道路绕行的敏感程度相对较低，因此若通道内其他道路交通承载能力有限，可考虑适当增加绕行里程，在区域路网范围内制定分流路线。

（三）分流节点设置

区域交通网络由区域空间自然要素点和线组成，分流节点的设置是分流路线确定后完善网络结构的重要步骤。通过在适当地点设置分流点，一方面可以向驾驶员推荐服务水平较高的行驶路线，提高出行质量；另一方面，有利于相关部门对施工路段进行交通管制，更高效地完成分流任务。

1. 分流节点的作用

（1）实现行车信息集中发布

路网分流点是集中发布各种行车信息的地点。行车信息包括区域路网分布信息、路网施工信息、分流路径信息、道路预警信息、管制措施信息、前方道路流量信息以及其他综合服务信息。使出行者提前、及时、详细、准确地了解和掌握实时通行状况，以便主动、合理地选择行车路线，可以有效地实现对路网资源利用的最大化，并减少不必要的延误和混乱。

（2）实现分流路径无缝衔接

在高速公路施工期间，针对不同出行目的的车流提供适当的分流路径，各分流路径分布范围广泛。交通分流点除了诱导功能外，主要通过交通标志、标线等设施指导出行者实现交通路径转换。

（3）保障交通管制实施效果

分流点是实现强化交通管制的主要措施之一。在交通管制过程中，通过在路网分流点设置具有强制性的交通标志、标线设施，并配备警力或电子警察，保障交通分流的顺利分离和有序行驶，避免不必要的混乱和延误，同时保障施工路段的顺利通行。

2. 分流节点的组成

分流节点根据对应的路网结构层次可分为 3 级，即交通诱导点、分流点、控制点。每一级均有各自的作用和功能，应根据相应的功能分别确定 3 级分流节点的空间位置。

（1）交通诱导点

交通诱导属于非强制性交通管理措施，通过交通信息的发布来诱导驾驶员选择合适的行车路径，以降低改扩建施工作业区的通行压力。交通诱导点主要以发布交通分流信息为主，一般设置在高速公路改扩建工程项目影响区域外围道路网的重要节点和改扩建工程所在高速公路的出入口处，起到诱导交通通行、分流过境交通的作用。

（2）交通分流点

交通分流点实施强制性的交通管制措施，通过在相邻道路出入口进行分车型分流，提前引导车辆进入分流路径。分流点一般沿高速公路改扩建工程及其影响区域内道路网的主要交叉口布设，并设置交通管制设施。

（3）交通管制点

交通管制点设置在高速公路改扩建沿线互通入口，与地方道路相连的互通出口，保障分流车型不会进入施工路段。

3. 分流节点设置原则与方法

分流节点优先级应根据节点重要度、项目路段饱和度、分流路径容差和绕行度综合确定。节点重要度小及项目路段饱和度大的，对应节点优先分流。

节点重要度 I 的计算模型：

$$I_i = \sum_{k=1}^{n} \alpha_k \frac{Z_k}{Z_a} \tag{10-1}$$

式中：I_i——第 i 节点重要度；

α_k——第 i 节点第 k 项指标的权重；

Z_k——第 i 节点的第 k 项指标值，可选取人口、工业总产值、商品零售总额、旅游收入总额、交通运输增加值、对社会经济的重要性等指标；

Z_a——影响区域以内各节点第 k 项指标的平均值。

其中，节点重要度 I 是节点所服务区域社会经济活动的重要性度量，是描述影响区内相关节点在交通网络中所处地位、重要程度相对大小的衡量指标。各指标的权重一般可采取主观或客观权重赋值方法。主观权重赋值方法采取定性的方法，由专家根据经验进行主观判断而得到权重。使用客观的权重赋值方法，可根据历史数据研究指标之间的关系，对指标与评估结果的关系来进行综合评估；再根据节点重要度、项目路段饱和度、容差和绕行度等指标情况综合判断。

三、交通分流方案评价

在分流方案设计阶段，可从负经济效益角度对分流方案进行定量评价，对备选分流方案综合比选。

改扩建工程使公路上原有车辆向周围路网转移的同时，也会使原有公路运输效率降低，其中产生的经济效益损失统称为负经济效益，主要包括以下几方面：

（1）因分流车辆而造成高速公路通行费收入减少。

（2）因改扩建施工而造成服务水平降低。

（3）因分流车辆造成其他道路养护费用增加。

（4）因分流车辆流入而引发分流道路交通拥挤。

（5）因分流车辆绕行其他道路而造成的出行成本增加。

（6）因分流车辆导致的交通事故损失增加。

（7）因改扩建施工而造成的区域经济损失。

在开展负经济效益评价时，可采用方法包括层次分析法（AHP）、模糊综合评价、逼近理想解排序法（TOPSIS）、数据包络分析（DEA）等，具体模型可参考相关文献。

第三节　施工作业区交通组织设计

施工作业区交通组织设计是高速公路改扩建交通组织最重要的部分。广义的施工作业区交通组织设计既包括施工作业区界限控制，也包括临时交通设施设置。狭义的施工作业区交通组织设计仅指施工作业区界限控制。本章阐明施工作业区相关概念及设计要点，即作业区通行车道数、车道宽度等在交通组织设计中主要的界限控制指标，接着阐明了指标的确定思路及现行标准要求。临时交通设施设置将在后续章节介绍。

一、施工作业区相关概念与设计要点

高速公路改扩建工程施工作业区（以下简称“作业区”），是由于高速公路改扩建工程施工作业影响交通运行而进行交通管控的路段，同时也是为工程施工作业、施工人员安全、设备材料存储而预留的区域。由于作业区是施工人员活动和工作的地方，除在车道与作业区之间应设置隔离设施外，还应为工程车辆提供安全的进出口，在作业区上游、中游和下游都应该设置相应的交通控制设施，以确保作业区内部施工人员以及外部驾乘人员的安全。

确定作业区管控界限是交通组织设计的重要环节，表征界限的主要指标包括作业区通行车道数、作业区车道宽度、作业区延续长度与间隔距离、作业区内各功能分段及其长度、作业区限速、中央分隔带开口位置及长度等。在确定上述交通组织设计方案时，应满足上述指标的限定。

（一）作业区通行车道数

作业区应满足的保通车道数要求。由于在改扩建工程同时要保障交通通行，因此，在进行交通组织设计时，通过控制通行车道数，保障改扩建道路通行能力与交通需求的匹配，交通运行状态满足一定服务水平。

（二）作业区车道宽度

确定作业区界限的同时，也就决定了道路剩余宽度，剩余宽度需满足车道设置的基本要求。

（三）作业区延续长度及间隔距离

间隔过小会引起车流在道路上行驶时换道频繁，增加了运行风险，应合理设置作业区间隔长度控制行车风险。此外，作业区过长会造成行驶车速提高，建设成本变化，应对作业区长度范围加以控制。

（四）作业区内各功能分段及其长度

高速公路改扩建工程作业区根据功能和位置的差异可进一步划分为 6 个区域，即警告区、上游过渡区、缓冲区、工作区、下游过渡区和终止区，每个区域均有相应的作用，应根据驾驶员反应、交通流特性等因素控制上述区段的长度。

（五）作业区限速

作业区限速对于车辆运行状态至关重要，应根据道路与交通条件确定合理的限速值。

（六）中央分隔带开口位置与长度

高速公路改扩建工程中会采用半幅封闭半幅通车的组织方式，即半幅道路中断交通封闭施工，另一半幅则供双向交通通行。此时，会利用中央分隔带开口使车辆进入另半幅借道行驶，至下游中央分隔带开口再驶回原半幅道路；并根据该路线的曲率、纵坡、横坡、分隔带宽度等因素确定开口位置及开口长度。

二、施工作业区通行车道数

在特定施工阶段中，作业区通行车道数常可在双向 2 车道、3 车道、4 车道通行等方式中选择。选择通行车道数需要从通行能力、施工、运营等角度综合考虑，具体分析如下。

（一）通行能力

由于改扩建工程造成占道施工，各路段和节点处通行能力、服务水平下降，服务水平下降后仍应保持一定等级。若服务水平须保持在M级，则通行车道数的计算过程如下：

查询高速公路M级服务水平对应的单车道最大服务交通量Q_M，再根据路段服务单方向交通需求量D及其与Q_M的关系，可根据下式计算所需车道数不为整数时可向上取整：

$$N=\frac{D}{Q_{\mathrm{M}}} \tag{10-2}$$

（二）分流能力

当周边路网资源不发达、分流道路较少、道路等级较低时，不宜通过分流车辆压缩通行车道数。

（三）施工难度

上跨桥、主线桥施工处为保持双向4车道通行，可能需要修建辅道或便桥，会增加临时征地并对地形和生态造成一定程度的毁坏，形成取土坑和弃渣堆场。须在合理设计及施工的基础上，才能满足双向4车道通行要求。

三、施工作业区通行车道宽度

车道宽度对于交通运行极为重要，过窄的通行车道易造成交通事故，过宽的通行车道则会造成车速离散性增加，同样不利于交通运行安全。

《公路工程技术标准》（JTG B01—2014）中第4.0.2条规定，车道宽度应符合表10-2规定，这是对车道宽度的基本要求。

相关研究通过经验公式计算，获得高速道路最低车道宽度为3.18m，因此，车道宽度不宜低于3.25m。当车道宽度增加时，运行车速及其离散程度有明显增加。综上所述，作业区车道宽度可取3.5m。当仅有小汽车通行时，经论证后车道宽度方可设置为3.25m，而侧向宽度一般宜为0.75m，特殊情况下可为0.5m，取值过低对于通行能力影响明显。

表10-2　车道宽度规范值

设计速度（km/h）	120	100	80	60	40	30	20
车道宽度（m）	3.75	3.75	3.75	3.50	3.50	3.25	3.00

四、施工作业区间隔距离

根据交通流理论，道路施工期间交通瓶颈主要出现在分、合流路段（即中央分隔带开口车流变换车道处）。对于两相邻施工段间隔较小的情况，理论上可以存在以下两种处理办法：

（1）可将此两相邻施工段合并为一个施工段，此时只有2处中央分隔带开口处会存在交织现象，且一旦引起局部交通拥堵，两侧有足够的路段空间逐渐自行消减，管理上易于集中。

（2）两相邻施工段相互独立施工，虽然对充分利用道路空间有利，但其存4处交织路段，且由于直线段距离较近，一旦发生局部交通拥堵，很快便会影响到两端的施工段，此外，短距离内过于频繁的变换车道也不利于车辆驾驶安全，管理上工作量较大，仅在交通量较小的情况下适用。

就不同的距离而言，合并之前和合并之后的交通流延误不存在显著差异。当交通量较小时，将两个作业区分隔开产生的交通延误相对而言会小；两个作业区合并处理后的交通流延误在达到了通行能力时存在明显差异，当两个作业区的距离超过5km时，此时的延误与行程时间相比较也超过了它的一半。由此可见，两个作业区的最小距离应为5km，当其小于5km时，应该将两处作业区合并成一处进行处理。

五、施工作业区长度

作业区长度对于驾驶安全、施工进度、施工造价都有一定的影响，下面将进行具体分析。

（一）作业区长度对驾驶安全的影响

施工间隔距离过长时，驾驶员因行驶状态和注意力长时间无变化，导致对道路施工路段状况的警觉性下降，潜意识加速行驶，从而影响施工路段安全性，施工间隔距离过长致使延长施工工期；另一方面，半幅施工间隔距离过短将增加车辆转至另半幅的频率，导致驾驶员加减速频繁，影响道路通行能力及驾驶安全。

（二）作业区长度对施工进度的影响

施工分段长度决定了该段施工进度安排。施工分段长度越长，所需要的施工时间就越长，每一段的施工进度安排决定了整个工程进度安排，因此施工分段长度需考虑工期条件，过短或者过长都不利于施工进度的正常实施。此外，施工分段长度应尽量一致，以保持各段人员、装备数量基本一致。

（三）作业区长度对施工造价的影响

作业区分段长度过大，施工段数目就相应较少，对施工技术人员以及施工设备要求较少，在施工工期不变的前提下，施工费用相对较低；同样，施工长度过短，则导致施工分段数目相应较大，一个施工段即对应一批专业技术人员以及施工设备，总体施工费用将较大。此外，施工段数过多，每个施工段的费用也相应增多。因此，从工程造价上考虑，施工分段长度不宜过短。

六、施工作业区功能区域及其长度设置

（一）作业区功能区域划分

高速公路改扩建工程作业区空间形态根据施工任务而各有不同。无论哪种形态的作业区，都能够根据功能和位置的差异进一步划分为6个区域，即警告区、上游过渡区、缓冲区、工作区、下游过渡区和终止区。此外，在设置作业区横向位置时，还需考虑提供横向保护的横向缓冲区。

1. 警告区（S）

警告区是从第一块施工作业区警告标志设置位置到上游过渡区起点之间的区域。设置警告区的作用是提醒驾驶员前方为作业区域，提醒驾驶员注意交通变化，使驾驶员在到达作业区之前，有足够的时间采取行动改变车道、调整驾驶行为。

2. 上游过渡区（L_S）

上游过渡区是从警告区终点到纵向缓冲区起点之间的区域。设置上游过渡区是为了引导车辆驶出封闭车道，实现平稳的横向过渡并驶入非封闭车道。

由于作业区占据的车道位置、数量不同，过渡区可能表现为连续变化的形态，也可能表现为间断变化形态。

3. 纵向缓冲区（H）

纵向缓冲区是上游过渡区与工作区之间的区域，主要作用是通过预留空间在纵向上分离交通流和施工人员、设施，缓冲区不允许作为临时的设备和材料放置处。

4. 工作区（G）

工作区是改扩建施工作业的区域，从纵向缓冲区终点至下游过渡区起点。设置工作区可为施工作业活动、施工人员、设备、材料提供空间。

5. 下游过渡区（L_x）

下游过渡区是从工作区终点到终止区起点的区域。引导交通流实现平稳横向过渡，由工作区驶入终止区。

6. 终止区（Z）

终止区从下游过渡区结束点延伸到作业区最后的临时交通设施设置位置，表示作业区的结束。终止区引导驾驶员通过作业区后返回正常路径。

7. 横向缓冲区（H_h）

横向缓冲区是非封闭车道与工作区之间的横向间隙。横向缓冲区在横向上分离交通流和施工人员、设施。

（二）作业区功能区域长度

1. 警告区

警告区是驾驶员进入整个作业区首先需要通过的区段，驾驶员需要根据警告区内的指示与限速标志及时采取制动措施，以满足作业区对通过车辆行驶特性的要求。

《公路养护安全作业规程》（JTG H30-2015）中规定了我国高速公路作业区的警告区长度值，当设计速度较高，交通量较大时，警告区的最小长度相应增加。

对警告区长度的计算思路可采用停车视距方法，概念和计算公式参见限速值计算部分。其中，S_1 是车辆进入警告段后从正常车速按限速标志牌规定减速所需要的距离，可按下式估算：

$$S_1=\frac{v_1}{3.6}t+\frac{v_1^2-v_2^2}{2g(\varphi\pm i)\times3.6^2} \tag{10-3}$$

式中：v_1——减速前车速，m/s；

v_2——减速后车速，m/s；

t——驾驶员反应时间，通常取 2.5s；

φ——道路纵向摩阻系数，取值范围 0.29 ~ 0.44；

i——道路坡度，上坡取“+”，下坡取“-”；

g——重力加速度，9.8m/s^2。

S_2 是指已经以车速行驶的后续车辆在到达前方工作区地段附近因车道关闭、车道数减少的断面时，不会导致前面的改道车辆或排队车辆相撞的最小安全距离，可按下式估算：

$$S_2=\frac{v_2}{3.6}t+\frac{v_2^2}{2g(\varphi\pm i)\times3.6^2} \tag{10-4}$$

S_3 是指工作区段附近车道上拥挤车辆的排队长度，可按下式估算：

$$S_3=\frac{Ql}{n} \tag{10-5}$$

式中：Q——发生在车道上的交通事件（包括养护维修作业）引起交通拥挤的最小流量，辆/h；

l——每辆车的平均长度，按7m计；

n——车道数。

综合上述，按照《公路工程技术标准》（JTG B01-2014）的公路等级分类，可以得到警告段最小长度。

由此可见，上述计算方法与国内、国标计算结果基本一致。对警告区的长度的认识基本一致，应保证警告区具有足够长度。

2. 上游过渡区

为了降低车辆进入工作区交通流紊乱对整个作业区的影响，需设置一段提供给车辆变换车道的过渡区，以使车流变化更为缓和顺畅。根据设置区段作用的不同可分为上游过渡区和下游过渡区。

上游过渡区主要是起导流作用，引导到达车辆改变行驶轨迹，提前调整变换车道。若车辆的行驶速度、被封闭的车道宽度确定，则车道封闭时所需要的上游过渡区的最小长度还可用（MUTCD）建议的公式来估算，即：

$$L_s=\begin{cases}\dfrac{v^2W}{155} & (v \leqslant 60\text{km/h})\\ 0.625vW & (v>60\text{km/h})\end{cases} \tag{10-6}$$

式中：L_s——上游过渡区长度，m；

v——作业区段行驶速度，km/h；

W——所封闭车道的宽度，m。

此外，需要注意的是，如果需占用对向车道，上游过渡区可能由封闭路肩过渡区和封闭车道过渡区组成。

限速值越高，车道宽度越宽，需要的上游过渡区长度就越长。收集、总结各地改扩建施工作业区工程实例发现，在施工作业区最终限速值为60km/h，车道宽度为3.5m的情况下，封闭车道过渡区长度应该不小于100m，相应的封闭路肩过渡区至少为35m。

此外，当多车道封闭时，上游过渡区内需要设置间隙为C的两个封闭车道过渡区，《公路养护安全作业规程》（JTG H30—2015）提出该距离不应低于200m。综上所述，半幅封闭施工方案中上游过渡区的总长度应为：

$$L_{总}=L_{\mathrm{A}}+L_{\mathrm{B}}+L_{\mathrm{C}}+L_{\mathrm{D}}=35+100+200+100=435(\mathrm{m})$$

3. 下游过渡区

下游过渡区是为了将车流再引正常车道的一个过渡路段。若下游过渡区设置恰当，将有利于交通流的平滑。《公路养护安全作业规程》（JTG H30-2015）中建议下游过渡区长度不宜小于 30m。下游过渡区长度与限速值之间的关系跟上游过渡区基本相同。

4. 缓冲区

依据《公路养护安全作业规程》（JTG H30-2015），缓冲区可分为纵向缓冲区和横向缓冲区。纵向缓冲区内不允许堆放设备、建造材料，也不允许出现车辆。国内外对于纵向缓冲区的最小长度要求基本一致。横向缓冲区位于工作区、纵向缓冲区与非封闭车道之间，其宽度不宜大于 0.5m。

5. 终止区

一般情况下终止区包括下游过渡区和驶出下游过渡区后到解除限速标志这一段距离。《公路养护安全作业规程》（JTG H30-2015）中规定这两段的长度都不宜小于 30m。

终止区的末端应设置解除限制或解除超车限制等交通标志，使驾驶员明白已经通过了养护维修作业路段，可以恢复正常的行车状态。相关文献提出的长度计算公式为：

$$L_s = \frac{v}{3.6} t \tag{10-7}$$

式中：L_s——终止段长度，m；

v——车辆通过作业区时的速度，km/h；

t——驾驶员改变行车状态反应时间和采取相应措施时间，在这可取 2.5s；其中，反应时间为 1s，采取措施的时间为 1.5s。

总结对比国内外关于作业区的相关规范发现，在控制区段长度的设置上，各国均根据实际交通情况，综合考虑限速值、车道宽度和交通量等因素，通过计算确定各区段的划分长度，采用的方法及取得的结果大致相似。在改扩建作业区的控制区域长度设置问题上，由国内外规范得出的单车道封闭情况下的结果差异不明显。

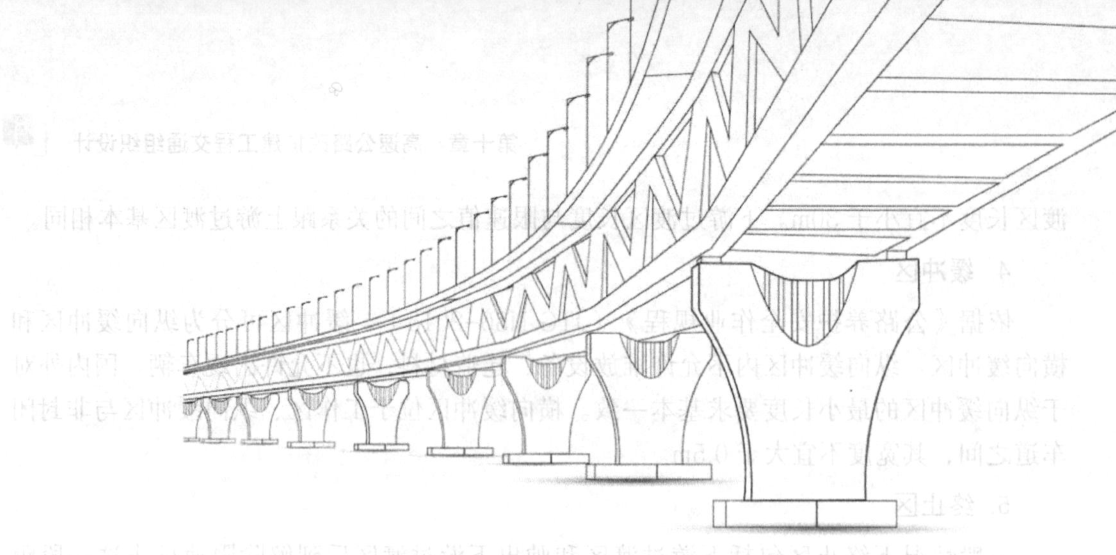

参考文献

[1] 贺伟，卢俊杰，张剑锋 . 高速公路施工与养护管理 [M]. 北京：中国石化出版社，2023.03.

[2] 乔翔，余长春，陈振雄 . 广东省高速公路科学绿化指导手册 [M]. 北京：人民交通出版社，2023.03.

[3] 赵世超，刘伟 . 高速公路施工监理手册 [M]. 成都：西南交通大学出版社，2022.04.

[4] 潘永辉 . 贵阳至黄平高速公路项目论文集 [M]. 北京：科学技术文献出版社，2022.04.

[5] 陈柱 . 隧道品质工程质量与安全管理指南：以云南玉溪至楚雄高速公路齐云特长隧道工程为例 [M]. 昆明：云南大学出版社，2022.03.

[6] 徐静，简丽，何晓辉 . 安徽省高速公路绿色服务区建设实践 [M]. 合肥：合肥工业大学出版社，2022.03.

[7] 李双祥 . 高速公路交通工程建设和养护管理研究 [M]. 延吉：延边大学出版社，2022.09.

[8] 王克海 . 四川高速公路工程抗震设计指南及示例 [M]. 北京：知识产权出版社，2022.01.

[9] 刘建蓓，王佐，许甜 . 高速公路运行风险智能管控技术及应用 [M]. 上海：上海科学技术出版社，2022.12.

[10] 李淑琴，周兴荣，郭继侠 . 高速公路建设单位财务管理与审计监督 [M]. 北京：中国财政经济出版社，2022.05.

[11] 鞠金荧，赵欣，陈亚振 . 高速公路改扩建交通组织研究与设计 [M]. 武汉：武汉理工大学出版社，2022.07.

[12] 韩奕波 . 高速公路运营企业应急预案体系及应用 [M]. 郑州：黄河水利出版社，

2022.08.

[13] 李淑琴，周兴荣，郭继侠 . 高速公路建设单位财务管理与审计监督 [M]. 北京：中国财政经济出版社，2022.05.

[14] 付素娟，任全，靳书庆 . 高速公路配套房建工程装配式钢结构技术研究与应用 [M]. 北京：中国建筑工业出版社，2022.08.

[15] 张晓冰，常志宏，王新 . 高速公路长大纵坡事故易发路段安全保障技术 [M]. 北京：人民交通出版社，2022.12.

[16] 曲晓黎 . 交通气象服务丛书高速公路交通气象服务技术及应用 [M]. 北京：气象出版社，2022.08.

[17] 谢兴华 . 成乐高速公路扩改施工交通安全管理 [M]. 成都：西南交通大学出版社，2021.07.

[18] 张涛，曲子贤，丁红林 . 高速公路联调联试安全风险管理手册 [M]. 北京：中国铁道出版社，2021.04.

[19] 文丽娜，程谦恭，叶飞 . 隧道锚岩体力学性质及稳定性分析研究雅康高速公路兴康特大桥隧道锚工程 [M]. 北京：中国铁道出版社，2021.11.

[20] 蔡硕果，蒋剑彪 . 高速公路中长期养护规划指南 [M]. 北京：中国建筑工业出版社，2021.04.

[21] 刘培璋，李宇，贾清柱 . 高速公路养护管理与桥梁工程施工 [M]. 北京：中国石化出版社，2021.08.

[22] 胡启洲 . 自行车高速公路的规划理论及管理方法 [M]. 北京：科学出版社，2021.11.

[23] 吴冰，乔树勋，刁胜勇 . 高速公路施工大气污染防治技术指南 [M]. 北京：科学出版社，2021.02.

[24] 盛刚，何培舟 . 高速公路称重技术探索与实践 [M]. 北京：中国市场出版社，2021.12.

[25] 王希良 . 高速公路隧道光环境控制 [M]. 北京：科学出版社，2021.05.

[26] 姚宇，周兴顺 . 高速公路品质工程设计技术集成 [M]. 南京：河海大学出版社，2020.09.

[27] 邓树森，汤俊杰，许建腾 . 高速公路路面检测与养护研究 [M]. 北京：北京工业大学出版社，2020.04.

[28] 杨勇 . 山区高速公路关键工点施工控制及安全预警技术研究 [M]. 成都：西南交通大学出版社，2020.06.

[29] 张恺 . 高速公路岩溶及下伏洞穴路基安全评价与处治关键技术研究 [M]. 长春：吉林大学出版社，2020.12.

[30] 贾伦林，狄小峰，徐立红 . 智慧高速公路关键技术与实践 [M]. 北京：人民交通出版社，2020.05.

[31] 吉廷艳 . 贵州高速公路大雾预报预警技术 [M]. 北京：气象出版社，2020.05.

[32] 何永明，裴玉龙 . 超高速公路设计及运行特性研究 [M]. 北京：科学出版社，2020.06.

[33] 罗光莲 . 高速公路“服务区 +”理论与实践 [M]. 北京：经济科学出版社，2020.10.

[34] 任宝，孔德超，唐茗 . 高速公路养护与灾害防治 [M]. 长春：吉林科学技术出版社，2020.